69

フィンランドを知るための44章

百瀬 宏、石野裕子（編著）

明石書店

●フィンランド概略図

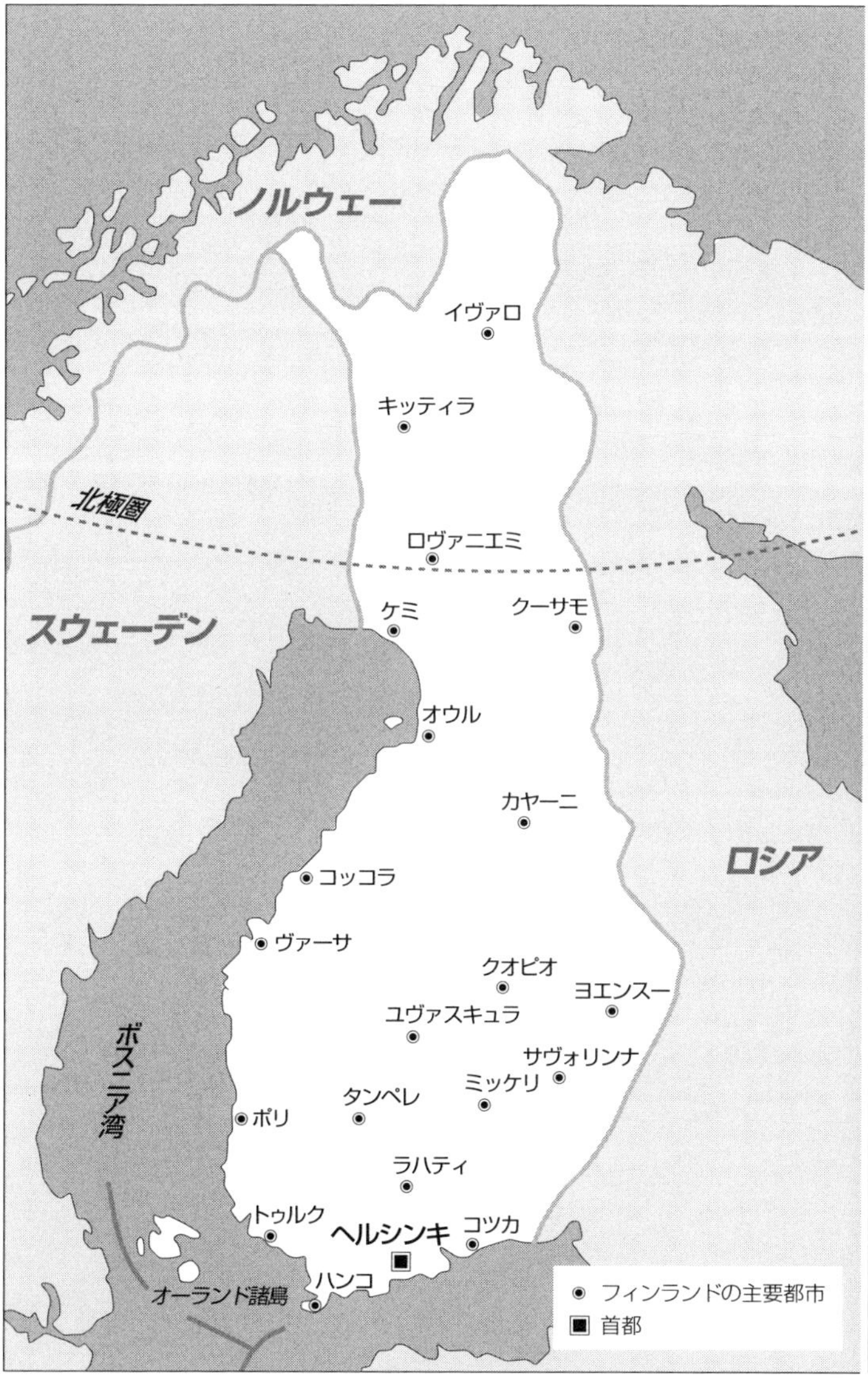
ノルウェー
イヴァロ
キッティラ
北極圏
ロヴァニエミ
ケミ
クーサモ
スウェーデン
オウル
カヤーニ
ロシア
コッコラ
ヴァーサ
クオピオ
ヨエンスー
ユヴァスキュラ
サヴォリンナ
ミッケリ
タンペレ
ポリ
ボスニア湾
ラハティ
トゥルク
ヘルシンキ
コツカ
ハンコ
オーランド諸島
フィンランドの主要都市
首都

フィンランドを知るための44章

目次

Ⅱ 現代フィンランドの諸相 115

Ⅲ　文化としてのフィンランド　207

Ⅳ　交流の歩みから　293

総説

フィンランドをめぐって、ここには四四の章、それにいくつかの囲み欄の記事が収められている。フィンランドのいろいろな側面を語ったこれらの記述から、読者各位に、フィンランドに関する自前の理解をもっていただくのが編者の願望である。そしてそのためにも、各章、囲み記事について紹介的な添え書きをして、編者なりの編集意図を明らかにすることが最も読者のお役に立つであろうと考えた。添え書きには長短があるが、それは飽くまで作業上たまたまの必要から生じた結果であって、執筆者の精魂が込められている記事それぞれの評価とは無関係であることを特記しておく。

フィンランドを「知る」ことについて

特定の国や地域について「知る」ということは、少しやかましくいえば、総合的な理解をもつということであり、いろいろな分野についての知識をバラバラなかたちでもつ代わりに、それらを関連させ、自分なりに摑むということである。それは途方もなく困難なことだという見方の人もあるかもしれないが、考えてみれば、私たちは日常をそのようにして生きているのである。困難に思えるのは、いわゆる専門分化が学問の発達だという「信仰」が近代以来確立したからであって、現代を生きていくには、専門分化が否応なく進むからこそ、他方で物事を「分ける」代わりに「つなげて」考える心がけこそが必要なのである。こうした見方に立ちながら、以下においては、歴史、社会、文化、わが国との関わり合いという大きな区分けの中でフィンランドを知るためのさまざまな話題を収録した。しかし、その場合にも、こうした区分けそのものもけっして事柄を「分けて」しまうのではなく、区分けがまたお互いにどのような関連に立つのか、たとえば政治と文化はどのように関わりあうのかといった点について、編者は常に意識してきたつもりである。執筆は、それぞれの分野の専門家として評価が定まっている方々にお願いしたが、分野によっては専門家の記述のほかに、その分野の事柄についていわば鑑賞者的立場にある方々にも執筆をお願いし、読者の知識や興味を膨らますやり方を工夫した。

いったい、フィンランドは、『カレワラ』という遥か昔から伝えられてきた民族叙事詩によって著名である反面、北欧諸国の中ではもっとも若い国であるといってよいであろう。デンマーク、ノルウェー、スウェーデンといった他の北欧諸国が中世にはすでに国家を形成していたのにたいして、フィンランドが独立を宣言したのは一九一七年のことであるし、独立の前提としての実体が「大公国」という呼称の下に形をなしはじめたのも、つい一九世紀初、という事実が端的にそれを物語っている。そのことが、たとえば「歴史の滓をもたない」（齋藤正躬）という形容がされているように、古いことにいたずらに拘《こだわ》らない体質をフィンランドがもっていることにも繋がってくることになろう。それはまた、生じてくるどのような現実にも、逃げずに立ち向かうという生き方と表裏一体をなしているといってよいであろう。

フィンランドは、ステロタイプ（判で押したような先入見）が通用しない国である。それはもちろんこの国についても言えることであるが、フィンランドの場合には、とくにこの点に注意しなければならないと思う。実はフィンランドは、極端なほどステロタイプ的な見方の対象になってきた。その原因としては、フィンランドが、わが国においてまだまだ充分に知られていない国だからだ、という見方も可能であるし、講演会の席上などで必ずといってよいほど出る「フィンランドはアジアの国ではないのですか」という質問が示すように、そもそもアジアとは何か、といった基本的な概念認識の点でわれわれに着実さが欠けていることにも求められよう。しかし、大きな原因として、冒頭に述べたような古典的な類型があてはまりにくいフィンランド自身の性格は無視できないであろう。

自然環境・フィンランドの始まり

本書は、フィンランドの歴史を概観した記述で始まっているが、その前に若干付言しておけば、自然環境の問題は、フィンランドの歴史を見ていくうえで、章こそとくに設けていないものの、もちろん重要な因子となっている。三三万八〇〇〇平方キロという比較的平坦な国土は南北に延び、全国土の四分の一にあたる北の部分は北極圏に入っている。こうした位置関係からも、フィンランドの人々が厳しい気候的条件の下に暮らしてきたことは想像がつくであろう。ただ、メキシコ湾流の流入によって、緯度から想像されるような極端な寒さは免れている、というのが地理の教科書に述べられている定番の記述である。そのこととも関連して、フィンランドないし北欧では等温線は南北に走っており、冬は東にいくほど寒さが厳しい、という特徴がある。だが、寒さもさることながら、より低緯度の国からやってきた訪問者は、冬は北部のラップランドで常夜の闇のような日が続くことはもちろん、南部のヘルシンキ市あたりでも日の出は遅く、午後は二時半ぐらいになるともう暮れてくる情景に驚くことになる。そして、夏は、そのぶんだけ日が長い。フィンランドの人々は、そうした自然条件の中で、その地に生き、苦闘するとともに生を楽しんできた。

　フィンランドの人々の自然環境について語る場合とりわけ無視できない要因として、編者は、森の存在を挙げないわけにはいかない。森は、フィンランド人の営みのあらゆる面にわたって存在感を発揮してきた。農業に適しているとはけっして言えない自然条件の中で、人々は農耕と狩猟・林業から生活の資をえてきた。しかし、それだけではない。森は、もっと広い意味で人々の生の拠りどころであった。近代の波がフィンランドにもうち寄せてきた時、人々は森を心の拠点としながら、それに向き合っていった。現代のフィンランドでも、街中での日々の生活に疲れると、ケサコティ（夏の住家）に精気を取り戻しにいってくる。ただ、環境問題などから、昔のようにはいかなくなってきていることは、事実であるが。フィンランドの近代産業は、林業・林産加工業として発達したばかりでなく、ノキアの例が示すように、そこから出発した企業が、その特色を生かしつつナノテクノロジーの産業へと進んでいった事実は、あまりにも有名である。そして、冬戦争でソ連軍が侵入してきた時、森はソ連軍を悩まし、進撃を食い止める恰好の場となった。

　そして、これも歴史の諸章に先立つ事柄であるが、そもそもフィンランド人がいつごろから現在の地に住むようになったのか、という問題については、「フィンランド人の祖先は、西暦紀元一世紀のころから、ほぼ一世紀をかけてバルト海南岸から現在の地に移住した」というのが長らく定説になっていた。ところが、なんと一九八〇年代になって、考古学などの研究者たちの間で研究が進み、移住の時期は、一挙に数千年もくり上がることになった。そのくり上がりがどの程度であるべきかについては、まだ明確な特定に至っていないようではあるが、これは学説上の大事件であった。同時に、問題となるのは、そのバルト海を渡って移住してきたフィンランド人のさらなる祖先は、いったいどこからきたのか、ということであろう。これもウラル山脈のあたりがウラル語を用いている人々の発祥地だという点では、諸学者もほぼ一致しているものの、それならバルト・フィンと呼ばれるフィンランド人やエストニア人と中部欧州にやってきたマジャール人つまりハンガリー人とはどこで「別れた」のか、とか、そもそもこれらの膠着語を使用する人々は「人種」的には共通しているのか否かなど、楽しい空想の種はつきないようである。ただ、冗談半分に語るには深刻すぎる話題として、「フィンランド人はアジア人である」という言い方が気軽にわが国で広まっているのは、気になるところである。

これは、「アジア」という言葉の受け取り方が、フィンランドを含む北欧とハンガリーとでは同一ではないとか、その理由は何か、といった問題に深めていくことによって、新たな知見が浮かび上がってくるかもしれないという興味津々たる話題ではありうる。だが、同時に、現今の日本でこの種の話題が安易に語られる時には、われわれにとっていまだ整理されていない「アジア」という概念が、たちまち政治化され、途方もない方角にわれわれを運んでいきかねない恐れがあることは否定できない。

このあたりについては、章を追った説明のところで適宜たち返ることにして、もう一つ、注意しなければならないことは、ウラル語を日常用語としているフィンランド人だけがフィンランド国民ではない、という事実である。フィンランドはスウェーデン語をも公用語として認めており、スウェーデン語を日常用語とする人々が全人口の六%を占めている。さらに、フィンランド人の到来とは別にフィンランドを含めた北欧の地に以前から住んでいたこれまたウラル語系のサーミ人もまた、フィンランド在住であればフィンランド国民として、公の場でサーミ語を用いて暮らすことができる。

フィンランド史の特徴

さて、フィンランドの歴史を概観するうえで押さえておかなければならない要点が、最低六つはあると思われる。その一つは、フィンランドの国土が相対的に農業には適さず、農民の多くが、農耕とともに森林からの恵みに頼ってきた事実である。森林からの恵みとは林業ばかりを意味するのではない。狩猟もまた、森の恵みのうちであった。いかにフィンランドの人々が森の暮らしに親しみをもってきたかということは、最近たまさかの学校銃撃事件でフィンランドにおける個人の銃所有の多さがクローズアップされたが、事件はグローバリゼーションの波をかぶって生じたにもせよ、個人の銃所有はフィンランドの人々が幼少のころから森での生活の魅力に浸りこんできた過去を考慮に入れて、はじめて議論できる話題である。第二には、フィンランドが、世界の他地域に先駆けて資本主義発展を遂げた西欧を半月形に取り囲む欧州周辺部の中でも、北欧諸国と多くの共通点を持ちながらも、そのまた辺境部として生きてきた事実に注目すべきであろう。スカンディナヴィア半島の東に位置するフィンランドは、資本主義発達においては、ヨーラン・ブンスドルフによって「北欧の中の東欧」と呼ばれた地位に立っており、スウェーデンではすでに消滅したトルッパリと呼ばれる貧困な借地農の形態が、二〇世紀になってもなお存在して、社会問題を形成していた事実に注意を向けるべきであろう。

第三に、フィンランドの国家形成の契機は、スウェーデン領からロシア皇帝を大公に戴く「大公国」となってはじめて訪れたのであって、独立は、さらに第一次世界大戦末期の一九一七年一二月六日を待たねばならなかった。しかしながら、このことは、フィンランドが、独立当初は外交のうえでの未経験さを露呈しながらも、大局的には、内外政において古くからの国家にまつわる伝統や因習のしがらみから自由でありえたという有利な局面を生み出しもしたのである。第四には、フィンランドが、地理上、歴史上置かれたいわば狭間的位置のゆえに、フィンランドを囲む諸文化圏のさまざまな影響を蒙りやすかったという事実である。「東からも西からも」という言葉などでしばしば表現されるそうした多方面からの影響は、内部に堆積し、必要に応じてフィンランドの特色を形成し、また外に投射し返されてきた。民族叙事詩としてフィンランド人の文化的背骨として自覚されてきた『カレワラ』はそのもっとも判りやすい例といえるであろう。とはいえ、外から到来した思想・制度が抜群に根づいたのは、六世紀間にわたってフィンランドが所属したスウェーデンのそれであったと、いえるであろう。かつてグスタヴ一世が嘆いたという独裁者が出にくいとか、身分制議会の伝統、支配層が妥協によって革命の危機を回避するといった政治文化は、フィンランドの歴史にもありありと刻み込まれている。とはいえ、指導者が大きな力をもちやすく、激情的な立ち上がりもときに見られるというフィンランド政治の独自性もまた看過はできない。

第五に、フィンランドは、フィンランドをめぐる強大な外部勢力の抗争・対峙によってしばしば命運を制され、思想や制度の影響すらも、その力学と分かちがたい局面が少なくなかった事実に注目しなければならない。その中でも、ロシア革命以後の時期におけるソ連、ないしソ連をめぐる列強間の抗争は、二〇年後にはフィンランドをナチス・ドイツの共戦国の地位に陥れていった。また、そうした中での社会主義の問題は深刻であった。そもそもフィンランドにおける社会主義は、ドイツからの直接・間接の到来であって、一九一八年の内戦ですらも、国内的な改革の立ち遅れから発生したフィンランド社会の階級対立を、隣接したロシアのボリシェヴィキ権力が、原理面というよりは自己の生存のための戦術面で煽ることによって発生させた面が強いのであった。まして、スターリン政治体制となると、フィンランド共産党はソ連の安全保障政策に振り回されるばかりであったといってよい。第六に、こうした近代以来の列強政治の狭間に位置せざるをえなかったフィンランドが直面したのは、まさに、国際関係における「小国」の問題にほかならなかった。独立後のフィンランドは、領土面積も人口も小規模であるのに、この国にかぎらず「民族ロマンティシズム」を亢進させることになった。国際連盟の理想主義の楯の半面としての近代国家体系の論理に巻き込まれたからであるが、その敗戦直後にフィンランドの歴史家たちは、『世界史における小国』と題する論集を編んで、権力政治の支配する分野以外では、国の強弱とは関係なしに「小国」もまた「大国」と同じく思想、芸術、科学、スポーツなどあらゆる分野で人類の世界に貢献してきた事実を提示して国民を激励したものである。それは、戦時下の同国の政治家の戦争責任を追及する「第二共和政」の風潮にたいする保守的な知識人の切り返しの一面でもあったが、他方、政治外交のうえでは、戦後フィンランドは、「現実」を直視することが賢さの原点だという認識に基づいて、休戦条約義務の誠実な履行によるソ連との友好関係の確立に成功した。そして、国際情勢の悪化がすべてソ連の対フィンランド政策に集約されるというおぞましい構造の中で、一九四八年、フィンランドは、ソ連の指導者を時間的に追い込んでフィンランド＝ソ連友好・協力・相互援助条約をいわば「口授」（スターリンの表現）することによって権力政治の逆説を演じて見せたのである。

ふり返ってみればフィンランドは、列強政治の中での伝統的中立が消え去っていった（ニールス・オーヴィック）状況の中で、新たに植民地からの独立国による中立主義外交が登場してくる前夜の、近代国家体系発達の極点で生じた転換期を、巧みに捉えて生き延びたということができるであろう。その後フィンランドは、アメリカから経済的に追い込まれる苦境を軍事力の増強で切り抜けようとするソ連によって、近代国家体系の文脈による前記条約の読み直しを冷戦期の曲がり角ごとに迫られる状況に陥ったが、これを一貫した自前の論理で切り抜けた。そこで突発した冷戦の終焉とソ連のあっけない崩壊は、絶えざる悪夢からの脱却を意味した反面、ソ連との友好関係下でそれなりに築いた安定した利益を一挙に押し流し、ある意味で未曾有の試練にフィンランドを立たせた。だが、その現実に対応する過程で生み出された非軍事的な分野での周知の諸成果は、敗戦直後に歴史家たちが『世界史における小国』という論集で予感した「小国」としての人類への貢献を一挙に開花させる契機でもあった。近代歴史学の祖といわれるランケは、軍事力によって立つ強国が文化面でももっとも栄えたと、その『強国論』で述べているが、それはまさに近代国家体系の思想であり、歴史理論であった。フィンランドが見せた実績こそは、論理的にはランケの近代史観にたいする実証的な反論であったと同時に、先見の明を発揮したものだといえるであろう。そして、もし戦後の日本が憲法九条に体現されているように理念を回路とする平和への接近を図りながらなおも混迷するところがあるとするならば、フィンランドは、まさしく現実認識を回路とする平和への接近を図ってこれを見事に成功させたといえるのであり、その点、歴史の評価をめぐって相互に学びあえるところが多いのではないであろうか。

I　小国の歩み

●第1章　フィンランド史の展開と地理的状況との関係——ロシアとスウェーデンの狭間で
●第2章　スウェーデン王国の東の辺境として——六世紀間にわたるスウェーデン統治
●第3章　ロシアの支配と民族の目覚め——フィンランド独立への道

以上に述べた諸点を裏打ちする歴史的事実そのものは、「I　小国の歩み」に収められた諸章と二つのコラムが説き明かしている。最初の三章は石野裕子氏が担当しているが、まずフィンランドの地理的位置といういわば歴史外在的要因（ケイヨ・コルホネン）がフィンランドの歴史にどのような性格をもたらしたかを概観し、ついでスウェーデン王国が「十字軍」の派遣の結果としてフィンランドを統治するようになり、ナポレオン戦争ではロシアに引き渡されてロシア皇帝を「大公」に戴くフィンランド大公国となったものの、それがフィンランド人の民族的自覚につながり、やがて襲ってきたロシア帝国の弾圧に抗して闘う中で独立を獲得するまでを描き出している。叙事詩カレワラの伝承を契機としたフィンランド人の自己発見——民族的アイデンティティの形成——が政治とどう関わったかという、画期的なテーマと取り組んできた石野氏の実績が、ここに反映しているといえよう。

●第4章　独立フィンランドと小国の運命——両大戦間
●第5章　第二次世界大戦下のフィンランド——冬戦争と継続戦争
●第6章　現実に向き合った戦後フィンランド——パーシキヴィの登場
●第7章　「われらは、ここに生きる」——ケッコネンの時代

●第8章　北欧とのきずな——冷戦とポスト冷戦を貫く「北欧協力」
●第9章　冷戦終焉後のフィンランド——ヨーロッパの中のフィンランド

続く三つの章は、百瀬宏すなわち私が担当した。一九一七年に独立を宣言したフィンランドはたちまち内戦に突入するという惨劇を体験したが、戦間期には国際連盟への期待の下に独立を謳歌したのも束の間、まさにロシア革命以来の国際関係の矛盾を背負いこまされたかたちで第二次世界大戦下に二つの対ソ連戦争を体験し、連合国の、そして事実上はソ連の管理下に入った。しかし、フィンランドは、「現実を認識することが賢さの始まり」だというパーシキヴィ首相、のちに大統領の強いリーダーシップの下で、ソ連との友好関係を確立した。この戦後は、独立以来のフィンランドにとってばかりでなく、諸小国の歴史にとっても大きな転換であった、と筆者は考えている。続く二つの章では、石野氏にバトンが戻り、パーシキヴィの後継大統領であるケッコネンが、スプートニク（人工衛星）打ち上げの自信から対米経済競争に敗れ軍事化でこれをカバーしようとするソ連と演じた、つばぜり合いの外交合戦の中に路線を守り抜いた経過、またケッコネン以降の政権担当者がソ連・東欧圏の崩壊という急変に直面したフィンランドの体制立て直しで演じた手際を活写している。また、石野氏と並行してフィンランドの国際環境面を扱った大島美穂氏は、ノルウェーと北欧国際関係、EU専門家の観点から、戦後に確立したフィンランドの外交路線が、冷戦下の北欧に、中立主義的な、事実上の非核地帯であるところの冷戦の大洋に浮かぶ平和な環礁を生み出す契機になっていったこと、またEU加盟後のフィンランドがバルト海地域協力、対ロシア関係、地域紛争解決のために、戦後体験を生かした貢献を果たしている状況を描き出している。

●コラム1　祖国のために――戦争記念碑、戦没兵士墓地、対ソ連戦跡を見る

「I　小国の歩み」に付随するコラムの紹介に移ろう。コラム1の「祖国のために」と題する杉藤真木子氏の一文からはじめよう。フィンランドでは各地に銅像が多く作られ、またその多くが戦争と関連しているという指摘は従来、内外の文献でなされていたが、徹底した現地調査のやり方でこのテーマを追求する日本人研究者が出てきた。それが杉藤氏である。実は編者自身、一九六七年秋のこと、カレリア地方のソ連国境近くに冬戦争の戦跡を訪れたことがあった。日に二回しか運行しない郵便バスも行ってしまった広漠とした原野で茫然としていると、ふと樵夫姿の男性が現れ、自分はこの土地の者だが何をしているのか、と訊く。これこれの始末で困っているのだと応えると、たちまち彼は、「自分は、冬戦争の時、ここで戦った」といって掩蔽壕《えんぺいごう》跡に私を連れて行き、此処からソ連の戦車を撃ったといって、暗い壕内の覗き穴から見える目前の湖水の向こうに連なるソ連領の森を指しながら語ってくれた。まるで能舞台を髣髴とさせる情景であった。杉藤氏の稿を読んだ私の脳裏に、まざまざとこの感銘がよみがえってきた。ただ難しいのは、国の戦いに応召して倒れた人々と、国策との関係をどう考えるか、という問題であろう。

身近かな例を想起すれば、わが国には各地に存在する軍人墓地がある。瀬戸内海に面した広島市の比治山公園には、西南戦争から第二次世界大戦までの戦死者が広域にわたって葬られていたが、一九四四年夏、「軍市」当局は、軍事目的と将来的一般方針から、墓の合同を図り、その移転作業が捗《はかど》ら

ないうちに原爆の投下で大混乱の惨状となり、敗戦後はＡＢＣＣ（原爆傷害調査委員会）が墓地を接収して遺骨はブルドーザーで下の谷に投げ落とされる始末であったところを、篤志家の努力で原爆被害調査研究所内の狭い一角に纏められたという。「原爆は天罰であった」という墓地入口の掲示は衝撃的であるし、すでに戦中から生じていた国策（「私的な記憶」［杉藤、一〇六頁］の抹殺）とその犠牲者の間の矛盾には、フィンランドの事例の単純な一般化をゆるさないものがあるといえよう。

●コラム2　戦争の子どもたち――フィンランドの学童疎開

コラムの2は、髙瀬愛氏による「戦争の子どもたち」と題するフィンランドの児童の疎開体験の記録である。冬戦争でも継続戦争でも子どもたちの疎開が行われたが、彼らの疎開は、日本のそれとは相当に性格を異にしている。日本の場合には、小学校の生徒が、学校単位で、国内の農村に移住したのにたいし、フィンランドの場合には、就学以前の児童を含むもっと低年齢の子どもたちが、家庭の必要などの個々の事情に基づいてスウェーデンなどの外国の家庭に預けられた点、相当に異なっている。日本の場合にも、周知のようにいろいろな問題はあったが、戦争が終わればまた元の家庭生活が戻り、多くは「思い出話」になったのに対し、フィンランドの場合は、親との関係の変化とか、「二度の別れ」の体験とか、癒しえない心の傷痕を児童に植えつけるなど、深刻な後遺症を刻んだという。

Ⅱ　現代フィンランドの諸相

特定の国や地域に暮らす人々の社会的営みについて理解しようとすれば、法律、政治、経済、社会、文化といったいろいろな分野の事柄が、バラバラな状態で存在するわけではなく、それらがお互いに密接に関係しあって存在しているという認識から出発することは、学問の「総合」が説かれるようになっている現在、もはや常識になっているといえるであろう。私たちは、いろいろな分野の関わり合いの中に、その社会なり、国なりの特色を見つけることができるのである。それにしても、今度、執筆者の方々からフィンランドについて原稿を頂戴してみて改めて一驚したのは、異なった筆者が異なった専門分野を扱いながら実は互いの関連性があって、その結節点にフィンランドの特色と思われるものが見事に浮かび上がっていることであった。早速、各稿を見ていくことにしよう。

●第10章　フィンランド憲法の歩み──ランド法から「フィンランド基本法」まで

まず、フィンランドの法制度であるが、フィンランドの法体系に精通するわが国唯一の研究者である遠藤美奈氏に、全般的な解説をしていただいた。遠藤氏による「フィンランド憲法の歩み」を読むと、フィンランドの国家構造を規定している憲法が、国際環境から大きな影響を受けながら変遷してきたことに、今更の如く気づかされる。フィンランドが独立を遂げてからも、内戦とか、革命ロシアとの隣接とか、戦勝列強への思惑などから、国家体制はなかなか定まらなかった。法体系が論理的に一貫したものであるようにその形成過程も一貫したものと素人は思いがちであるが、現実には、いってみれば「超法規」的な諸事情がそこに作用してきたことに気づかされる。だが、それにもかかわらず、フィンランドにおける法制度の発達の根底には、スウェーデン時代に培われた、いわば北欧的な法の土壌とでもいったものが厳として存在してきたことをもまた、あらためて認識させられるのである。しかも、注意しなければならないことは、フィンランドの法形成にとっての外的要因が、他者の法文化を移植する契機としてではなく、他者にフィンランドが対応する中で法秩序上の変化が生じるというかたちで作用する場合が圧倒的に多かったことである。内戦の体験しかり、第一次世界大戦の終了しかり、第二次世界大戦後のソ連・ロシア要因の変動しかり、いずれも目の回るような変化が法制度改変の契機となっているものの、変化が選びとられる方向性に揺らぎがなかったことが見て取れる。

●第11章　フィンランドの地方自治――「住民の共同体」の分権と自立
●第12章　スウェーデン語系住民の地位――二つの「国語」と言語への権利

遠藤氏は、このほか地方自治、スウェーデン語系住民の法的地位、オーランド諸島の自治制度についても興味深い議論をしている。フィンランドの地方自治は、市町村レベルでだけ行われており、それは、徹底した住民自治の考え方に基づいている（「フィンランドの地方自治」）。これは、「参加の政治」という概念を地方政治においてもっとも見えやすくしている所以《ゆえん》であるという。国内の公的サービスのうち、三分の二が自治体の供給によるといわれる点も含め、フィンランドには、「自治体国家」という呼称もある。遠藤氏はまた、地域住民を構成する外国人の大幅な権利についても解説している。スウェーデン語系住民の法的地位を論じた章では、公用語としてのフィンランド語との完全に近い法的平等が、フィンランドに定住してきた彼らを「フィンランドにおけるスウェーデン民族」としてではなく、「スウェーデン語を用いるフィンランド人」とする見方に帰着させた歴史的背景があったことを詳説している。

●第13章　非武装と自治の島々――オーランド諸島

オーランド諸島のいわゆる国内的独立に近い地位を、同諸島の非武装の確立とともに説いている解説は、フィンランドを知るうえで欠かせないばかりでなく、国民国家の問題を考えるうえでも、貴重である。ソ連が解体する前夜、なんとかそれをくい止めようとしたソ連当局者が注目したのはオーランド諸島の自治体制であったし、わが国でも近年、沖縄の問題との関連でオーランド諸島が注目されるようになったりしている。

●第14章　先住民・サーミの人々――現在の暮らしとその地位・言語的権利

遠藤氏は、さらに先住民族のサーミの人々が得ている権利についても論じているが、この問題は法的なそれを越えて広がるのであり、次に登場する山川亜古氏が話題を引き継いでいる。山川氏は、サーミ民族の言語、北欧三国とロシアにまたがる居住、生活形態、社会組織、法的地位、学校教育など諸側面にわたって総合的に紹介している。編者がはじめてサーミの人々に出会ったのは、一九六七年の春、フィンランドの文部省が企画した留学生のための研修旅行の折であった。ラップランドのウツヨキで、山林をスノウ・モービルで見回る林業者と会い、トナカイを放牧している農家を訪ね、また同地の小学校教諭から話を聞いた時である。サーミ人のその教諭は、二〇人ほどもいた留学生一人ひとりと面談してくれた。「さア、今度は日本だな」といって私を迎えた教諭は、談がアイヌ民族のことに及ぶと、「日本では差別しないで待遇しているのだろうか」と厳しい表情を見せ、私をたじろがせた。実際、そのころから、日本のアイヌ民族との連帯も始まっていたのである。

●第15章　フィンランドの政党――フィンランドの政党政治が歩んだ道

フィンランドの政治については、政党を主題にして石野裕子氏が解説しているし、欧州連合の一員としてのフィンランド政治の側面については、大島美穂氏が卓見を披露している。まず、フィンランドの政党政治は、北欧諸国の中でも相当に異色であるが、やはり北欧の政党政治の一つのヴァリュエーションと見るのが至当であろう。石野氏が明らかにしているように、フィンランドの政党政治は、北欧諸国のそれに特徴的な多党制のそれである。胚芽期に出現した政党の左に時間を追って新たな政党が生まれていくという政党スペクトルの典型的な例がフィンランドでも見られるが、同時にそこには、スウェーデン語系国民党が形成されたり、農民同盟や共産党の勢力がきわめて強いというフィンランド独自の歴史を反映した性格が現れたたし、とくに第二次世界大戦後においては大統領の影響力が内政にも及ぶという現象が見られた。以上には、憲法の解説のところで明示されたことに対応した、いうなれば「フィンランド的性格」が顕著に見られる。

●第16章　ＥＵとしてのフィンランド――積極的ＥＵ外交と北欧の価値

さて、ＥＵに加盟以来自らを「ＥＵ」すなわち「ヨーロッパ」として対外的にアピールすることに努めているフィンランドであるが、大島氏の観察は、「北欧諸国の中では例外的な、その積極的姿勢が目立つ」としながらも、実は、「その表層的な様相とは異なり、歴史的に培ってきたフィンランドの外交姿勢をいまだに内包している」としており、国民の世論調査も、国民が「ＥＵを自国の発展の契機として捉えているというよりも、むしろ国際的な問題解決のツールおよび窓口として理解している」という独自で重大な指摘をしている。

●第17章　フィンランド国防軍――フィンランド安全保障の要

フィンランドの軍備の話は、フィンランドではどうなっているのかといったメカ趣味的関心のほかに、冬戦争の勇戦で「軍事オタク」といわれるような人々の注意を惹いてきた面があるが、フィンランドの場合、それらにも増して、前出のソ連＝フィンランド友好・協力・相互援助条約が示したような軍事力の逆説的意味という点で、その裏打ちをしていた軍備の実態、またその時代と不連続の中に連続する現今の軍備状況を明らかにすることが求められよう。何しろ絶対平和主義者として知られるユリヨ・カッリネンが国防大臣を務めたという話題の国である。斎木氏の解説は、フィンランドの軍事事情そのものとしてばかりでなく、先立つ章の政治の話題を想起しながら読んで下さることをお勧めする。

●第18章　フィンランドの産業と経済――発展の軌跡

経済については、鈴木徹氏から「フィンランドの産業と経済」と題して、簡にして要を得た歴史的な概観が寄せられた。ここでも国際関係がいかにフィンランドの経済の歩みに大きな影響を与えてきたかが、描き出されている。同氏の稿は、とくにソ連が第二次世界大戦後にフィンランドを管理して圧倒的な影響力をもったこと、しかし、そのソ連への莫大な賠償がフィンランドの機械産業を育成する効果をもったこと、ところがソ連の崩壊後は、ソ連経済への依存が国際競争力の低下を招いてしまっており、またカジノ経済の要因を作り出した挙句に深刻な不況をもたらす、という大困難に直面し、この時点で「国を挙げて」の産業政策・経済政策の転換を図ったこと、その結果としてのＥＵへの積極的参与および情報通信産業の画期的発達を図ったことを明らかにしている。しかも、その転換を、ノキアの成長に見られるように本来の森林産業を基盤にし、またバルト海地域の産業を育成するという工夫を通じて成し遂げたという劇的な経過を活写している。

●第19章　フィンランドの経済——一九九〇年代以降のイノベーション立国

そうした経済の驚くべき成功が、他の領域とのどのような有機的な関わりの中で進んだのかを統計資料などを駆使しながら詳述しているのは、川崎一彦氏である。フィンランドが六年間にわたって世界一位か二位の経済競争能力を示したという事実を、女性閣僚の割合の世界一とか子どもの学習到達度の世界一といった記述と並べて序にしている川崎氏は、すでにそうした関心を冒頭から隠さないが、本論に入ると、氏は、一九九〇年代全般の経済危機からの脱出を「ミクロな産業政策」への画期的転換として捉え、「教育の意識改革」および「イノベーション立国」と結びつけて解説している。そして、こうした「資源型経済から知識経済への発展」という壮挙を「シス」（sisu：フィンランド魂）の現れだというフィンランド人の説明をも紹介している。

●第20章　福祉社会の形成と現況——そのエッセンス

フィンランドのタンペレ大学で福祉政策を研究して博士の学位を取得した髙橋睦子氏からは、「福祉社会の形成と現況」と題する記事が寄せられた。髙橋氏は冒頭で、フィンランドの福祉政策の特徴として、第一に、福祉問題を個人の責任ではなく社会問題として飽くまで捉えていること、すなわち「普遍主義」、第二に、福祉「国家」といってもフィンランドの場合、国家を「凝視」しているだけでは理解はできず、地方自治体（市町村）が主要な役割を果たしていること、すなわち「社会サービス」を挙げ、ついでこれらの歴史的経過を概観する。前者については、二〇世紀後半の工業化、都市化に直面して、北欧・欧米の多くの例と異なり、むしろ日本や韓国に近い「少子高齢化」に直面した際、「スウェーデン・モデル」を意識して成ったこと、後者については、同様な背景の下で苦闘した女性の政治参画を通じて一九七〇年代に成立していったことを明らかにした後、これも一九七〇年代に欧米諸国の多くが体験し、フィンランドでは遅れて一九九〇年代に訪れた、経済不況に基づく「福祉国家の危機」を、「福祉社会の深化」に助けられて乗り切った、とする。「ブレア政権が福祉政策に警戒を強めているイギリスの状況とは大きく異なる」という痛烈な指摘とともに進むこの解説には、北欧の中でのフィンランドの相対的後発性や、「フィンランド化」として揶揄されたソ連の影も、それにたいするおそらくシスの精神に立脚した現実的な対応も、また浮き出ている。髙橋氏は展望として、こうしてともかく成功してきたフィンランドの福祉政策も、「グローバル経済が情報と富の偏りによる格差拡大を強める中」で、格差拡大回避と国際競争力維持を両立させることの困難に直面していくと結ぶ。

●第21章　フィンランドの教育の現状——その核心に迫る

以上の諸労作が提起している事柄を教育の分野から受けて立つのが、渡邉あや氏の「フィンランドの教育の現状」である。こうした主題でのフィンランドの教育界の現況に関する文献は、当の渡邉氏の仕事を含めて汗牛充棟であるともいえる状況にあるので、本書ではごく全般的な概説をお願いしたが、「教育界における『フィンランド・ブーム』は、とどまるところをしらない」という文で始まる同氏の記述は、フィンランドの学校教育体系について、「基礎学校」(小学校)から始まり大学まで、一通りの概観をまずしているが、「すべてに共通する特徴として、制度的な弾力性が担保されていることが挙げられる」と結論する。それは、年齢を問題にせず、本人が納得のいくまで学習させる、という意味では、「生涯学習社会フィンランドの懐の深さを示すもの」という仮説の提示が注目される。

ついで、渡邊氏は、フィンランドにおける学校教育の大きな特徴として、「就学前段階から大学院に至るまですべて無償で提供されていること」を挙げている。そして、「フィンランドの生徒の学習到達度が相対的に高いことを示したPISAは、生徒の経済・社会・文化的背景が学習到達度に与える影響が他の国に比べ低いことをも明らかにしている」と結論する。その一方で、「いじめ」や「子供の虐待」からくる孤独感や疎外感を抱える子供をどう支えるか、とか移民子弟などへの配慮が今後の課題で、行政も動き出している、という。フィンランドの生徒の学習到達度の高さがわが国で報じられ、まさに想像の産物でしかない先入観が「ゆとり教育」批判——この事自体の評価は措くとして——の風潮の中で生まれかけたが、その偏見を一掃する役割を果たしたのは、フィンランドを研究対象としていた教育学者たちであり、その活躍は実にめざましいものであった。

●第22章　科学と技術——フィンランドにおける科学技術発展の概観

教育の問題と並んで検討されるべき事柄は、科学技術の問題であろう。この面については、フィンランドの科学技術政策を担っているTEKES(技術庁)のユッカ・ヴィータネン参事官に寄稿を依頼した。「科学と技術」と題する稿は、副題が示すようにその発展過程の概観であるが、そこにも、フィンランドが直面した国際環境が色濃く反映している。大学は第二次世界大戦で生き残ったものの、「産業の進歩も投資も、賠償問題と密接にむすびついていた」状況ゆえに、フィンランドは基礎科学の面で世界に遅れをとった、という叙述からはじまり、一九五〇年代末に科学知識こそが国の繁栄と競争力を保証するという着想から、全国に国立大学のネットワークを広げる国策に踏み切ったこと、ために一九七〇年代から八〇年代にかけ、近代的な技術革新制度が確立したことを指摘する。「新アカデミー」とTEKESが基礎科学と応用研究の資金補助を、SITRA（フィンランド研究開発国立基金）がハイテク産業の発展支援を始め、他方、大学と企業の協力も進んだ。ところが、ここでも、ソ連の崩壊が大きな蹉跌をもたらし、この事態に対応すべく「知識立脚社会の創造」に向けた国家と企業の共同投資が始まるのであり、「高度の専門化と進んだ技術情報をつうじてはじめて、小国の国民経済は生き残ることができる」という認識が確立したという。

●コラム3　「フィンランド化」という言葉——冷戦時代の亡霊のように

コラムの三番目には、わが国切ってのヨーロッパ通ジャーナリスト長崎泰裕氏に『「フィンランド化」という言葉』と題してご登場願った。これにはいみじくも「冷戦時代の亡霊のように」という副題がついている。「フィンランド化」という言葉は、冷戦時代にフィンランドをめぐってとくに西欧の言論界で出回り——この言葉が、何かにつけて中立的地位をめぐりフィンランドと競合関係にあったオーストリア起源であった事実も興味深い——、わが国には一サイクル遅れて新冷戦時代に登場した。冷戦の終焉と踵を接して、日米の首相・大統領が一八〇度見方を転換させて、フィンランド外交の平和への貢献を讃えたが、近年また、わが国の一部評論家が一般化してしつこく使っている、ということになれば、これは、フィンランドというより、わが国自身の言論界の問題ということになりそうである。

Ⅲ　文化としてのフィンランド

文化を一言で述べようとするならば、価値観をめぐる人と人の関わりあい、と一応定義することができるであろう。しかし、ここで意図しているのは、フィンランド人の価値観一般を論じることよりも、むしろ彼らの文化的な営みの所産を、それぞれの分野について精しい方々に具体的に語っていただくことである。そのようにしたのには、編者なりの理由がある。政治なり、経済なり、社会なりといった集団としての人々の営みを見ていく場合とは異なり、文化を語ることになると、もちろん価値観の共有といった一面はあるものの、個人が果たしてきた独自の役割というものがあるのであって、国家や国民や地域に縛られた見方が一律に好ましいとは到底いえないと思われるからである。

●第23章　フィンランド語とはどんな言語か？――「アジア系言語」の真実

フィンランド人の九四％が第一言語として用いているフィンランド語について、簡にして要を得た入門的な記述が、佐久間淳一氏によりなされている。難しいといわれることの多いフィンランド語も、日本人には敷居が低そうな安堵感を与える解説であり、末尾に挙げられている参考書を入手して早速入門したいと考える読者も多いに違いない。フィンランド人は「アジア人ですか」と問う人も、これで納得できる答えが得られたと思うに違いない。

●第24章　フィンランドの現代文学――「大きな物語」から多様性へ

フィンランドの文学については、現代フィンランドの気鋭の評論家ヴァルカマ氏から短いがまとまった論考を頂戴できた。「大きな物語」と「小さな物語」の関係をめぐる執筆者の議論は、ポーランドなどにも共通する面があるようであるが、第二次世界大戦後になって漸く本格化した内戦や対ソ戦争を題材とする文学作品が、社会矛盾や戦争にたいする問題意識を読者の中に呼び覚ました事実、また、今や、世界における貧困や暴力の広がりの中でともかく安定を得ている「先進的な」部分の日常を文学があつかった作品が多くなっている状況を対比することは納得できる。

●第25章　フィンランド民族叙事詩『カレワラ』の誕生と一九世紀フィンランド文学
――翻訳文学の隆盛とフィンランド民族文化の模索

●第26章　戦争と文学――ヴァイノ・リンナと大岡昇平

この寄稿に加えて、文学の専門家ではないが、本書において歴史を担当している石野氏と百瀬による記事を加えて読者の便宜を図った。石野氏（「フィンランド民族文化『カレワラ』の誕生と一九世紀フィンランド文学」）は、フィンランドの文学が、とくに一九世紀以降において欧州大陸や北欧の文学的潮流から大きな影響を受けて発達していった事実を指摘したうえで、一九世紀後半においては『カレワラ』やその発祥地と見なされたカレリア地方への関心が文学の世界にも大きな影響を及ぼし、文学の世界でも「民族ロマンティシズム」が風靡したことを強調している。また百瀬の一文（「戦争と文学」）は、第二次世界大戦後のフィンランドにおいては、独立直後の内戦や対ソ戦争をむしろ突き放した観点から見直していく文学作品が生まれた面を取り上げた。

●第27章　トーベ・ヤンソンの世界──描くことと書くこと

フィンランドの文学について語ろうとすれば、ムーミンの存在を外すことはできないであろう。これについては、この主題のわが国における第一人者冨原眞弓氏に、「トーベ・ヤンソンの世界──描くことと書くこと」と題した一文をいただいた。ムーミン・ファンの読者は、作者トーベ・ヤンソンの生きた軌跡を冨原氏の案内で辿ることによって、作品の背景を理解することができるであろう。

●第28章　ムーミン・ファンの想い──ファンはキャンバスに何を描くか

そして、ムーミン・ファンという立場から、北川美由季氏に登場していただいた。ここでは、読者は、北川氏に触発され、各自が想像の翼を広げて、冨原氏が与えてくれたキャンバスの上に、自分の想いを描き出すことができるであろう。そうした能力に欠けた編者も、スナフキンのモデルとなったオーランド島出身の政治家でジャーナリストのアトス・ヴィルタネンには、強い関心をもってきた。社会民主党のスウェーデン語機関紙『アルベタール・ブラーデット』で常に正論を吐いていた彼は、日本の侵略のもっともきびしい批判者である一方で、広島・長崎にたいする原爆攻撃をいち早く取り上げ、「残虐な敵にたいして残酷な手段でやっと勝った、と後世をして語らしめてはならない」と、勝利者となった民主主義陣営に厳しい警告を発したものである。

●第29章　フィンランドのジャーナリズム──その歴史と知恵

ヴィルタネンが話題になったところで、長崎氏に再登場を願い、「フィンランドのジャーナリズム」

という表題で、フィンランドの新聞や放送について書いていただいた。日本でのこうした紹介記事は珍しいのではないだろうか。この稿から、読者は、現今の新聞や放送の現況について有益な知識を得られるだけでなく、さきの同氏による「フィンランド化」論を問うコラムと併せ読むことによって、フィンランドのジャーナリズムが、小国が直面した困難な状況といかにたたかってきたかを、理解できるであろう。

●第30章　フィンランドの音楽――展望

フィンランドの音楽については、この道の第一人者大東省三氏に入門的な紹介をお願いした）。大東氏は、日本シベリウス協会の名誉会長であるほか、北欧合唱団を立ち上げるなど北欧音楽の研究と普及に尽力してこられたことで著名であるが、本書のために懇切な解説を寄せてくださった。フィンランドの音楽家や作品について通り一遍の概観をするのではなく、諸外国からのどのような影響のもとで自前のフィンランドの音楽が育っていったのかが手際よく説かれ、本書の他の章、とくに歴史などの記事とも合わせ読むことで、フィンランドの社会や文化についての立体的な理解が可能になるであろう。

●第31章　フィンランドの美術――概観と代表的な作品

フィンランドの美術を語っているのは、気鋭の美術研究家本橋弥生氏である。美術についてまったく暗い私のような読者のために、中世以来の長いタイムスパンで主題を語ってくれる本橋氏の解説は、いわゆる美術品として素人が思い浮かべるようなものがほとんど残っていない時代についても教会などの建築物を論じ、美術という概念の広がりを再認識させてくれる。近代以降になってヨーロッパ大陸からの影響が絵画などの分野でフィンランドの美術家を育て、ロシアの大公国となった一九世紀の後半からは『カレワラ』に題材を求める「民族ロマンティシズム」の時代がまき起こり、一九一七年に独立を遂げた後には、それが衰えて「新即物主義」が人気を得、それも戦争で充分に開花することなく終わると、今度は戦後にアメリカやヨーロッパ諸国との「時差」が消えて、世界的な流れと「ほぼ共時的な」活動が展開されてきた、という解説は、非常に興味深いものがある。

●第32章　フィンランドの建築――現代まで受け継がれる「自然」との絆

建築については、長らくフィンランドのそれに関わり、ここ数十年の動向を身をもって体験してこられた伊藤大介氏から、独自の見識を横溢させた記事が寄せられてきた。ヨーロッパ大陸の建築の影響をフィンランドの自然的条件を生かして取り入れることから始まり、近代以降には、自然的条件下に育まれたフィンランド人の感性を生かした独自の建築、「フィンランド性」を発揮した建築を生み出していった経過を、ここでもフィンランドが経てきた歴史の変遷の中に位置づけ、描き出している。伊藤氏の解説からも浮かび上がってくるのは、フィンランドの自然環境、とくに森がいかに建築を特徴づけてきたか、ということである。

●第33章　フィンランドのスポーツ――実践者が語る

スポーツについては、体育学が専門で、アダップテッド・スポーツに造詣の深い中田綾子氏に解説をお願いした。フィンランドのスポーツというと、私が札幌に在住していた当時に、同地で開催された冬季オリンピックのことを想起せざるをえない。記憶が鮮明なのも、選手団についてきた応援の市民たちの多さゆえであった。その時の写真や記録映画を見ても、どこの競技場でも、白地に青い十字の入ったフィンランドの旗が常に揺れていた。それればかりではない。彼らは、札幌内外の日本の市民たちと親交を結び、それまでまったく無縁に見えていた北海道とフィンランドの交流がにわかに盛んになったのである。その時の人々の中にはすでに物故者も少なくないと思われるが、北海道各地とフィンランドとの交流の流れは、文化交流のところで読者が見られるように、連綿と続き、いよいよ発展しているのであって、その時の情景をつぶさに目撃した者として、感動に耐えないのである。

●第34章　フィンランドの食文化——皆さんは知っていますか?

在日がすでに半世紀にもおよぶ橋本ライヤ氏は、「フィンランドの食文化」という表題で興味深い稿を寄せてくださった。このフィンランド料理の解説記事は、よく外国料理の解説にあるような通り一遍のメニューの羅列ではない。フィンランドの料理が、自然環境、他の文化圏との交流、その中で暮らす人々の歴史的経験、といった要因への目配りを背景に納得できるように解説されている。

●コラム4　フィンランドの旅に思う——タンペレを訪れて

フィンランドの地域文化を紹介したエッセイとして、タンペレ市を訪れた北川美由季氏の旅行記「フィンランドの旅に思う」が掲載されている。北川氏は、おりおりフィンランドへの旅行を楽しみ、紀行文をものしているが、ここではタンペレ行が選ばれ、とくに同地のレーニン博物館訪問が回想されている。ロシアの革命家レーニンがフィンランドに亡命の恩恵を蒙っていたという意外史が、物語られている。

●コラム5　フィンランドの映画監督アキ・カウリスマキの世界

この編の囲み記事としては、石野裕子氏による「フィンランドの映画監督アキ・カウリスマキの世界」を収録した。三木宮彦氏が物故され、専門家によるフィンランド映画の解説は望めなくなったが、映画ファンの立場からの石野氏の寄稿をお願いした。石野氏はフィンランド映画の軌跡を辿る中で、日本人ファンを代弁したかたちでアキ・カウリスマキに焦点を当てその魅力を語っている。運命に翻弄される弱者が「それでも懸命に生きていく」姿の描出に「フィンランド人のペーソス」を感じる、と著者は結んでいるが、そこにはシッランパーの小説の主人公たちの「世界の一隅での小さなたたかい」が筆者の目には重なって見えてしまうのだが、どうであろうか。

Ⅳ　交流の歩みから

「関係」という言葉を辞書で引いてみると、二つの異なった意味があるという。その一つは、「交渉関係」であって、異なった個人や個人の集団同士の、たとえば国同士の交流のあり方を指す。もう一つは、「相対関係」であって、「直線というものは、曲線があることで成り立つ」というように、お互い同士が存在することで成り立っている状態を指している。しかし考えてみれば、交渉関係がなければ相対関係も認識はされないわけであり、実は両者は、切り離せない楯の両面をなしているのである。

こういう面も視野に入れて日・フィンの交流について考えてみるならば、交流が双方に何をもたらしたのかも含めて、より深い見方ができるのではないであろうか。

●第35章　フィンランド観光の旅――こんな所にお勧めの場所が

日・フィン交流の部のトップバッターには、フィンランド観光局の能登重好氏に登場を願った。近年は、観光学という分野も生まれて、観光事業自体が研究や観光業に携わる人々の教育の対象となるにいたっている。ここで能登氏に登場願ったのは、そうした関心をもつ読者にも、また本書を読んでフィンランドを訪れてみようと思う読者にとっても、てっとり早く旅行事情を把握できる便になって欲しい、という考えからである。

●第36章　ラムステット公使とエスペラント仲間――エスペラント仲間たちが支えた日フィン親善

さて、一九一七年にフィンランドが独立して、内戦などの内憂外患が収まった段階でヘルシンキ大学教授で世界的な言語学者であるラムステットが、初代の駐日外交使節として日本に派遣された。これは独立まもないフィンランドの知的水準を示すためにフィンランド政府が配慮したためであるが、在日の活動中特記すべきものとして、エスペラント語の普及活動と日本の知識人との交流があった。そこで、エスペラント協会の峰芳隆氏に、そのあたりを協会関係の史料に基づいて語っていただいた。そこには、エスペラント協会とラムステットの交流そのものにかぎらず、宮沢賢治とラムステットの交誼にもページが割かれている。だが、二人を結びつけたのは、ただエスペラント語だけなのか。フィンランドの知識人が身につけていた、あるいは本人も明確には意識しなかった農民文化への関わりが、宮沢賢治の心の琴線に触れていたに相違ないと想像しては、まちがいであろうか。

●第37章「神様の愛を日本に」――フィンランドのルーテル教会の日本伝道の歴史

やや特定された性格の交流の記録として特筆されるべきは、フィンランドの福音ルーテル教会の日本における活動であろう。日本に限らず諸国諸地域へのそうした活動は、ナミビアへのそれも含めそれ自体としてもフィンランドの特色を示すものとして注目される性格のものであるが、日本に対しては実に一九〇〇年以来の布教活動が幼稚園経営などの広がりをもって行われており、日フィン間の友好、文化交流にも多大な貢献をしてきた。そこで、このテーマで高木アンナ・カイサ氏に記事を頂戴した。いただいた原稿は、氏が活動の中で身につけられた日本語で記されており、それ自体が貴重なので、敢えていっさい手を入れずに掲載させていただいた。

●第38章　在日フィンランド人第二世代のアイデンティティ――言語を中心にして

ところで、そうした布教活動に携わるフィンランドの人々が、一家を挙げて来日し、また帰国した後にどのような対日観をもっているか、を髙瀬愛氏がヘルシンキ大学の修士学位論文としてまとめ、フィンランド語で発表もされているので、この際、敢えてここに要約、投稿していただいた。

●第39章　さまざまな地域間の交流――一人のフィンランド人の目から見た概観

日・フィンの文化交流の現況については、駐日フィンランド大使館の元参事官リーサ・カルヴィネン氏による解説が本書には収められているが、そこで注目すべきは、両国の地域間の交流の記述に大きな紙幅がさかれていることであろう。すでに二〇年も以前のことになるが、時の文化担当官は、近時の特徴として、「以前は、文化交流というと外務省が行っていたものだが、今では大使館の知らない民間同士の交流が増えていて実態を把握できなくなっている」と述べたことがあった。民間の文化交流団体としては、以前は、日フィン協会であるとか、北欧文化協会の活動がある程度であったが、今では、地域や民間同士の交流があたりまえになり、しかもこの文に見るように、大使館の担当者自身が、中央同士の交流よりも地方同士の交流を評価している事実である。これは時代の趨勢であって、フィンランドに限ったことではないであろうが、北欧諸国と日本の間の文化交流がことごとくこのようになっているわけではないので、やはりフィンランドとの文化交流の特色というべきであろう。

●第40章　フィンランドと私の「出会い」——文通から始まった二七年間の交流

こうした団体間の交流もさることながら、個人レベルでの日・フィン交流も、両国間の親密な交流をボトムアップ的に支える意味で見逃すことはできない。それはもちろん枚挙に暇がないが、その一端を窺うよすがとして寄稿をお願いした河村氏の例は、広島市北郊の可部町とフィンランドのクオピオ市の市民同士の交流の記録である。太田川の下流の橋から一望できる可部の街は、中国山脈の麓に息をのむような美しさで静まっている。広島市の近現代を見守ってきた由緒ある町と、世界最先端のバイオテクノロジーの小都市クオピオとの民間交流から何が生まれてくるであろうか。

●第41章　日本でフィンランドを語る——思い出と現在

ここで、締めくくりのような意味で、いよいよ発展しつつある日フィンの交流の中で滞日しているフィンランド人が日本での生活をどのように考えているのかを、橋本ライヤ氏に、再登場願って語っていただいた。まだフィンランドと日本の交流が薄い時期に来日した橋本ライヤ氏は、日本人から親しみや興味をもつ雰囲気を感じて「フィンランド人でよかった」と感じたという。それは両国がお互いあまり知らずトラブルの種がなかったからだ、とも。そして、「教育を受けるチャンスや福祉、医療などの社会サービスに自分たちの国にたいしての誇りを持ち満足している」フィンランド人が「フィンランド人でよかった！」「フィンランドで生まれて本当に宝くじが当たったようだ！」とよく口にする最近にいたるまでの、三〇年を超える日本在住の回顧を流麗な日本語で語っている同氏自身の活動を、在日フィンランド人のスオミ会の活動と重ねあわせ、「人と人との交流はやはり一番だ」と説いている。

●第42章　日本における『カレワラ』の受容――「平和的」叙事詩としての『カレワラ』

ところで、日・フィン間の関係の考察というと、交渉関係の次元から一歩掘り下げた相対関係の考察が期待されるが、比較学的捉え方とも異なる、いわば関係性の文脈での議論が浮かび上がってくることになるであろう。ただ、このように考えてはみても、それは思想から科学技術までの広汎な諸分野を含むことになり、しかもそれらは、まだまだ今後の発展や、またそれらの研究にまつところ大と言わなければならない。本書では、この面については今回は、ほとんど扱うことができなかった。ただ、この点で一つだけ、取り上げさせていただいた。これまでの日本で『カレワラ』がどのように受容されたのかを考察する試みはいまだ第一歩を踏み出したばかりであるが、本書に収録された石野裕子氏の稿はその先駆的例となるであろう。

●第43章　マンネルヘイムのアジア旅行——将軍の新しい顔

もう一つ、終わりにあたって、厳密な意味での日・フィン交流ではないが、フィンランドと、日本を含むアジアとの交流の興味深いエピソードとして、またフィンランドの代表的人物の紹介という意味で、マンネルヘイムに関する記事を、フィンランドきっての中国および日本に関する研究者カウコ・ライティネン氏に寄稿いただいた。フィンランドの世論調査機関が「フィンランドでもっとも偉大な人物は誰か」というアンケート調査を行ったところ、それはカール・G・マンネルヘイムだという答えがフィンランド人の間で圧倒的であるという。大公国時代のフィンランドの士官学校には収まりきらず帝政ロシアで将軍となり、ロシア革命で、独立直後の祖国に戻って白衛隊を指揮し、その後摂政、総軍司令官、国防委員会議長、大統領を務めたという大物であるし、対ソ連戦争の重要局面では的確な判断を行い、対ソ休戦のきっかけ作りもやるという八面六臂の活動をした彼は、そのような評価を受けても不思議ではない。ただし、彼については毀誉褒貶が激しく、政治的には左翼陣営から蛇蝎《だかつ》のように嫌われていたし、もう一つ、重大な局面で意外と優柔不断なところがあったりして謎的な部分が多いことも事実である。しかし、本書に寄稿を得たライティネン氏の一文は、そうした、いってみれば語りつくされたマンネルヘイムの映像に加えて、これまでほとんど取り上げられていなかった、アジア探検家としてのマンネルヘイムの新たな面目を浮かび上がらせている点が特徴である。

帝政ロシアの将軍たちとは異なった、いかにもフィンランド的な様相とともに、コスモポリタン的な性格も感じとられ、フィンランドを代表する大人物だという読後感が湧く。

●コラム6　ラムステット代理公使異聞――補遺として

●コラム7　文化を政治から守った市河代理公使――日本外交史夜話

第36章で述べられている以外のラムステットの駐日代理公使としての活動については、すでにラムステット自身の回顧録が出版されており、邦訳も坂井玲子氏によって訳出されているので参照されたい。ただ、ラムステットの回顧録には記されてはおらず、フィンランドや日本の文書館に所蔵されている興味深い史料もあるので、それらに基づいた「ラムステット代理公使異聞」と題する囲み記事を、編者としてコラム6として添えた。また、ラムステット公使の個人的薫陶を受けている、初のフィンランド通の代理公使として一九三〇年代に活躍した市河彦太郎の外交官としての事績にも、注目すべきものがあるので、これもコラム7として編者が紹介させていただいた。

カール・G・マンネルヘイム像（撮影・石野裕子）

●コラム8　気になる話題――「隣の隣」

ところで日本とフィンランドの関係を顧みる時、フィンランド人は、よく「ナープリン・

ナープリ」という言い方をする。文字どおりにいえば「隣の隣」ということになるが、これは、日本とフィンランドは遠く離れているかも知れないけれど、実はご近所づきあいなんですよ、という親近感の表明であると同時に、何やら意味ありげな響きをもっている。それは、フィンランドと日本を両隣りにしている巨大な存在があるからであり、その存在とはいうまでもなくロシアである。この気になる話題を日・フィン関係の末尾コラム8で扱った。

●第44章　フィンランドと私——交流の歩みを語る

さて、本書の大きな締めとして、舘野泉氏に登場していただいた。舘野氏がフィンランド、日本両国が誇りとする世界的な音楽家であることは、広く知られているが、同氏が、さらにそうした点を超えて、両国の交流の立役者であり、かつフィンランドを知識においても、感性においても、もっともよく語りうる人であることは、何人も否定しないところであろう。音楽のみならず、そうした広い視野から「フィンランドと私」と題して原稿を寄せていただいた。編者自身、一九六六年にはじめてフィンランドに留学の機会を得た時、同氏に知己を得、私は音楽にはまったくの門外漢であったが、むしろフィンランドそのものについての見識やフィンランドでの学び方について教示を受け、多くの点で目を覚まされたものであった。ぜひ、そうした舘野氏の見識を読者の方々と分有したいという思いから、いわば、本書全体のトリをとっていただくようなかたちで、寄稿をお願いした次第である。

（百瀬宏）

I

小国の歩み

1

フィンランド史の展開と地理的状況との関係

★ ロシアとスウェーデンの狭間で ★

乙女がひざまずいた形に見えることから「バルト海の乙女」とも呼ばれているフィンランドは、国の四分の一が北極圏に位置している北欧の一国である。気候は亜寒帯気候で、北のラップランドには「山」と呼ばれる丘陵が存在するものの国土は平坦で、国の約七割がマツや白樺などの森で覆われており、国土に点在している湖は二万とも一〇万ともいわれ、国土の一〇分の一を占める。

現在のフィンランドの国境は第二次世界大戦後に確定されたもので、東は長い国境をロシア、西はバルト海を挟んでスウェーデンと接し、北の国境はノルウェーと接している。現在は国の地方行政単位である六つの「県」(lääni) と二〇の「地方」(maakunta) に分かれている。

フィンランドという呼び名は、スウェーデン王国の統治下に入った一四〇〇年代になって用いられるようになったといわれているが、フィンランドが文化的、政治的にすでに統一されていたわけではなく、フィンランドが独立を果たしたのは、二〇世紀に入った後の一九一七年一二月であり、独立国家という観点からみるとフィンランドは、一〇〇年足らずの若い国家といえるだろう。

第1章
フィンランド史の展開と地理的状況との関係

フィンランド近現代史は、フィンランド人が自分たちは何者であるかを常に問いただしてきた歴史であるといっても過言ではない。他の北欧諸国では王朝が存在し、国がいつ成立したのかを比較的明確に辿れるのに対し、フィンランドに王朝が存在していた歴史はなかった。また、先に挙げたようにフィンランドという地理的概念は国家が存在する以前からあったものの、スウェーデン、次いでロシアに長年統治されてきた歴史があり、フィンランドという国家的まとまりがいつ成立したかについてはっきりとした答えはなく、この問題はフィンランドの学界で長年議論され、さまざまな解釈がなされてきた。とくにフィンランドはいつから始まったのかという問題は、独立以降くり返し問われてきた。そのため、フィンランド史では周辺諸国との比較によってフィンランドを位置づけようとする試みがなされてきた。

たとえば、フィンランドでは自国を「東と西の間」と位置づけ、東のロシア、西のスウェーデンの間で翻弄されてきた事実をしばしば強調してきた。このような表現は、冷戦期には「東」の共産圏、「西」の資本主義圏といった別の意味をも帯びた。また、ロシア（ソ連）との関係が深いことから政治的な意味合いを込めて東欧との比較もなされてきたが、その一方で、地理的、あるいは文化的な意味合いから「スカンディナヴィアの中のフィンランド」という枠組みも構想されてきた。

以上のようなフィンランドの自国認識を踏まえたうえで、フィンランドの歴史と地理の関係を概観してみよう。

フィンランドは独立を果たす以前、二つの国に統治された歴史があるが、その統治された歴史ごとにフィンランドそのものの形や概念も変化していった。フィンランドは、一三世紀からスウェーデ

フィンランドの紋章。16世紀のグスタヴ一世の治世に用いられるようになり、1978年に公式に国に認証された。現在では、この紋章は、フィンランド軍の軍服からアイスホッケーのナショナルチームのユニフォーム、切手にまで幅広く用いられている。

ン王国の統治下に置かれ、大公国という名目で統治された。しかし、当時のフィンランドは現在のフィンランドの南西部分を指していた。この地域は、現在「本フィンランド」(Varsinais-Suomi: Finland Proper）と呼ばれている。フィンランドはスウェーデン王国の統治下に置かれたものの、その後狩猟の範囲等をめぐる経済的要求から引き起こったスウェーデンとノヴゴロド（ロシア）間の戦争がしばしば起こり、そのたびにフィンランド東側境界線がしばしば変更され、少しずつフィンランドの領土が拡張していった。

フィンランドは、スウェーデン王国から大公国という地位を与えられ、スウェーデンから派遣されたフィンランド総督が大公国の統治を司り、スウェーデン王国と同じ政治制度が敷かれたが、スウェーデンから見ると、フィンランドは「東の辺境」にしかすぎず、実際にそのような扱いがなされた。一四世紀ごろからヨーロッパで大流行し、スウェーデン、デンマーク、ノルウェーといった他の北欧諸国においても多くの死者を出した黒死病も、地理的な関係からフィンランドにはほとんど及ばなかった。

一八〇九年、スウェーデン、ロシア間の戦争の平和条約によって、フィンランドはスウェーデンからロシア帝国へ割譲され、ロシア帝国の大公国になった。このことは、スウェーデン王国、さらには北欧からの離脱を意味することになり、スウェーデン王国の一部であったフィンランドはスラブ世界に組み込まれたとみなされ、スカンディナヴィアという概念から外れていくことになる。

当時、フィンランド奪還を狙うスウェーデンの動きを警戒したロシア帝国は、フィンランドを取り込もうとする政策の一環として、一八一二年に「古フィンランド」と呼ばれた南東部分をフィンランドに「返還」した。これによって、フィンランドはほぼ現在の形に近づくことになる。

一世紀に及ぶロシア統治時代にフィンランドではヨーロッパ大陸から少し遅れて、民族ロマン主義が勃興し、「フィンランドらしさ」を模索していくが、その過程でフィンランド大公国の領域の認識にも変化が生じた。一つは、ロシア・カレリア地域（通称、東カレリア）である。そもそもスウェーデン統治時代から、その地域がフィンランドに属するという考え方が一部の地理学者や植物学者、動物学者らによって提唱されていたが、このような考え方は、ロシア帝国統治期にも一部の知識人の間ではあるが引き継がれていった。

一八三五年に編纂され、後にフィンランド民族文化の代表とみなされるようになった叙事詩『カレワラ』が、一九世紀後半になって知識人の間で高い評価が与えられると、『カレワラ』の原型である口承詩が、ロシア・カレリア地域で採集されたという事実が重視され、その地に居住する近親民族とされていたカレリア人との連帯意識と相まって、ロシア・カレリア地域がフィンランドに属するという考え方が、知識人の間で共有されることとなった。

また、スカンディナヴィア半島およびコラ半島、ロシア・カレリアを指し示す地理用語であった「フェンノ・スカンディア」(Fenno-Scandia) をそのまま政治的領域だと考えるものもいたが、それは一部の考えであり、フィンランドという地域概念としては基本的には大公国の領域内が想定されていた。

一九一七年一二月六日にフィンランドは独立を宣言し、共和国となったが、大公国の領域そのままで独立国家となった。独立時に、ロシア・カレリア地域をも含めた国家形成をしようとする動きも政府内で存在し、実際に一部の軍隊がロシア・カレリアへ遠征し、軍事的にその地を占領したが、結局実現には至らなかった。この構想は、両大戦間期から第二次世界大戦にかけて、ロシア・カレリア地域やエストニア、コラ半島までをフィンランドに併合させることを目的とした「大フィンランド」運動に引き継がれていき、第二次世界大戦期に勃発した二度目の対ソ戦争（継続戦争：一九四一年六月二五日―一九四四年九月一九日）においても軍事的に試みられたが、結局失敗に終わった。

第二次世界大戦終結後、ソ連に敗北したフィンランドはパリ講和条約によってカレリア地峡をロシアへ譲渡することになり、これにより現在のフィンランドの国境が確定した。

冷戦期には、フィンランド政府が対ソ友好外交路線を貫いたため、「東」に属すと見られる側面も存在したが、その反面、ふたたび北欧の一国としてのフィンランド認識が対外的にも広がった。

冷戦終結以降、バルト海地域との協力や一九九五年にEUに加盟した経緯を経て、現在、フィンランドでは「ヨーロッパの中のフィンランド」という位置づけが強調されており、自他共にヨーロッパ諸国の一国だというフィンランド認識が一般的となっている。

このように、フィンランドの歴史と地理を概観すると、この二つは互いに密接に関連しつつ、物事が進展していったのであり、フィンランド人が自分自身、すなわち「フィンランド人」とは何者であるかを捜し求めてきた歴史が浮かび上がってくるのである。


（石野裕子）

2

スウェーデン王国の東の辺境として

★六世紀間にわたるスウェーデン統治★

フィンランドは、一二世紀ごろから実質的にスウェーデンの統治下に置かれていたといわれており、一三二三年にスウェーデン、ノヴゴロド間で平和条約が締結されたことで、正式にスウェーデン王国に編入され、以来一八〇九年にロシア帝国に割譲されるまでの六世紀間にわたってスウェーデンの統治下にあった。この長きにわたるスウェーデンの統治は、フィンランドにどのような影響をもたらしたのであろうか。

一つには、政治制度や司法制度の導入が挙げられよう。スウェーデンは、フィンランドに対して農民に対する支配や租税の徴収など、スウェーデン本土と同様の政治を敷いた。この措置により、フィンランドは南西部沿岸に位置するオーボ（トゥルク）を中心地として、スウェーデン王国の一員としての政治的機能を備えていくことになった。たとえば、フィンランドは、一三六二年のホーコン・マグヌソン王の選出以降、スウェーデン王選出への参加を許され、一四五七年には、トゥルクにおいてクリスチャン王の選出を行うなど、スウェーデン王国の政治への参加を行っていた。

フィンランドには摂政が置かれ、スウェーデン貴族たちがフィンランドの土地を封土として所有したが、身分の低い貴族たちは自分たちの所有地だけで生計を立てることは困難だったので、保安官や地方裁判所の判事といった公職に就くものもいた。

また、徴税の範囲を拡大する目的でスウェーデンからのフィンランドへの入植が奨励され、フィンランド南西部沿岸への移住がなされた。このような歴史的経緯によって、現在でもフィンランド南西部沿岸部はスウェーデン語を話すフィンランド人の割合が多い。スウェーデンからの入植者は徐々に王国の東側領域を開墾し、定住地を拡大していき、それとともに荘園制度も広げていった。

一六二三年にはオーボに控訴院が設置されたが、それ以前には貴族が司る裁判所が開かれ、農民の訴えを聞く場所はすでに存在していた。また、同年にはフィンランド総督の職が設けられるなど、六世紀間のスウェーデン統治によって、フィンランドの地にスウェーデン本土と同様の行政機構が整えられていったのである。しかし、行政機構の主要なポストはスウェーデン出身者によって占められており、フィンランドの独自な政治形態が形成されたわけではなかった。フィンランドそのものは、スウェーデンにとってあくまで「東の辺境」にしかすぎなかったのである。

しかし、その一方で「東の辺境」として認識されていたフィンランドは、絶えず隣国と戦火を交えていたスウェーデンにとって、「東側の防波堤」として軍事的に重要な意味を持つようになった。

フィンランドにおいてもスウェーデンと同様の徴兵制が敷かれていたため、フィンランドの農民は戦争が勃発するたび、駆り出されることになった。一部の裕福な農民は馬や騎手を提供して徴兵を回避したものの、大部分の農民は徴兵を回避できず、そのことは彼らにとって大きな負担となった。一五七〇年から一五九五年にかけてスウェーデンとロシア間で戦争が勃発した際には、フィンランドは戦場となり大きな損害を被った。この時代は「長き怒りの時代」と呼ばれた。一五九六年から一五九七年にかけて度重なる戦争の負担や役人の横暴な取り立てに反発し、「棍棒戦争」と呼ばれる蜂起がフィンランド各地で発生し、農民らが軍隊を襲撃する事態に陥った。これらの蜂起は最終的に軍隊が鎮圧して終わった。

一七世紀に「バルト帝国」を建設しつつあったスウェーデンは、ロシア、ポーランド、デンマークといった国とつぎつぎに戦火を交え、加えて、一六九七年に発生した大飢饉がフィンランドの農民に追い討ちをかけた。スウェーデンとロシア間の争いも断続的に続き、一七一三年にはロシア軍がフィンランドの主要都市を占領するに至った。この時代は「大いなる怒り」の時代と呼ばれている。一七四一年から四三年にかけて勃発した対ロシア戦争でも一時期、フィンランドはロシアに占領されるなど、この時期国境は頻繁に変更され、フィンランドはいわば宗主国であるスウェーデンの戦争に否応なしに巻き込まれていったのである。

ところで、スウェーデン文化の影響下にあったフィンランドでは、フィンランド独自の文化は存在したのであろうか。フィンランドがキリスト教に改宗したのは、スウェーデン王エーリクの下、スウェーデンの十字軍がフィンランドに遠征した一二世紀ごろだといわれている。イギリス人司教ヘンリクがフィンランドに遠征し、キリスト教の普及活動に従事したが、農民ラッリによって殺害された。この出来事は伝説化されており、どこまでが史実かという議論が今日までなされている。

スウェーデン王国の統治下に置かれたフィンランドは、スウェーデンと共通の宗教、共通の政治形態、同じ社会規範を敷かれたため、スウェーデンからの政治的な影響はもちろん、文化的影響も大き

「1640年のオーボ王立アカデミー開校式」Albert Edelfelt（1904年）。この壁画は、ヘルシンキ大学の講堂に描かれている。
出典：Satu Itkoinen ja Kaija Kaitavuori toim. *Kansalliset kulttuurilaitokset*, Helsinki: SKS, 2007.

く受けた。当時、フィンランドではスウェーデンと同様にスウェーデン語が公用語として用いられており、教会ではスウェーデン語に加えてラテン語が使用されていた。フィンランド語は農民の間でのみ話されており、貴族などの上流階級はスウェーデン語を母語としていた。

フィンランド語への注目はキリスト教普及と並行する形でなされた。一六世紀に、ルター派の宗教改革がドイツからスウェーデンを経由して、フィンランドへ到来したが、宗教改革では、聖書は民族の言葉で存在すべきであるという主張がなされていた。トゥルク司教であったミカエル・アグリコラが一五四八年に出版した新約聖書のフィンランド語訳は、こうした思想の下で登場した。アグリコラ自身、一五五四年に出版した祈禱書の序文に「神はフィンランド語を理解するか」と自問し、それに対して神はフィンランド語を聞くと答えている。また、アグリコラは一五三七–四三年の間にフィンランド語の初級本である『いろはの本』（*ABC kirja*）を記すなど、フィンランド語の基礎を築いた人物として現在では認識されている。

アグリコラ以降、引き続き牧師や教会監督らによって祈禱書や賛美歌などがフィンランド語に翻訳され、一五八二年にはフィンランド初の聖歌集『ピエ・カンツィオーネス』が出版されたが、フィンランド語文学の登場にはいたらなかった。

一六四〇年にオーボに大学が創立され、高等教育制度が整えられた。大学設立の目的は、その八年前にエストニアのドルパート（タルトゥ）に設立された大学と同様にフィンランド人にスウェーデン王への忠誠を誓わせるためであったが、逆にスウェーデンとは異なるフィンランドの文化的アイデンティティを育むことになった。大学ではスウェーデン語とラテン語が用いられた。創立当初はスウェーデン出身の学生が多かったものの、次第にフィンランド出身の学生が増えていき、フィンランドに知識層が形成された。

一七七〇年代には知識人ヘンリク・ガヴリエル・ポルタンらによって、フィンランドの文化、文学を促進することを目的としたアウラ協会が設立された。協会では民話の採集を行うなどの活動がなされ、フィンランド初の新聞も発行された。ポルタン自身、一七七六－七八年に、初のフィンランド民族詩の概略本『フィンランドの詩について』を出版した。同書はスウェーデン語で書かれたものの、近代民族詩研究の基礎を打ち立てた本として現在では認識されている。

オーボを中心としたこれらの活動は、フィンランドのアイデンティティの萌芽期であると一般的にみなされている。しかし、ここに表出されたアイデンティティは、あくまでスウェーデン王国の範囲に限定されていたものであり、「フィンランドらしさ」は次のロシア統治時代になって、スウェーデンからの分離が意識されてからはぐくまれていくことになるのである。

（石野裕子）

3

ロシアの支配と民族の目覚め

★ フィンランド独立への道 ★

ナポレオン戦争の末期の一八〇九年にフレドリクスハム（ネーテボリ）条約がスウェーデン・ロシア間で締結されたことによって、フィンランドはスウェーデンからロシアに割譲され、ロシア帝国下の大公国となった。この条約が締結される以前の三月にすでにロシア皇帝は、ボルゴー（ポルヴォー）に身分制議会を召集し、大公国としてフィンランドを処遇する宣言をしており、ロシア帝国はスウェーデン統治時代と変わらない自治権をフィンランドに与え、優遇した。

それゆえ、フィンランドは一九一七年の独立を果たす以前に、すでに国家形態を整えたかのように見えるが、実際にはフィンランドの処遇はロシア皇帝が替わるたびに大きく変化した。とくに、ロシア帝国が一八八〇年代から採った「ロシア化」政策と呼ばれる一連のフィンランドへの干渉政策は、フィンランドの自治を大きく揺るがした。これを契機にフィンランドは自治の保障を求める運動を始め、独立への布石を打つことになるのであるが、このロシア統治時代を、「ロシア統治時代初期」「自由化の時代」「『ロシア化政策』時代」「独立期」と大きく四つに分けて概観してみよう。

はじめに、一八〇九年から一八五〇年までの「ロシア統治時代初期」を見てみよう。

ロシア帝国統治下に入ったフィンランドは、ロシア帝国とは別個の法体制を認められ、スウェーデン時代からの政治機構をそのまま受け継ぐことが承認された。そのため、スウェーデン統治からロシア帝国統治へ移る際に大きな政治的混乱は生じなかった。また、かつて一七二一年および一七四三年にスウェーデン・ロシア間で締結された平和条約によって、ロシアが保有することとなった「古フィンランド」と呼ばれる地域を、一八一二年にフィンランドに「返還」するなどの措置がとられた。このようなフィンランドへの優遇政策は、フィンランド奪還を企むスウェーデンへの牽制を意図しており、ロシア側が国際情勢を睨んだ結果であった。その一方で、ロシア当局は、フィンランドにおける自由主義思想を厳しく取り締まった。とくに、ヨーロッパ大陸で発生した一八四八年の革命の影響をロシア側は危惧したが、この革命の影響はフィンランドに大きな影響を及ぼすには至らなかった。むろん、フィンランドでも知識人による政府および社会批判的な活動は行われており、ヨーロッパからの思想的な影響を少なからず受けていたものの、これらの活動はヨーロッパの進歩的動きと直接連動していたわけではなかった。

次に「自由化の時代」が到来した。この時代は一八五〇年代後半からロシア皇帝アレクサンドル二世がフィンランドのスウェーデン離れに期待をかけたため、フィンランドの政治機構や文化に対して寛容な態度を示すようになった時代である。一八六三年に、一八〇九年以来開かれなかった身分制議会がポルヴォーに召集され、フィンランドにセナーッティと呼ばれる議会機能が備わり、政党が結成された。その後、一八六〇年代から七〇年代にかけて、議会法の制定、地方行政機構の整備など一連の政治改革が行われ、フィンランド独自の政治体制が整えられた。一八六三年には、二〇年の過渡期をおいてフィンランド語を従来の公用語であったスウェーデン語と対等な地位に引き上げる布告が出された。しかし、スウェーデン語を母語とするフィンランド人は、自分たちの利益を侵害されるとして反発したため「言語闘争」が始まり、フィンランド語がスウェーデン語と対等な地位になるまでには、結果として二〇年以上の歳月が必要であった。

このような「自由化の時代」をもたらしたアレクサンドル二世は、フィンランドにとって「愛すべき」皇帝であり、現在でもヘルシンキ元老院広場に皇帝の銅像が立っているほどである。このようなフィンランドのアレクサンドル二世の好意的な印象は、厳しいロシア統治下にあったポーランドとは対照的である。

一八七八年には徴兵法が制定され、軍事的な制度も整っていった。この時期に、経済的にもフィンランドはロシア本国とは異なる経済発展の道を辿った。一八六〇年代からの一連の立法によって、フィンランドの経済活動は自由化され、ヨーロッパとの貿易が盛んに行われるようになった結果、フィンランドはヨーロッパの市場の「後背地」としての役割を果たしていった。他方で、ロシアとの経済的関係ではロシア本国がフィンランドの工業製品を輸入することにより、フィンランドの工業化が促進されるなど逆にフィンランドがロシアを「後背地」とする関係が築かれた。このような貿易の発展は、フィンランドの資本主義の確立に貢献した。さらに、一八六〇年にはフィンランド独自の通貨体系(マルッカ：Markka)の確立といった改革が実行され、フィンランドの資本主義は一八六〇年代から七〇年代にかけてめざましく発展していった。

この時期にフィンランド民族のアイデンティティも芽生え始め、スウェーデン統治時代から受け継いでいた文化運動が民族ロマン主義運動という形で花開いた（第25章を参照）。

次に、「自由化の時代」から一転して、ニコライ二世の治世が始まった一八七〇年代の「『ロシア化』政策時代」を見てみよう。

アレクサンドル二世像［撮影：石野裕子］

ロシア帝国が「ロシア化」政策を打ち出した背景には、一八七一年にドイツ帝国が成立するなどヨーロッパの国際状況の変化にロシア帝国側が警戒を強めたことが存在する。それゆえ、ロシア帝国は自国の安全保障のため、辺境としてのフィンランドの防衛を強化するため、フィンランドの政治制度の変革に着手した。このロシア帝国側の対フィンランド政策の変換によってフィンランドの自治は大きく揺らいだが、逆にフィンランドの国民形成を促進する作用を果たしたという見方もできよう。

「ロシア化」政策でもっとも有名なものが、一八八九年二月にフィンランド総督ボブリコフが議会を無視して勅令の形で発布した「二月宣言」である。ロシア帝国軍への五年間の徴兵と議会の権限縮小を意図したこの勅令は、フィンランドの軍事制度の改革にとどまらず大公国議会の機能無視をも意味しており、フィンランド側はこれに強く抵抗した。この抵抗運動はフィンランド全土へと広がり、わずか一週間で五二万三〇〇〇名の抗議署名を集めた。その署名を携えた五〇〇名もの代表はサンクトペテルブルグに大挙上京し、ロシア皇帝に勅令の撤回を求めるよう直訴したが、皇帝はこれに応じなかった。

ヨーロッパからもフィンランドに同情する声が上がり、エミール・ゾラ、ハーバート・スペンサーなどのヨーロッパの知識人がフィンランド抑圧をやめるようにロシア皇帝に嘆願書を提出するなどの動きも見られたが、効果はなかった。

フィンランドでは、さらに徴兵拒否や官吏の不服従などの大規模な抵抗運動が起こったが、これに対し裁判官・官吏の罷免、抵抗者の投獄やシベリア流刑などの厳しい措置がとられた。こうしたロシア側の政策に抵抗するため、フィンランドにおいて暴力の行使も辞さない積極的抵抗組織アクティヴィスティが一九〇四年に結成され、テロル活動を行うようになった。

「二月宣言」に端を発した、ロシア側による一方的なフィンランド政治機構の改変は、一九〇〇年にはロシア語を大公国の公用語に加える「言語宣言」や、一九〇三年一〇月のロシア語をセナーッティの本会議の言語とする措置にあらわれた。フィンランド側はこれらの措置を政治のみならず文化の変容を強いるものとして受け取ったが、政治組織ごとに対応を異にした。

フィンランドでは議会が設立された一八六〇年代にすでに政治組織が形成されていたが、「ロシア化」政策への対応をめぐって、従来フィン人党（フェンノマン）と呼ばれていた指導者層は、フィンランド民族存続のためにロシアに対する抵抗を避けようとする「従順主義」と評された老フィン人党、フィンランド大公国の法と正当な権利を守るために、消極的な抵抗に訴えるべきだとする「護憲主義」と評された青年フィン人党に分裂した。他方、上述した暴力的抵抗組織アクティヴィスティのように、反ツァーリズムを目標に掲げロシア帝国内の政治的な闘争に加わる動きが出てきた。さらに、新たに台頭してきた勢力である労働者階級が階級闘争を主張するなかで、従来の指導者層との間に亀裂が生じた。

「ロシア化」政策に対するフィンランド側の反応は、一八九九年にエーッ・イスト（Eetu Isto）によって描かれた「攻撃」（Hyökkäys）という題名の絵画によく表現されているだろう。この絵の「乙女」はフィンランドであり、「双頭の鷲」であるロシア帝国に乙女が持っている「自治」が奪われようとする様子が描かれている。このようにフィンランド側は「ロシア化」政策を見ていたのである。

「攻撃」（Hyökkäys）エーッ・イスト作、1899年、フィンランド国立博物館所蔵。［撮影：石野裕子］

一九〇四年二月に日露戦争が勃発すると、アクティヴィスティが海外の反ツァーリズム組織と連絡を取り合うなどの活動も行われ、同年にフィンランド総督ボブリコフが暗殺されるという事件が起った。この事件に加え、翌年にはロシア本国で一九〇五年の革命が勃発し、ゼネストが発生したのを契機にそれに連動した形であらゆる産業、警察をすら巻き込んだ「大ストライキ」が全国で発生した。

このようなフィンランド側の大きな抵抗の前に、ついに、一一月四日にロシア側は「二月宣言」を撤回した。しかし、国内で生じた階級間の溝は埋まらず、ついにはブルジョア勢力が白衛隊、労働者側が赤衛隊という自警団を結成する事態となった。さらに一九〇六年「ヴィアポリ」事件と呼ばれるロシア軍兵士の反乱に赤衛隊が乗じ、市民にゼネストを呼びかけたため、これに反対した白衛隊が赤衛隊と衝突し、死者を出す騒ぎとなった。この時期、フィンランド内部は一致団結してロシア帝国の干渉政策に立ち向かったのではなく、内部で分裂し、その分裂は暴力的な対立にまで発展するほど深いものであった。

「二月宣言」撤回後の一九〇五年末からロシア側はフィンランドを刺激しない政策へ方針転換し、一九〇七年には第一回目の国会選挙が行われるなどフィンランドの政治体制が整えられていくかのようにみえた。この時に女性参政権も認められ、フィンランドはヨーロッパで初めて普通参政権を実現させた。

しかし、一九〇九年からフィンランドの政治制度を改変するより強力な「ロシア化」政策が再び施行された。一九一〇年にはロシア帝国議会によって可決された法案によって、ロシア帝国全般に関わる法律をフィンランド大公国に適用することができるようになった。一九一二年に可決された法律ではフィンランド在住のロシア人にフィンランド人と同等の権利を与えることが可能になり、その結果、多くのフィンランド人の官吏が解雇され、替わりにロシア人が配置された。このような新しい「法律」に従って、ロシア帝国側はフィンランドの政治制度をロシア側の都合に合わせるよう改変を行ったのである。この措置に対し、フィンランドでは激しい抵抗が起こり、「従順主義者」と呼ばれた老フィン人党議員さえもセナーティを辞職して抗議するほどであった。

二度目のロシア帝国のフィンランドへの干渉政策は、フィンランドの法制度を根本から変えてしまう危険性を孕んだ政策だと現在では認識されている。しかし、そのような干渉政策にもかかわらず、大公国の基本的な土台はフィンランドに残ったのである。他方、「ロシア化」政策が実行されていくなかで、フィンランドは一致団結して抵抗するどころか、逆に階級対立という時限爆弾を抱えながら、第一次世界大戦、そして「独立期」を迎えるのである。

第一次世界大戦が勃発すると、「ロシア化」政策に積極的抵抗を続けていたアクティヴィスティの一派であるイエーガー隊は、軍事訓練を受けるためにドイツへ渡った。イエーガー隊のドイツでの軍事訓練の目的は、フィンランド独立に備えて軍隊の基礎を築くことであった。

独立の機運は高まっていき、一九一七年三月にロシアで二月革命、一一月には十月革命が勃発するなど、混乱が生じたのを機に、フィンランドでは一九一七年一二月六日にスヴィンフッヴドを首班とする臨時政府が独立を宣言した。しかし、フィンランド内部ではすでに階級対立で内部分裂が生じており、さらに革命を望む赤衛隊とブルジョア政権側にいた白衛隊の間で衝突が生じ、内戦にまで発展した。当初は赤衛隊が主要都市を制圧し革命政権を樹立したものの、白衛隊が徐々に赤衛隊を打ち破り、二カ月で勝利を導いた。赤衛隊の指導者たちは、フィンランド民族文化の「揺籃の地」であるロシア・カレリア（通称、東カレリア）へ亡命した。

ロシア・カレリアをめぐっては白衛隊側も動きを見せていた。内戦中の一九一八年三月に義勇軍がロシア・カレリアへ遠征し、一部の都市を占領し、独立フィンランドの領土に軍事的に組み込もうとしたのである。この遠征は、白衛隊総司令官のマンネルヘイムの命令に基づいたもので、内戦終了後の五月に誕生したパーシキヴィ政権もこの遠征を支持したが、結局失敗に終わった。

一方、パーシキヴィ政権は外交によってロシア・カレリアを併合しようと試みた。パーシキヴィは、君主政を採用し、ドイツから王を迎えることでドイツの協力を得ようとしたが、結果としてドイツが敗戦したためこの計画は頓挫してしまった。

フィンランドはロシア・カレリアを含まない形で、一九一八年のパリ外相会議で連合諸国に共和国として独立を承認された。しかし、ロシア・カレリアへ亡命した赤衛隊の指導者たちは、ソビエト・ロシアとの間で「友好・兄弟愛の強化」をうたった条約を締結する動きを見せるなど、ロシア・カレリアに関する火種は残った。また、独立後に勃発し、国内を二分した内戦は、独立フィンランドに大きな痛手を残したのであった。

（石野裕子）

4

独立フィンランドと小国の命運

★ 両大戦間 ★

前章においては、その末尾で、一九一七年一二月六日に独立宣言をした直後のフィンランドが、内戦、ロシア・カレリアへの義勇軍派遣、親独政権の樹立と君主制選択という一連の激動に直面した経緯を追ったが、これらに続くドイツの敗戦、共和国憲法の採択、国際連盟への加盟などをも含めた諸事実は、フィンランドが直面した世界史的諸条件を色濃く反映していたということができるであろう。第一次世界大戦後の世界史の大きな特徴の一つは、ヨーロッパに君臨してきた諸帝国が解体して、北はバルト海沿岸から南はバルカン半島にいたる広い地域に数多くの小国の帯が生まれたことであろう。その誕生は、国際連盟が作られて「小国」も「大国」も平等であるという権力政治否定の原則を唱えたことで祝福された。だが一方、これら諸国は、「民族国家」の独立を謳いながら複雑な民族分布に悩まされたばかりでなく、欧州の後発社会を抱えて革命の火種を抱えていた。さらに、東隣には、同時代の世界のあらゆる矛盾の結節点であるという自覚から世界革命を目指すソビエト・ロシアが誕生して、自国の安全保障の観点からも、隣接するこれら新興諸小国の内政混乱を望んでいた。

しかしまた、フィンランドは、他の諸小国もそれぞれに有していたような、独自の特徴を備えていた。スウェーデンを通じてのスカンディナヴィア諸国との繋がり、その橋渡しに役立つ反面で公用語問題という火種も抱えているスウェーデン語使用国民の存在、にもかかわらず内陸部ではフィン語使用国民が圧倒的多数を占めるなどの事情ため住民の間に比較的存在した同質性、かつてスウェーデンの東の辺境であった事実に由来する小作農（トルッパリ）問題は残存するものの自営農民が多いこと、フィンランドの経済発展が、西欧の後背地としてばかりでなく、ロシアを自己の後背地としても進んだ事実、またスウェーデンの統治下に長らくあったため、権力が集中しにくいなどの特徴をもつ政治文化を多く受け継いでいたことなどがそれである。

多分に政治戦略的理由から内外政をドイツに接近させていたフィンランドでは急速に振り子がゆれ戻り、内戦時の革命加担の罪を問われた人々の赦免が行われたのをはじめ、政治面では外交大権をもった大統領の下であるとはいえ、一九〇六年に制定された議会が、社会民主党もやがて政権参加が可能となるなど政党の勢力分野もあまり変わらないかたちで復活したし、内戦の背景の一つであった土地問題については、内戦直後に小作農民に耕作地の買取を認める立法が行われて、二〇年代には一〇万人に及ぶ自作農が創出されるなどの措置が取られた。

こうした諸措置は、内戦の傷痕を癒し、国内対立の解消を意図してのことであったが、他方では、革命鎮圧に加わった勢力の側でも、内戦とソビエト・ロシアとの武力抗争の記憶は消えず、白衛隊に起源を持つ民間防衛隊およびその女子版であるロッタ・スヴァルドが作られていた。同じく内戦を契機に誕生したフィンランド共産党は、ロシア・カレリアを拠点にフィンランドの革命の機会を窺う組織と、名称を変えてフィンランド議会に代表を送り込んで、前者と気脈を通じつつ合法闘争を試みる組織との双頭の活動を続けていた。

フィンランド共和国政府の外交は、権力政治に支えられた近代国家体系に置き換わる理想を掲げる国際連盟の一員であることを国是としながらも、現実の安全保障については、二〇年代前半のフランスを背景とした東欧諸国との同盟という方針から、第一次世界大戦の経験に自信をもつ伝統的中立外交に軸足を置いたスウェーデンへの接近を念頭に置きながらまずは孤立に甘んじる方向に進んだ。最大の懸念であるソビエト・ロシアとの関係は、一九二〇年に結んだタルトウ講和条約でひとまず安定したが、ロシア政府が同条約で自治を認めることになっていたロシア・カレリアのレポラ、ポラヤルヴィ両地方にソビエト制を敷いたことがフィンランドの民心を刺激し、とくに学生層の間にドイツとの提携による「東カレリア」救出を鼓吹するカレリア学徒会の結成を見、これがソビエト政権のフィンランドにたいする猜疑心を掻き立てるという悪循環を招来した。

以上のようにして独立直後の内戦と対ソ紛争の混乱の中から、安定と発展への見通しを確保したフィンランドは、一九二〇年代末から三〇年代初めにかけて内政上のもう一揺れを体験することになった。この時期にフィンランドもまた、世界を席捲した大恐慌の波に襲われたが、革命を予想させるような政治状況にはいたらなかった。しかし、農村部の蒙った痛手は大きく、農民たちは都市部で顕著になってきている近代的な動きに不満を募らせ、ボスニア湾西岸の保守的なラプアで起こった農民たちの共産党の集会襲撃に端を発した運動は、たちまち全国的規模に広がり、ついには国会に「農民の行進」を行って、共産党の非合法化を要求するにいたった。議会はこれを容れ、さらに彼らの要望に応えて内戦の時の反革命政権の指導者スヴィンフッヴドを大統領につけるにいたった。しかも、その後もラプア運動は収まらず、近代の法体系を「ラプアの法」で置きかえることなどを主張して、一九三二年には、クーデタによる政権交代をすら企てるにいたった。しかし、フィンランドの軍部は動かず、ラプア運動は潰えた。

この動きに力を得て、一九三〇年代後半には、政治と社会を民主化する動きが強まった。おりから世界各地でファシズムに反対する動きが興っていた。パリの知的動向への憧れを強めるフィンランドの知識人たちは、自国における公安警察の動向を監視し、人権や民主主義発展のための運動を進め、進歩党、農民同盟、社会民主党が提携する「赤ー緑政権」の成立に寄与し、同政府の下で、福祉国家への道が歩み始められた。国内の少数者であるスウェーデン語使用国民の問題については、独立後のフィンランドにおいても抗争が続き、しばしば緊張を孕んでいたが、大学教育におけるフィンランド語・スウェーデン語の平等の原理が確立したのはこの段階においてであった。

対外政策においては、フィンランドは国際連盟の誠実な一員としての義務を果たし、日本やイタリアの対外侵略行動にたいする制裁措置に参加してきた。しかし、西欧列強の弱腰に危険を感じた北欧諸国が侵略国にたいする連盟規約第一六条の制裁発動義務の履行を留保する旨の態度を表明すると、フィンランドもこれに加わった。戦時下における北欧諸国の武装中立を可能にするために、フィンランドはいったん非武装化したオーランド諸島をスウェーデンと協力して再武装する交渉に入っていた。実は、フィンランドがもっとも憂慮していたのは、ソ連の動向であった。ラプア運動が猖獗《しょうけつ》を極めたスヴィンフッヴド大統領の下にあってさえ、フィンランドはソ連と不可侵条約を結び、正常な関係を保っていたが、ナチス・ドイツが成立し、西側周辺の諸小国を経由してソ連を侵略する夢魔に悩まされるソ連は、すでに一九三五年に、フィンランドにあからさまに危惧を伝えていた。

フィンランドの「赤－緑政権」は、国際連盟主義者のホルスティ外相をモスクワに派遣して友好方針を誓い、ソ連側の憂慮を鎮めたが、ほどなくソ連側はその具体的な保証を求めて、スターリンの密命を受けた「二等書記官」ヤルツエフをフィンランドに派遣してきた。その目的は、レニングラードを守るためのフィンランド湾内の小島の割譲、およびオーランド諸島の再武装をソ連の監視下で実施、にあり、代償としてロシア・カレリアの一部を割譲する、というものであった。しかし、まだ国内の政権基盤が弱い「赤－緑政権」としてこれに公然応じることは無理であった。一九三九年春以降、チェコスロヴァキアを占領していよいよ対外侵略の気配を強めるナチス・ドイツを前に、英、仏、ソ連間に提携交渉が始まると、こうした類のソ連の要求がバルト海を隔てて南に連なる東欧諸国にも向けられていることが判明した。だが、ソ連をたんに利用してドイツを「正道」に押し戻そうとしているだけのイギリス・フランスには、そこに踏み込んでまでソ連と一蓮托生の同盟を結ぶ決意はなかった。そこを見抜いたスターリンは、ヒトラーと不可侵条約を結び、その付属秘密議定書で、両国の勢力圏について合意し、フィンランドをソ連の勢力圏に入れた。

（百瀬宏）

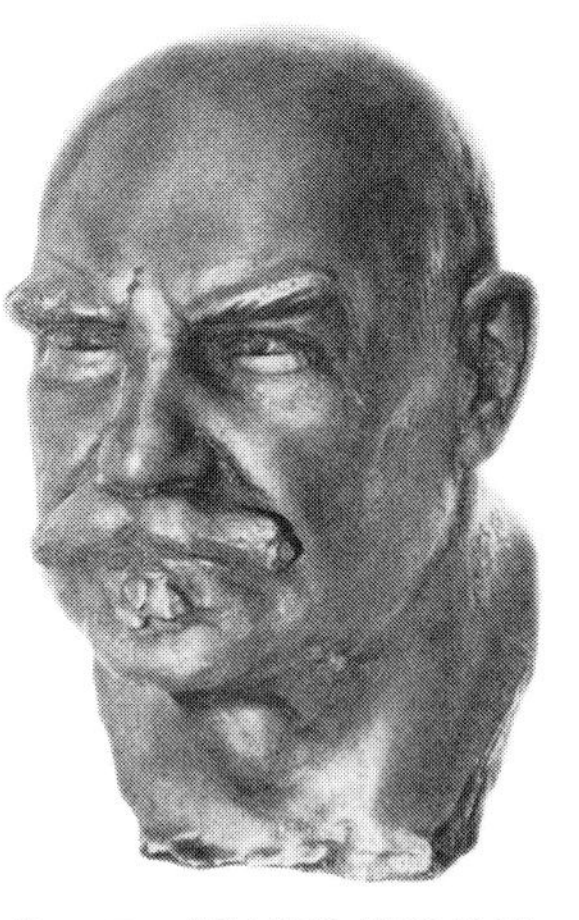

スヴィンフッヴド大統領（1861-1944）。
出典：Oliver Wsrner, *Marshal Mannerheim & the Finns*.Otava.1967.

5

第二次世界大戦下のフィンランド

★ 冬戦争と継続戦争 ★

ナチス・ドイツがポーランドに攻め入り、イギリスとフランスがドイツに宣戦布告すると、ソ連はフィンランドにたいし、ロシア・カレリアのレポラ、ポラヤルヴィの割譲を代償に、カレリア地峡の国境線の後退など領土の割譲およびフィンランド西南部のハンコ岬の基地としての租借を要求した。フィンランド政府は、到底受け入れられないとして、実質的に拒否したが、最後の段階になってスターリンは、ハンコ岬沖合の島嶼に要求を切り替えるという代案を持ち出した。フィンランドが外交上の頼みとするスウェーデンは、伝統的中立の路線に立ち戻り、フィンランドを支援する意向はまったく見せなかった。特使としてヘルシンキと交渉地モスクワの間を三度も往復した老練な保守党指導者パーシキヴィは、かつて帝政ロシアの将官として大国ロシアの思考様式を知っていた国防会議議長マンネルヘイムとともに、ここが手の打ちどころだと考えたが、外相エルッコらの政府首脳は、主権平等の原理に悖《もと》るとして拒否を決定した。この相違の底には、ソ連が自国の安全保障のためには後がないと考えていると見るか、大戦の混乱につけこんで漁夫の利を占めようと考えていると見るかの対ソ観の対立があり、その

侵入するソ連軍の迎撃に向かうフィンランドのスキー部隊。
出典：Eliiso Engle & Lauri Paanamen, *The Winter War, The Russo-Finnish confrict, 1939-40*. New York, Chales Scribners Sons, 1973.

場合後者の見方は、政府首脳が心情的にも後ろ盾と頼むイギリスなど西欧列強の指導者の対独宥和主義と共通している点に特徴があったといえよう。それは、フィンランドが毅然たる姿勢を見せればソ連は後退するという判断に繋がっていたが、それが情勢誤断であったことは、ソ連軍が、「国境砲撃事件」を理由に大挙して越境侵入してきた事実で明らかになった。しかも、ソ連は、自己を正当化するために、傀儡政府を樹立し、フィンランド側がリュティ首相の率いる新政府を立てて急遽和平交渉に踏み切ったのをまったく無視する有様であった。

フィンランド政府は、戦うほかなく、火炎ビンをもったスキー隊によるゲリラ攻撃的戦術も多用して、一部では師団単位のソ連軍を包囲殲滅するなど驚異的な防衛戦を展開して拙劣なソ連軍の攻撃を国境付近でくいとめる一方、国際連盟に訴え、かつ即時休戦交渉に入る旨をソ連側に呼びかけたものの、ソ連が応じないかぎりフィンランド軍の防衛能力には限界があり、結局は、主戦場であるカレリア地峡の防衛線を突破され、敗勢は色濃くなった。しかしながら、ソビエト政府もまた、途方もない見込みちがいをしていたことを自覚せざるをえなかった。スターリンは、当初相手を甘く見てレニングラード軍管区に任せていた対フィンランド戦を参謀本部の所管にし、年があらたまると大攻勢に出るとともに、ストックホルムにヤルツエフらを派遣してフィンランド政府の意向を探らせた。非正式接触者としてフィンランド外相タンネルの密命を受けてやってきたフィンランドの左翼作家ヘッラ・ヴオリヨキは、ソ連軍の空爆によってフィンランドの労働者たちの住宅が炎上していると訴えて休戦交渉の要をソ連側使者に説いたが、ソ連側はまったく関心を示さず、ひたすらフィンランド政府の休戦要望の背景にイギリスの意向があるのか否かを尋ねるだけであった。彼らはかつての仲間であったロシア革命当時のボリシェヴィキとはまったく別者になっていた、とヴオリヨキは外相宛の報告に記している。このような後、とにかく休戦交渉が始まったが、ソ連側の領土割譲要求は開戦以前とは比較にならないほど拡大しており、リュティ政権をたじろがせるに充分であった。国際環境に目を移せば、国際連盟は突如覚醒したかのように侵略を糾弾し、ソ連を除名する行為に出たものの、しばらくは各国から義勇軍が送られる程度に止まっていた。やがて列強の動向としてはイギリス、フランスにようやく正規軍派遣の動きが出てきたものの、その作戦目的は、西部戦線正面からドイツを攻めあぐねる状況の打開策を求めて北欧や中東から独ソを叩こうとするものであり、戦史上は作戦的に疑問とする向きが多い。フィンランドは、ソ連軍の進撃ぶりを見て早急な和平に踏み切り、一九四〇年三月一二日、全領土の一〇分の一の割譲、ハンコ岬の貸与という過酷な条件をのんでモスクワ講和条約に調印し、国民は半旗を掲げてこの悲報を迎えた。とはいえ、ソ連の側も戦争目的を変更せざるをえなかったのであり、これは敗北といわないまでも国威の失墜であったことはまちがいない。

冬戦争終了後も、フィンランドとソ連の間の緊張は続いた。ソ連は、ノルウェー首相が口を滑らせたフィンランドを含む北欧諸国同盟案を外交的圧力でつぶす一方、フィンランドにハンコ岬駐留ソ連軍の国内通過権など講和条約による成果の拡大を図り、六月にフランスが降伏しナチス・ドイツの欧州大陸制覇が実現するとバルト三国を併合して、リュティ政権の心胆を寒からしめた。他方でヒトラーは、ドーヴァー海峡を隔てて抗戦するイギリスに手こずり、ソ連を叩いて資本主義諸国をイデオロギー上で味方につけるという「妙手」も模索し始めた。独ソ不可侵条約でソ連に勢力圏を認めすぎた、という後悔も感じていたに相違ない。九月になるとドイツはフィンランドからノルウェー派遣軍の領内通過の承諾をとり、東側国境線の防衛に過敏なソ連の不安を募らせた。ソ連外相モロトフは、一一月初旬にベルリンを訪問し、フィンランドからのドイツ軍の撤退を要求し

モスクワ講和の報道に悲嘆にくれるフィンランド市民。
出典：Eliiso Engle & Lauri Paanamen, *The Winter War, The Russo-Finnish confrict, 1939-40*. New York, Chales Scribners Sons, 1973.

た。ヒトラーは独、伊、日、ソの四カ国の世界的勢力圏協定案を示してソ連の関心を逸らそうとしたが、ソ連が簡単に同意しないと見るや対ソ戦争計画（バルバロッサ作戦）を下命した。こうした動きの詳細を知る由もないフィンランド政府首脳は、ドイツ軍の領内通過はソ連の脅威を減じる幸運として歓迎し、やがてドイツ軍部が真意を秘めながらフィンランドの対ソ防衛支援を仄《ほの》めかしてくると、進んで応じる姿勢を示した。リュティ大統領は無論ファシストではなく、西欧の古いタイプの自由主義者であって、いっそのことナチス・ドイツがソ連と相打ちになれば最善と考えていたが、こうした部分も構造的に使ってヒトラーの反ソ十字軍は準備されていくのであった。一九四一年五月になると、ベルリンでドイツ、フィンランド両国軍部間の秘密協議が始まったが、この段階ではフィンランド側もヒトラーの意図するところは察していた。

六月二二日、ナチス・ドイツの対ソ攻撃が始まると、フィンランド政府は吾から進んで参戦することは避けて推移を見守り、前記の通過協定を隠れ蓑にした自国内ドイツ軍の存在ゆえにソ連空軍がフィンランド諸都市に本格的な空襲をかけてきたのを逃さず、ソ連にたいするフィンランド独自の防衛戦争に入ると宣言した。戦争目的は冬戦争の失地の回復であると定義され、それゆえに「継続戦争」と命名された。目だった抵抗もなく後退するソ連軍を追ってフィンランド軍は容易に旧領土を取り戻し、ロシア・カレリアにも踏み込んで、旧領土を守る外郭陣地だと説明した。しかし、政治的思惑は複雑であり、ソ連が消滅した暁にナチス・ドイツが加わった講和会議での自国利益の主張を想定して、将来のロシアが安全保障上必要とするであろうカレリア地峡の旧国境の修正を用意する一方で「東カレリア」を含む強いフィンランド国家の確立を訴える準備をしていたし、またその一方で、米英にたいしては、大西洋憲章に謳う領土の非併合の原則遵守の意向を伝えていた。その上、フィンランドは、共戦国ドイツが要請するレニングラード包囲への直接的参加を拒否し続けた。こうしたフィンランド政府に欠けている重大な点があったとすれば、それは、ナチス・ドイツが敗北し、ソ連が生きながらえるという認識であった。

その認識をもっていたのは、獄中にあり、あるいはフィンランド国内の森林の中でゲリラ活動を行ったソ連に忠実なフィンランド共産党員を除けば、「六人グループ」を初めとする社会民主党左派、諸政党を横断して存在した和平派、知識人であった。「六人グループ」は政府の継続戦争開始に抗議し、ついには投獄、有期刑の憂き目に会った。その他の和平派は、三三人の国会議員による早期戦争離脱提案に結集した。これらの政府批判和平派は、やがて、戦後の政界で目立った役割を演じることになる。

1942年６月４日、総軍司令官マンネルヘイム元帥の誕生祝いにフィンランドを訪れたヒトラー。その右はリュティ大統領。
出典：Harri Rinta-Aho, Marjaana Niemi, Päivi Siltala-Keinäinen, Olli Lehtonen, *Historian tuulet*, Otava, 2006.

しかし、フィンランド政府自体も、

スターリングラードでドイツ軍が大敗を喫したころから戦争離脱を真剣に考えるようになり、アメリカやスウェーデンの斡旋工作を通じてソ連側と接触、交渉を重ねたが、ソ連が事実上の無条件降伏を要求するなど折り合いがつかないままに、一九四四年六月、ソ連軍の大攻勢に直面した。一九四二年初め以来、敵対する両軍が対峙したまま膠着状態にあった戦線は、一挙に活発化し、フィンランド軍はカレリア地峡からの後退を余儀なくされたばかりか、戦争そのものの敗色も濃くなってきた。ところが、この段階でドイツ外相リッベントロップがフィンランドを訪問し、単独不講和の誓約を要求した。彼を接見した大統領リュティは、大胆にもドイツ側の要求に応じる代償にソ連軍を撃退するための膨大な武器援助を約させた。これはフィンランド国内の轟々たる批判を浴びることになったが、独裁国家ナチス・ドイツの外相の制度的錯覚に乗じた個人的「約定」にすぎなかったのであり、リュティは即時辞任し、新たに大統領に就任したマンネルヘイムの下で、九月一九日、フィンランドはソ連と休戦条約を締結したのであった。

（百瀬宏）

6

現実に向き合った戦後フィンランド

★ パーシキヴィの登場 ★

休戦条約によってフィンランドは、フィンランド領土内のドイツ軍の拘束ないし駆逐、三億ドルの戦争賠償支払い、十分の一の領土の割譲、ポルッカラ岬の貸与、総兵力の四万二〇〇〇への縮小、戦争犯罪人の処罰、政治犯の釈放、ファシズム団体の解散という義務を負わされた。こうした休戦条約でフィンランドが背負わされた義務の履行を監視するために、ソ連が牛耳る連合国管理委員会がフィンランドにおかれることになり、その議長として、A・A・ジダーノフがヘルシンキに着任した。ジダーノフはソ連共産党のレニングラード地区の責任者であり、フィンランドにたいしては好意的であるはずがないと見られ、かつ一九四〇年にエストニアをソ連に併合した立役者であることから、フィンランドでは恐れられ、警戒された。

マンネルヘイム大統領が終戦処理の内閣として任命したカストレーン政権は、無能を暴露し、フィンランドがソ連にたいして持つ言わば唯一の切札としてパーシキヴィが首相の座につき、懸案事項を次々と片付けていった。ナチス・ドイツ軍を追い出す難問題は、北部のロヴァニエミを意趣がえしに荒らされた挙句に、しかし激戦を交わすことなく解決した。膨大な額にのぼる戦争賠償の支払い計画は、きびしいやりとりの挙句に合意を見、履行されていった。パーシキヴィは、首相就任直後の独立記念日の式典で、ソ連との友好関係の確立がフィンランド外交の要諦である、と国民に語りかけた。「あらゆる賢さは、事実を認識することから始まる」。こうしたなかで、懸案として残っていたのが、いわゆる戦争責任裁判問題であった。当初、この問題は、休戦条約第一三条の規定がいわゆる通常の戦争犯罪を裁く問題として解され、連合国管理委員会もそれはむしろフィンランド政府が自主的に対処すべき事柄であるという態度をとっており、国内政治問題の感が深かった。

フィンランドの政界では、休戦条約に従って政治犯が釈放され、フィンランド共産党は今や合法化されたものの、未経験な事態に確たる方針を立てられずにいた。継続戦争を支持した事実によって社会民主党の古参党員が自信を喪失するなか、左派を中心に共産党との協力問題が日程に上っていたが、戦場から復員してきた「戦友社会主義者」が党の主導権を握り、社共の協力組織（人民民主同盟）に加わった党員は少数に止まった。こうしたなかで既出の「六人グループ」が、戦争責任者つまり戦時下の指導者を、東欧諸国で行われているような「人民裁判」方式で裁けという要望を国会での質問状のかたちで政府に提出するという事態になった。これは、「戦争責任法」といった法律がフィンランドにはなかったからであるが、パーシキヴィはこれには応じないかわりに、質問状が想定しているような「戦争責任者」に自ら公職や政界から引退させることで、けじめをつけようとした。戦争責任者を処罰せよという要求は、まもなく人民民主同盟も掲げるようになったが、とくに共産党の狙いは、六月に迫った国会選挙に先立ち、行く手に立ちはだかる旧権力の基盤を一掃しておこうという政治的狙いをもつものであった。その戦後初の国会選挙では、農民同盟、社会民主党、人民民主同盟の三者が圧倒的な強みを見せ、この段階でパーシキヴィ首相は、あらためて三者の連合内閣を組織し、いよいよ持ち前の手腕を発揮していくことになった。

おりから持ち上がってきたのが、戦後フィンランド史の要ともいうべき戦争責任裁判の問題であった。一九四五年八月に連合国の間でロンドン条約が結ばれ、「平和にたいする罪」などを国家の指導者に問う国際法規が成立し、これがニュールンベルク裁判や東京裁判の法的根拠となったことは周知の事実だが、同条約の成立直後からフィンランドの連合国管理委員会もにわかに同条約の文脈でフィンランドの戦争責任者を裁くことを、フィンランド政府に要求し始めた。パーシキヴィはこれに抗しえず、ただし現行法にない裁きをしてはならぬという北欧の遵法の伝統だけは貫き、新たに戦争責任法を国会に提案して、これの成立を根拠に裁判を行わしめた。その過程でも、ジダーノフ議長による介入があり、その極めつけとして、裁判は連合国側も協力して行うのだ、という理屈に基づ

1944年、独立記念日式典で演説するパーシキヴィ首相。演壇下の軍服姿がジダーノフ。
出　典：Lauri Haataja, *Demokratian Opissa*, Helsinki, Tammi, 1988.

いて量刑も変更させせられ、リュティの一〇年を最高とする禁固刑に、被告八人は処されたのであった。

しかし、この最大の懸案の解決によって、フィンランドが連合国（ソ連）の管理下から国際社会に復帰できる見通しがついたことになり、残る仕上げの事項は、講和条約の締結ということになった。フィンランドでは、これを機会に、マンネルヘイムが大統領を退いて事実上亡命し、パーシキヴィが外交大権をもつ大統領に就任し、その下で人民民主同盟のペッカラを首相に三党連立内閣が誕生して、いよいよ本領を発揮する立場となった。だが、視野を広げて戦後世界史ということになると、米、英、ソ三強国の協調に彩られていた大状況が、米英対ソ連の対立という冷戦状況に移っていく過渡期が一九四六年といえる。実は、ここからフィンランド戦後史の後半を彩る問題も生じてくるのである。

その象徴ともいうべき事件が五月一日のメーデーの日に起こっている。学生が騒いで爆竹を投げるなどソ連大使館が神経を尖らせる事態になったことがそれである。それと重なり合ってフィンランド共産党の行動にも従来とは異なった色調が見え出した。合法化されて以来同党はひたすら「過激」と見られる行為を避けてきたが、この頃から大衆動員を行い国会にデモをかける行為が目立つようになり、労働運動をめぐって「戦友社会主義者」が牛耳る社会民主党との軋轢が露骨化していった。しかも、これと時機を同じくして講和会議に如何に臨むか、という問題をめぐってもまた、国内的対立が生じ、またフィンランドとソ連の間に摩擦も生じるようになった。だが、よく観察するとパーシキヴィその人の言動にも変化は生じていた。

一九四六年夏にパリで、講和会議の予備会議が開かれることになったが、それに先立ち、ペッカラ首相が率いる代表団がソ連を訪れ、フィンランド側の内意を伝え、スターリンからもソ連の意向を聞

1946年のメーデー行進で、フィンランド共産党は、1939年の傀儡政権の首相クーシネンの肖像を掲げ、フィンランドの世論を挑発した。
出典：Lauri Haataja, *Demokratian Opissa*, Helsinki, Tammi, 1988.

きだしている。ここで、ソ連側は、休戦条約で決まった領土画定に変化はありえないこと、ただし賠償額の軽減、カレリア奥地とフィンランド湾口ヴィープリを結ぶサイマー運河の使用権など見返り的な措置はとるむねを告げた。しかし、パリでの予備会議に向けた準備の段階で、パーシキヴィは強力な指導力を発揮し、領土問題の再考を申し出ることになった。しかし、ソ連側は、この申し立ては連合国間の友好関係に楔を打ち込む行為であると激怒し、フィンランド側は諦めざるをえなかった。一九四七年二月、フィンランドは、イタリア、ハンガリー、ブルガリア、ルーマニアとともに、連合国との講和条約に調印し、後は批准による発効を待つばかりとなった。パーシキヴィの立脚する現実認識の政治哲学は、さらなる発展を遂げつつあった。もし大国ソ連と隣接するフィンランド側が認識しなければならない事実があるとすれば、ソ連側にも認識しなければならない事実が、「冬戦争を始めたのはソ連だ」という事実が、あった。パーシキヴィは、そのことを、ソ連に忠実なフィンランド共産党のヘルッタ・クーシネンにも、ソ連の外交使節にも想起するよう求めた。

国際社会に復帰したてのフィンランドがまず直面したのは、一九四七年初夏にアメリカが提起したマーシャル・プラン（欧州復興援助計画）にいかに対応するか、という問題であった。それが進みつつある冷戦と関わり、フィンランドの参加をソ連が望まない意向が伝えられると、パーシキヴィは、ソ連の経済支援と引き換えに不参加を決定した。フィンランドは、西側からの誘いを謝絶する回答の中に「列強間の対立の外に立つ」という原則を滑り込ませた。

一九四七年九月になると、ソ連共産党は各国共産党に呼びかけてコミンフォルムを結成し、マーシャル・プランに裏打ちされた西側諸国の結束に対抗するソ連の方針を鮮明にしたが、そこで基調報告を行ったジダーノフは、フィンランドを、「反帝国主義的民主主義陣営」の側に位置づけながらも、社会主義への道はいまだ辿っていない、と述べた。これは、パーシキヴィの対ソ政策を評価する一方で、フィンランド共産党が実績を挙げていないことを指摘したもので、フィンランド共産党を焦りに追い込んだ。同党は、政権参加によって、またソ連への現物賠償の生産に大童の企業に公然敵対行動を取れないことによって、手を縛られて傘下の労働者を満足させることができなかったうえ、ＳＡＫ（全国労働組合連合）をめぐる社会民主党との抗争では、「戦友社会主義者」の手段を選ばぬ攻勢に敗れていた。

冷戦が亢進するなかで、ソ連は内政が共産党主導に固まってきた東欧諸国と相互援助条約網を形成し、その一環として、スターリンは一九四八年二月、パーシキヴィに書簡を送り、フィンランドとも同様の条約を結びたい旨申し入れた。フィンランドの国民世論は圧倒的に反対であったが、パーシキヴィは時間をかけて国内諸党派を説得したうえで、首相以下の代表団をモスクワに派遣し、たんにソ連側の要求を拒否するのではなく、諸政党の合意に基づく代案を提出させた。ソ連側は、おりから冷戦の亢進下で時間的に追い込まれており、フィンランドとの交渉を無成果に終わらせることは威信の失墜になるので、呑むほかはなかった。代案の内容とは、フィンランドが列強間の紛争の外に立つ、という意思を前文で確認したうえで、「フィンランドが、あるいはフィンランドを経由してソ連がドイツまたはドイツに与した国に侵略されたときには、独立国としての義務に忠実なフィンランドは、陸、海、空の全軍を挙げてフィンランドの領土内でこれと戦う。その場合、必要であればソ連の援助を受ける」という内容のものであった。

考えてみれば、これは奇妙な表現や内容に満ちた条約である。以前、筆者が防衛関係者を前にした講演の中でこれを紹介したところ、「独立国としての義務に忠実なフィンランドは」という文言のところで爆笑が起こったものである。こうした「奇妙さ」は、すべて、この条約が近代国家体系の約束事から逸脱していることによる。一番基本的なことをいえば、自国を脅かしている仮想敵にたいして、同じく脅かされている国と同盟して当たるというのが近代国家体系の常識である。ところが、この条約は、自国(フィンランド)を脅かしている国(ソ連)の安全を保障してやることによって、相手(ソ連)がもっている脅威感を取り除こうというものである。これは、武力によって立つことができない小国が、列強の間でだけ通用する権力政治の伝統的ルールに対する見事なアンチテーゼを突きつけたものに他ならなかった。

この条約が意味するものは、もう一つある。スターリンの書簡に接したパーシキヴィは、フィンランド国民の意向を踏まえる諸手順を踏んでソ連側を辛抱強く待たせた挙句に、ソ連に対案をのませたわけであるが、しかもその調印後の祝宴の際、スターリンは条約を「口授された」と諧謔まじりにいい、他のソ連高官たちは、フィンランド国会がはたして条約を批准するか否かを憂慮した。実は、このこと自体が、パーシキヴィの狙ったところであり、ソ連側が、パーシキヴィの要求したところの「事実の認識」に辿りついた証左であったといえるであろう。近代国家体系に苦しんできた小国が、いわば「勝った」のである。

しかし、だからといってフィンランドの抱える難問題がここで解決されたわけではない。一面では、フィン－ソ友好・協力・相互援助条約は、ノルウェー、デンマークのＮＡＴＯ加盟の特性を生み、後には北欧が冷戦の波のうねり高い大洋に緊張緩和の環礁が生まれていく契機となった。それは、やがて来る積極的中立主義の先駆であったといえよう。だが、他面では、同条約第二条の軍事協議の条項が、以後、さまざまな局面で、ソ連によって持ち出され、同条約の存在意義を、近代国家体系の申し子としての同盟に帰せしめようとする企てが、ソ連邦の崩壊にいたるまで、フィンランドを揺さぶり続けたのである。

（百瀬宏）

7

「われらは、ここに生きる」

★ケッコネンの時代★

この言葉は、一九五〇年代から七〇年代にかけて政界で活躍したウルホ・ケッコネンが、一九四四年に出版した論文集の題名である。ケッコネンは農民同盟の党員から、内務大臣、法務大臣、首相を経た後、大統領を四期も務めた戦後フィンランドの代表的な政治家であり、戦後フィンランド政治を特徴づけた人物でもある。

生まれた土地であるフィンランドでわれわれは生きていくしかないのだという意思を感じさせるこの言葉は、かつての宗主国であり、第二次世界大戦を戦ったソ連に隣接しているフィンランドで生きていくための決意を意味しており、巧みな外交戦術で対応したケッコネン政治の特徴をよく表しているのではないだろうか。

「冷戦」とともに始まったケッコネン政権は、ソ連によるフィンランドへの内政干渉への対応にその特色が見出せる。

ソ連は西ドイツの軍事力拡大に備える必要性から、一九五八年の「霜夜事件」と一九六一年の「覚書危機」と呼ばれた事件に見られるようなフィンランドへの内政干渉を行うことで、フィンランドを傘下に置こうと試みた。

フィンランド駐在スウェーデン大使イエスタ・エンセル（右）とウルホ・ケッコネン（左）。
出典：Juhani Suomi, *Kriisien aika: Urho Kekkonen 1956-1962*, Otava, 1992.

「霜夜事件」は、一九五八年の総選挙で人民民主同盟が第一党に躍り出たにもかかわらず、社会民主党のファーゲルホルムが人民民主同盟を除いた諸党派の連合政権を樹立したことから始まった。

そもそも、人民民主同盟はフィンランド共産党と社会民主党左派が同盟し、結成された政治組織であるが、実際はフィンランド共産党が勢力を占めていた。そのため、人民民主同盟を支援するソ連政府は、この新内閣に疑惑を深め、新聞などを通じて新内閣反対のキャンペーンを張った。戦犯として戦争責任裁判で裁かれたタンネルが政界に復帰し、その影響力を高めていったこともソ連の懸念の種とされた。ソ連はフィンランド駐在のソ連大使を引き上げさせ、後任を発表せず、通商交渉をも中断するなどの圧力を加えた。さらに、ソ連は、ドイツとデンマークがバルト海西岸で軍事協力を進めていることを理由として、友好・協力・相互援助条約に規定されている軍事協議を要求するかもしれないとフィンランド政府に脅しをかけた。結局、農民同盟出身の二人の閣僚が辞任したことでファーゲルホルム内閣は退陣し、農民同盟による新内閣が発足したため、それに満足したソ連は外交的圧力を止めた。

次のフィンランドへの内政干渉である一九六一年の「覚書危機」が起こった背景には、ベルリン危機が存在していた。ソ連は一九六一年一〇月三〇日にフィンランド政府に覚書を送り、NATOの反ソ連的な軍事活動が北欧へ影響を及ぼしているとしてフィン－ソ友好・協力・相互援助条約第二条に基づく軍事協議を要求した。ケッコネン大統領は一一月のフルシチョフとの会談で、ソ連側の要求はかえって北欧諸国の脅威となり、いわゆる「北欧の均衡」、さらには中立政策をも崩すことを意味すると説得し、最終的にソ連側はこの要求を取り下げ、危機は回避された。このような状況下、差し迫った大統領選挙戦で反ケッコネン陣営である保守党、社会民主党、自由党が推薦していた最高裁判所判事であったオラヴィ・ホンカ自身が祖国の利益のために出馬を断念すると宣言したため、一九六二年の大統領選挙はケッコネンの圧勝に終わった。

この二つの事件とそれに対するフィンランドの対応をひとくくりにして「フィンランド化」と揶揄する声がフィンランド国外からあがったこともあるが、むしろ、これらの事件は、フィンランドがケッコネンらの外交努力によってソ連側の要求を巧みに回避したことを意味したといえるのではないだろうか。また、フィンランド内部から消極的な中立政策ではなく、積極的な外交によって列強対立の圏外に身を置こうとするという構想が出てきたことに注目すべきであろう。

経済的な動きを見ると、フィンランドは、EECには非加盟の立場であったが、かわりにEECと貿易協定を締結し、対ヨーロッパ貿易の発展の足掛りにしようとした。その一方で、ソ連への配慮から、COMECON加盟国とも同様の貿易協定を締結した。

一九六〇年代後半になると社会民主党が軟化し、ケッコネンの対ソ友好路線を受け入れ、人民民主同盟との連携も視野に入れるようになると、ソ連の態度も軟化した。一九六六年には、社会民主党、中央党（一九六二年に農民同盟から改称）に人民民主同盟が加わった三党連立のパーシオ内閣が誕生した。人民民主同盟は一八年ぶりに政権に参加することとなった。この政権誕生は、社会主義を名乗る左派勢力が過半数をとったことを意味した。一九六〇年代後半は、フィンランドでもベトナム戦争に端を発した反戦運動が盛り上がり、内政では保険法の改正などの社会改革が実施された。パーシオ内閣は「人民戦線内閣」とも呼ばれ、時代的様相としても戦後期の復活継承という見方が広まった。

ケッコネンが大統領の権限を年々高めていったことは、一九七〇年から始まった労働運動に対して団体交渉に介入し、ケッコネンの頭文字をとった「ＵＫＫ協定」と呼ばれる協約を労働組合側と締結したことからも明らかである。このケッコネンの行動は、大統領の権限を越えて首相の権限を侵害するものでもあったともいわれる。また、この事件は二〇〇〇年に制定された、大統領の権限を制限する憲法の批准にもつながる出来事であった。

一九七二年にはケッコネン再選問題が浮上し、ケッコネンは自らの再選のために、大統領選出における憲法の手続きの省略を意味する特別法制定を施行しようとした。しかし、国民連合党を中心に反対の声が挙がり一度は拒否されかけたが、最終的に特別法が可決され、四年と限定してケッコネンの大統領の任期を延長することとなった。この措置には、大統領選挙のたびにフィンランドの対ソ路線継続に不安を持つソ連が内政干渉的行為に出るのを阻止するという意図があった。

一九七五年にはケッコネン大統領の権力は頂点に達していた。社会民主党は、すでにケッコネンに五期目の大統領就任を依頼するほどで、他のほとんどの政党もケッコネンの再選を支持したため、

1972年11月にヘルシンキ近郊のエスポーにあるディポリ国際会議場で始まったＣＳＣＥ（欧州安全保障協力会議）の予備会議。1975年８月には、国境の不可侵と人権の尊重をうたったことで有名なヘルシンキ宣言がＣＳＣＥで採択された。
出典：Juhani Suomi, *Liennytyksen aikanvirrassa: Urho Kekkonen 1972-1976*, Otava, 1998.

ケッコネンは五期目の再選を果たしたが政権作りは難航し、国民連合党を除いた多数党派政権であるミエットゥネン内閣が最終的に誕生した。しかし、同内閣は翌年には総辞職し、新たに再びミエットゥネンを首班とした中央党の少数党政権が樹立された。一九七八年の大統領選挙で、ケッコネンは六期目の再選を果たした。

ケッコネンがたび重なる国会内の批判にもかかわらず、このように長期にわたって大統領の座にとどまったことについてはさまざまな理由が挙げられるが、ケッコネンが親ソ友好路線を敷きつつ、ソ連のフィンランドへの影響を抑えてきた点が評価されたといえる。他に指導力を持った政治家が登場しなかった点も、ケッコネンによる長期政権が続いた理由として挙げられよう。

一九八一年にケッコネンが病気を理由に政

界を引退したため、翌年の一九八二年に社会民主党のマウノ・コイヴィストが大統領に就任し、同じく社会民主党のソルサが首相となった。

ケッコネンが引退した後もソ連との友好路線は継承され、一九八三年には、一九四八年のフィン・ソ友好・協力・相互援助条約を二〇〇三年まで延長することを決定した。再浮上したEC加盟問題も最終的にソ連に配慮した形で断念した。

一九八〇年代になると好景気となり、福祉に予算が回るようになったので、フィンランドの福祉水準が北欧諸国の水準まで高められた。一九八六年には一九六一年以来、連合協定を締結していたEFTA（欧州自由貿易連合）に加盟した。

一九八七年の総選挙後、フィンランドの戦後史においてはじめて保守派の国民連合党党首ホルケリが首相に就任した。この新しい連合政権は失業率の改善やインフレ対策、税制改革に取り組んだ。この時期、GNP（国民総生産）が急速に上昇し、経済活動が活発化したフィンランドは、折からバブル経済期の日本になぞらえて「北欧の日本」（Nordic Japan）と呼ばれたりもした。

一方、フィンランド社会にも大きな変化が起こった。戦後、フィンランドの産業構造は大きく変化し、農業社会から工業社会への転換が起こった。それに伴い、地方で職がなくなった若者は都会へ職を求めて殺到したことで人口変動が起きた。

この時期のフィンランド文学は、リアリズムとモダニズム間の論争やアフォリズム文学の発生、地方文学の勃興などの特徴が見出せるが、とくに注目すべきは、上記のような田舎と都会の間の格差や都会に出てきた労働者たちの孤独、世代間の衝突、宗教観に代表される戦後の倫理観の変化といった現実世界で起こっている社会問題が文学の主題として頻繁に扱われ、小説自体が社会問題化する事例も発生したということである。

たとえば、一九六四年に作家ハンヌ・サラマが書いた小説『夏至のダンス』は、その内容が教会と法務省を冒瀆したとの咎《とが》で、一九六六年にサラマと出版社は有罪を宣告された。一九六八年にケッコネン大統領によってサラマは恩赦を与えられたが、一九九〇年まで検閲済みの改定版が書店に並ぶはめになった。

一方で、政治活動そのものにのめり込んだ作家も存在した。詩人マッティ・ロッシは一九七二年にフィンランド共産党に入党する前後から、政治的詩人としてその役割を果たしていた。

また、第二次世界大戦を主題とする小説は一九六〇年代以降も登場したが、世代間によって異なる戦争のイメージの差が小説に反映されるようになった。たとえば、ヴァイノ・リンナの『無名戦士』などの作品に代表される戦後まもなく登場した戦争小説とは違う視点から戦争が描かれるようになった。先に挙げた作家ハンヌ・サラマは、継続戦争時のタンペレにおける共産主義者のレジスタンス運動を主題とした小説『犯罪あるところに目撃者あり』を一九七二年に発表し、ふたたび物議をかもし出した。また、エーヴァ・キルピが、カレリア避難民を主題とした小説『往復の人生』（一九六四年）と『生活避難民』（一九八三年）を発表するなど、戦争で引き起こされた問題を扱う小説も登場した。

（石野裕子）

8

北欧とのきずな

★ 冷戦とポスト冷戦を貫く「北欧協力」★

「北欧の中でフィンランドは少し違う……」これは、戦後長い間、他の北欧人からよく発せられた言葉である。ノルド語に属する他の北欧語が相互に意思疎通が可能であるのに、フィンランド語だけが異なっていること、そして長身、金髪の多い他の北欧人と、中背、濃い色の髪の毛が少なからず存在するフィンランド人。しかし実際に会った印象もさることながら、もっとも大きな違いは、フィンランドがソ連との間に「冷戦」期に友好・協力・相互援助条約を結び、「西側」とは言えない状況にあったことであろう。国土の北端でロシアと国境を接し、「冷戦」時代からフィンランドの対極において、ソ連との関係に苦慮してきたノルウェーの高官は、「フィンランド政府はソ連のパペット（操り人形）だから」といって憚らなかった。しかし、こうした発言はあくまで、北欧内における繰言であり、世界や他のヨーロッパ諸国と共にある場面では、他の北欧諸国は、フィンランドを地域の仲間として遇してきたように思われる。それは国際会議はいうまでもなく、国民感情のもっとも表れやすいスポーツ観戦の場面においても同様であった。

北欧には、一九五一年に設置された北欧会議といわれる地域的協力機構がある。これは一九四九年にノルウェー、デンマーク、スウェーデン三国間で交渉が行われた中立同盟構想が挫折した後を補うようにして設置された、法律・社会・文化・経済・交通の分野で北欧協力を推進しようとする協力機構である。この北欧会議設置に対して、当初フィンランド政府はソ連との関係を配慮して加盟を控え、参加が実現したのは、一九五五年であった。これは、フィンランドがソ連との条約の期間を二〇年延長すると同時にソ連の使用していたポルッカラ基地の返還が実現して、ソ連との関係が一定の安定を得た時であった。一九五五年にフィンランド代表を迎えた第三回北欧会議総会で、デンマーク代表のヘーヅタフトは「我々は、ようやく本来の姿になったのである」と演説している。こうして、北欧会議の協力が進展するなかで、フィンランドは他の北欧諸国とともに、無理をしない形でゆっくりと協力を行ってきた。それは、法律の協調を目指した立法過程においては家族法や刑法、訴訟法などの統合を図り、共同労働市場の設立や北欧市民の域内移動におけるパスポートの撤廃、福祉政策の協調によって、北欧市民がどの国に移動しても同じ待遇が得られるような体制を整えるという形で成果を挙げた。また、どの北欧語の使用も裁判所や警察などで保障されるサポートシステムの配備など、市民の日常生活の要請に沿ったものであった。経済面では、一九七〇年に「北欧経済機構」(NORDEK)形成が合意にいたりながら、最終的に対ソ関係を配慮してフィンランドが参加を諦めたために挫折し、また北欧会議では安全保障、外交政策分野は、各国間の差異が顕著となる微妙な問題として議論されないことになっていたが、実質的な市民生活に関わる部分での統合はEEC・ECのそれを上回る実績を生んだ。

ときとして、北欧協力の「躓きの石」にもなってきたフィンランドであるが、「冷戦」期には協力

2007年に開催された北欧環境会議にて。[NN2441; norgen.org]

の推進面で二つのイニシアティブを取っている。一つは、一九六二年に発効されたヘルシンキ協定であり、これによって北欧会議は国際機構としての体裁を整えた。いま一つは一九六三年にフィンランドのケッコネン大統領によって提案された北欧非核兵器地帯構想であり、これは最終的に実現には至らなかったものの、六〇年代初頭に北欧が「東西冷戦」の狭間に置かれていくなかで、北欧各国で始まった核非武装要求運動に根ざし、北欧が国際的に発信する平和要求構築の契機ともなった。

北欧会議の推進した地域協力は、その実質的な内容だけでなく、フィンランドの対ソ外交においても一つの後ろ盾になった。一九六一年にソ連共産党第一書記フルシチョフがフィンランド大統領ケッコネンに、北欧をとり巻く国際情勢の悪化に伴って両国間の友好条約(一九四八年締結)第二条に基づく「協議」を要求した「覚書事件」では、翌年ケッコネンがソ連を説得する際に、「北欧五カ国の安全保障政策は均衡を保っており、一部分が変化するとそれがすぐ他に跳ね返り、全体の様相が変化してしまう」と「北欧均衡」の存在を強く主張している。この場合のケッコネンの言う「北欧均衡」とは、当時ノルウェー側が主張した「力のぶつかり合いの中での均衡」とは意味が異なっていたのは注目に値する。

しかし、フィンランドが北欧協力の成果を強く認識していることを示し、またその発展をはかったのは、「冷戦」が終焉する過程においてであったと言えるだろう。一九八九年に始まった近隣のバルト三国の独立とソ連の体制変換という新たな事態発生の中で、北欧会議はバルト三国の自立支援とロシアの隣接地域への協力へと乗り出し、環バルト海協力の先鞭をつけた。それは北欧協力が行ってきた地道な協力をこれらの地域に敷衍して、地域の安定化のための一助とすることが意図されていたが、その背後にはフィンランドの有識者やNGOなどの動きがあった。結果として、バルト三国の独立は平和裏に達成され、また環バルト海地域の社会的安定も確保されたまま、二〇〇〇年に入ると経済的な繁栄も見せるにいたった。さらに、フィンランド政府はEUに加盟すると、一九九九年にはこの環バルト海協力ならびに、北方圏のロシアと北欧三国にまたがるバレンツ地域での地域協力をまとめてEUの「ノーザン・ダイメンション」とする提案を出して、EUの支援も受けることに成功した。こうした北欧協力の拡大は、「冷戦」期に北欧各国との協力体制を築き、社会的に繋がっていることによって、隣国ソ連との関係の悪化を切り抜けることができたというフィンランド自身の経験に拠っているといえるのではないだろうか。

（大島美穂）

9

冷戦終焉後のフィンランド

★ヨーロッパの中のフィンランド★

世界に衝撃を与えた一九九一年のソ連邦の解体は、ソ連との関係を重要視してきたフィンランドにとってとりわけ大事件であり、フィンランド政府の政治方針の転換をうながした出来事でもあった。

ソ連邦の解体が確実視されてきたなかでも、慎重な態度をとり続けていたフィンランド政府であったが、ソ連邦解体の知らせを受けた後の対応は素早く、一九四八年のソ連との友好条約を破棄し、翌年の一九九二年一月に軍事的条項を盛り込まない形の条約をロシアと調印した。

一九九〇年初頭からすでに経済不況に陥っていたフィンランド経済は、ソ連邦崩壊によってさらに深刻な事態となった。ソ連への輸出に頼ってきた貿易は壊滅的な打撃を受け、失業率が二〇％に達し、一九九二年には通貨の大幅切り下げを強いられるなどフィンランド経済は戦後最悪の不況にみまわれた。多くの銀行や企業が倒産し、資金の大部分を不動産に投資していた共産党さえも破産宣告に直面する事態にもなった。

経済の混乱に加え、フィンランドはソ連崩壊に伴って生じた不安を解消するため、EC加盟および地域協力への道を選択し、一九九二年にはEC加盟の意向を公式に表明し、さらにNATO協力委員会のオブザーバーおよびWEU（西欧同盟）のオブザーバーとなった。

当時、第一党であり農民層や地方の住民を支持基盤とする中央党が農業保護の見地からEC加盟に反対をしたが、最終的に議会で加盟申請が可決された。一〇月に実施されたEU加盟についての国民投票は、賛成票が反対票を上回り、一九九五年一月一日にフィンランドはEU加盟を果たした。EU加盟以降、フィンランドは北欧諸国の中でEMU（欧州通貨統合）に参加する意思をいち早く表明し、一九九九年にユーロ導入に踏み切るなど、積極的な姿勢をとり続けている。

EUに加盟した一九九五年の三月の総選挙では社会民主党が第一党に返り咲き、党首リッポネンが首相となり、諸政党が勢ぞろいしたことによって「虹の連合」と呼ばれた社会民主党、国民連合、スウェーデン語使用人民党、左翼同盟、緑の同盟の五党連立内閣が誕生した。EU加盟をめぐって党内が分裂状態に陥った中央党は、国民の支持を充分に得られず野に下った。戦後外交の基調であった中立主義政策の見直し問題および深刻な経済不況が、政党のイデオロギーを乗り越えて党派の団結をひき起こしたのである。

経済は徐々に回復したが、高い失業率は依然として残り、都市と地方との格差がさらに広がった。フィンランドでは独立後、産業構造が大きく変動しており、かつて人口の大半を占めていた農業や林業に従事する人口が激減し、ノキアに代表されるIT産業に従事する人口が激増した。そのため、地方から都市へ人口が流失し、結果として地方での失業率がとくに高くなった。

フィンランドは、NATOの勢力拡大を懸念するロシアを刺激しないため、あくまでNATOに非加盟の立場を貫いたが、NATOとは個別に「平和のためのパートナーシップ」（PfP）協定に調印し、この協定の枠内でNATOと協力体制をとることを決定し、安全保障面での軌道修正を進めた。WEUに対しては正式加盟をめざさないとの立場をとった。

また、フィンランドは自らの歴史的経験を活用して、ロシアとヨーロッパを結ぶ架け橋としての役割を積極的に果たそうとした。一九九九年後半に、フィンランドがEU議長国となった際、提案した「ノーザン・ダイメンション」（EUND）構想にもその姿勢が表れている。一九九〇年代初頭の環境問題解決に端を発し、北欧諸国、バルト三国やロシアなどバルト海に隣接している国々とロシア間で発足された環バルト海協力、バレンツ地域協力を土台として、EUの枠内での地域協力を目標としたこの構想は、ロシアをヨーロッパから孤立させないことにつながり、ひいてはフィンランドの安全保障にもつながるとの考えに裏打ちされていたものであった。

フィンランドの外交路線も変革を迎えた。一九九四年に大統領に就任したアハティサーリは、国際問題における調停に積極的に関与することが小国フィンランドの中立政策を維持することにつながるという考え、国際社会における平和外交路線を打ち出した。

アハティサーリは、一九八〇年代を通じて国連代表としてナミビア紛争の解決に取り組み、一九九二―九三年に、ボスニア・ヘルツェゴヴィナの和平交渉に国連特別顧問として参加するなど外交官として活躍し、その経験を生かして平和外交路線を築き上げたが、内政ではふるわず、二期目を断念せざるをえなかった。しかし、アハティサーリは一九九九年コソヴォ紛争勃発時に、EU特使としてユーゴスラヴィアのミロシェヴィチ大統領に和平提案をし、コソヴォからのユーゴ連邦軍とセルビア治安部隊の撤退を取り付けるなど、外交面で活躍し、このことはＥＵにおけるフィンランドの地位を高めることにつながった。

現在でも、アハティサーリは積極的に活動を展開しており、二〇〇五年一月からインドネシアのアチェ和平協議の仲介役を務め、大きな成果を挙げた。八月一五日にはヘルシンキでインドネシア政府と独立派武装組織「自由アチェ運動」（ＧＡＭ）の間で二九年にもわたる紛争に終止符を打つ合意文書が調印された。同年には長年の国際貢献により、アハティサーリはノーベル平和賞の候補者に選出されている。

二〇〇〇年にアハティサーリやリッポネンとともにチェチェン紛争解決に向けて活躍した外務大臣タルヤ・ハロネンが、フィンランド初の女性大統領として選出された。ハロネンはアハティサーリの平和外交路線を継承しつつ、より積極的に中立公正的立場としてのフィンランドの外交路線を打ち出した。また、ハロネンは伝統的な福祉の重視も訴えており、福祉政策の見直しに取り組んだ。この時期には、フィンランドはようやく一九九〇年代中葉の経済不況を脱し、失業率も改善の兆しをみせた。

二〇〇三年三月の総選挙で党首アンネリ・ヤーテンマキの強い指導力の下、支持率を回復した中央党が最大政党となり、社会民主党、スウェーデン語使用人民党と連合政権を樹立した。社会民主党は与党の座を中央党に明け渡したものの、議席は減ることはなかった。

中央党党首であったヤーテンマキが初の女性首相となり、ハロネン大統領とともに世界中の注目を集めたが、ヤーテンマキが外務省の機密文書を不法に入手し、社会民主党党首のリッポネンが対イラク政策でアメリカ寄りであったという内容を公開して選挙戦に利用したことが明るみに出たため、六月に辞任を余儀なくされた。後任には中央党副党首であったマッティ・ヴァンハネンが首相に選出され、二〇〇七年八月、二期目を務めている。ヴァンハネンもEU重視の外交路線を継承している。

ハロネン大統領が打ち出した中立公正と平和重視の外交路線は、二〇〇四年九月に国連総会において、テロへの抗議とともにアメリカのイラク戦争が違法行為であるという演説や、現在のグローバル化に対して批判的な発言にその特色が現れている。ハロネンの外交路線にフィンランド政府内から反対意見も出ているが、二〇〇六年にハロネン大統領の再任が決定したこともあり、基本的な路線は変化していない。

対ロシア外交については、フィンランドは、先に挙げたようにヨーロッパとの架け橋としての役割とは別に、いまだ慎重な態度を見せている。プーチン大統領が二〇〇一年の大晦日に、突然、新しく大統領に就任するハロネンに祝辞を述べる電話をかけた際に、一九二〇年一〇月に両国間で締結されたタルトゥ平和条約を認める発言をした出来事があった。この平和条約は独立フィンランドとソ連の間で締結されたものの、ソ連側が条約自体を否認してきた歴史がある。第二次世界大戦勃発以降、両国政府はこの条約に関して沈黙を守ってきており、プーチンの発言はフィンランド側だけではなくロシア側をも驚かせた。

しかし、このようなロシアの大統領の発言はプーチンに始まったことではない。ソ連邦崩壊後、新たに大統領に就任したエリツィンが、ソ連とソ連共産党はフィンランドのような諸外国で罪を犯したと発言し、フィンランドのコイヴィスト大統領とソ連時代の遺物を話し合いたい旨を示唆したが、コ

2005年8月15日、ヘルシンキでアチェ紛争の和平合意文書が調印される。写真中央がアハティサーリ。［提供：共同通信社］

イヴィスト大統領は回答しなかった。

一九九四年にアハティサーリ大統領とクレムリンで会談した際も、エリツィンは、冬戦争とフィンランド領カレリアの併合はスターリンの犯罪行為であったと述べたが、アハティサーリはそれに対して反応しなかった。エリツィンは、就任中スターリンの「悪事」に関して多くの諸外国と話し合う機会を得たが、歴代のフィンランド大統領はロシアの外交戦術に乗らない姿勢を貫いたため、フィンランドでは議論の机上にさえ乗らなかった。

このような一連のロシア大統領による両国間の歴史への言及は、今後も歴史問題に絡めた外交が展開される可能性があることを示唆しているのではないだろうか。ロシア側は、第二次世界大戦後にフィンランドから割譲されたカレリア地域をフィンランドへ返還することをしばしばほのめかしているが、それを外交の切り札として、フィンランドの外交路線の変更を狙っているおそれもあるからである。

それに対して、フィンランドはロシアによる旧フィンランド領の奪取を不当と見なしているものの、ロシアの外交戦術には乗らない態度を示している。このようなフィンランドの外交路線は、フィンランドが歩んできた歴史的経験を踏まえて展開していくかぎり、今後も続いていくであろう。

（石野裕子）

＊参考文献——第Ⅰ部　小国の歩み（第1章—第9章）

百瀬宏、熊野聰、村井誠人編『北欧史』山川出版社、一九九八年。
百瀬宏『北欧現代史』山川出版社、一九八〇年。
百瀬宏『東・北欧外交史序説——ソ連＝フィンランド関係の研究』福村出版、一九七〇年。
マルッティ・ハイキオ著、岡澤憲芙監訳、藪中千乃訳『フィンランド現代政治史』早稲田大学出版会、二〇〇三年。
David Kirby, *A Concise History of Finland*, Cambridge, Cambridge University Press, 2006.
Osmo Jussila., et al., *From Grand Duchy to a Modern State: A Political History of Finland since 1809*, London, Hurst & Company, 1999.
Eino Jutikkala and Kauko Pirinen, *A History of Finland*, Porvoo, WSOY, 1996.

コラム1

杉藤真木子

祖国のために
――戦争記念碑、戦没兵士墓地、対ソ連戦跡を見る

フィンランドの街にはたくさんの記念碑がある。ヘルシンキのハヴィス・アマンダやマンネルヘイム像のような観光名所だけではない。歩道の脇、公園の一隅、教会の庭にそれらは存在している。街中に唐突に出現し、なにやら意味ありげに存在を主張しながらも、観光ガイドブックには何も記されていない、そうした碑の多くは、歴史の中でくり返されてきた幾多の戦争を記念するものだ。ラハティには、一七世紀の三十年戦争でスウェーデン軍に徴兵され勇猛さで名を馳せたフィンランド兵、通称「ハッカペリータ」の像が建ち、ミッケリには一八世紀後半のグスタヴ三世戦争に従軍した士官の記念碑がある。タンペレやヨエンスーの街中では、内戦の終結と独立の達成を讃える、ヘレニズム彫刻風の「自由の記念碑」を目にするであろう。

戦争記念碑はドイツなどヨーロッパ諸国で一九世紀後半から建立され始め、フィンランドにおいても独立運動期から内戦の前後にかけてその建立が全国で流行したが、現在もっとも数が多いのは対ソ連戦争にかかわるさまざまな記念碑である。観光客で賑わうヘルシンキの大聖堂や郵便博物館の壁には対ソ連戦争で戦死した関係者の名前を記したプレートが掲げられているし、街歩きの途中で空爆の跡を残す建物の壁や、「祖国のために」という文字が刻まれた石碑に出会うこともある。一見したところでは戦争記念碑だとはわからない、抽象的な構造物もある。多様な戦争記念碑が身近な風景のなかに目に見える形で存在しているということは、過去の戦争が現代の日常生活に何らかの形でかかわり続

ヒエタニエミ墓地の戦没者墓苑の景観。［撮影：杉藤真木子］

けていることを示しているように思われる。そして、戦争記念碑が公的な記憶をその場所に刻み込むものであるとするならば、共同体全体が蒙った災厄である戦争が私的な記憶へと直接に接続してゆく場が、地域の墓地であるといえるだろう。

　ヘルシンキのヒエタニエミ墓地の西端、なだらかな丘の斜面に同じ形の墓石が整然と並ぶ一角がある。墓石には名前と生年月日、そして死亡した日付――それは必ず一九三九年から四五年の間のいずれかの日付である――が刻まれている。墓石の数は約三二〇〇。ここは、対ソ連戦争で戦死したヘルシンキ出身の兵士たちが眠る特別な一角なのだ。中央にはひときわ大きなマンネルヘイム元帥の墓があり、傍らには巨大な十字架が立つ。すべての戦没者を象徴する聖なる墓標である。墓域の周囲には白樺の並木が連なり、手入れされた芝生と季節の花が美しい。

　首都だけではない。フィンランドのすべての町や村には、どんなに小さな村であっても必ず、その土地から出征した戦死者のための特別な墓地、戦没兵士墓地が整備されている。教区教会の周辺、市民墓地の一画、歴史的建造物の周辺などを少し歩けば、土地に不案内な観光客でもその美しい景観を目にすることができるだろう。

内戦や対ソ連戦争に際して、戦死した兵士たちの遺体は可能な限りの手を尽くして故郷へと送り届けられ、そこで葬られた。対ソ連戦争期、遺体の髪を整え新しい軍服を着せて後方へ送り出すのは、前線で勤務していた女性義勇兵ロッタ部隊の重要な任務の一つであり、戦死者はふつう、従軍牧師に伴われて故郷へ帰還したのである。多くが農民であった兵士とその家族たちは、死者の身体をふるさとの大地へ還すことをきわめて重要なことと考えていたのだ。そして現在、毎年五月の戦没者追悼記念日、六月四日の国防軍の日（マンネルヘイム元帥の誕生日）、一二月六日の独立記念日、クリスマス、さらに人生の節目となる卒業式や結婚式の後、人々はくり返し地元の戦没兵士墓地を訪れて花を捧げ、ろうそくを灯して故郷の英雄たちに祈りを捧げる。

共同体成員が共通して体験した戦争の記憶も、

サルパリンヤの塹壕跡。［撮影：杉藤真木子］

時の経過とともに次第に薄れてゆく。しかし、共同体の存続にとってその記憶を守り続けることが不可欠だと認識されるのであれば、記憶を更新し続けることが必要となるであろう。フィンランド国内にはそのような場所、すなわち戦争を追体験するための場所が各地に用意されている。

一九三九年一一月三〇日早暁、国境付近に集結したソ連軍はいっせいに軍事行動を開始、うち第九軍がラーテで国境を越え、北部攻撃の拠点スオムスサルミをめざして湖や湿地帯に囲まれた林間の一本道ラーテ・ロードを西進した。対ソ連戦争における戦場の多くは現在ロシア領内に位置しているが、冬戦争の激戦地として知られるここスオムスサルミ一帯はフィンランド国内に位置する戦跡であり、しかも寡兵をもって大兵力を殲滅したことで「雪中の奇跡」とも呼ばれる英雄的な戦いの現場である。一九八〇年代の半ば、スオムスサルミの東に資料館(〝ラーテへの入り口〟)が開設され、これを起点として約一八キロのラーテ・ロードは戦跡博物館として整備された。現在では、アルヴァル・アールトがデザインした「炎の記念碑」、ロシア兵やウクライナ兵を悼む記念碑や墓所、フィンランド軍の塹壕の跡、開戦時の国境警備隊詰め所などの遺構が連なり、二〇〇四年には国籍を問わずすべての戦死者たちを悼むための巨大な冬戦争記念碑も建立されて、国の内外から観光客を集めている。

一九四四年の夏、ソ連軍の猛攻を受けて急激に後退する戦線の最後の防衛線とされていたのがサルパリンヤ(スオメンサルパ、「フィンランドの閂」の意味)である。これは、冬戦争終了直後からマンネルヘイムの指示で整備された対ソ連最終防衛ラインであり、塹壕と戦車止めの遮蔽物が南北約一二〇〇キロにわたって配置された。戦線がこのラインに到達するより前に戦争は終結し、サルパリンヤが実際の戦場になることはなかったのだが、現在、ヨエンスー郊外など、ロシア国境に近いフィンランド東部の二九カ所で遺構が修復され、資料館やカフェなどを備えた観光地として整備されている。さらに、実際の戦場から遠く離れた南部や西部にも、同様の施設が主として退役軍人が中心となって創建され、学校の遠足の目的地としてもよく利用されているという。「戦争」は旅行業界において人気のテーマの一つなのだ。

フィンランドの歴史をさかのぼれば、この国をとりまく国際関係は常に容易ならざるものであり、その国土はくり返し戦禍を被りつづけてきたことがわかる。サンタクロースとムーミンというメルヘンの主人公たちがイメージキャラクターとして成功をおさめつつある現代においても、各地に全国民を収容可能な核シェルターが整備され、徴兵制が敷かれて男性の八割が軍隊生活を経験するこの国において、戦争と戦死者は過ぎ去った過去の物語ではなく、今後も在りうべき冷厳な現実と認識されているといえるであろう。美しく整備された戦没兵士墓地が伝えるメッセージは明白だ。われわれは、祖国のために戦って死んだ人々を記憶し、決して忘れない。われわれは、きたるべき戦死者たちのことも決して忘れないであろう。ヒエタニエミの戦没兵士墓地に眠る最も新しい戦死者は国連のPKO活動で戦死した軍人たちであり、一九九七年にマケドニアで戦死したヴオリ少佐の墓石の隣には空き地が続いている。

フィンランド全土に遍在し、現在もなお増え続けるさまざまな戦争記念碑は、無言のメッセージを発しているように思われる。「戦争を想起せよ、そしてつねに心せよ。祖国のために君がなすべきことを忘れてはならない」と。

コラム2

戦争の子どもたち
――フィンランドの学童疎開

髙瀬愛

第二次大戦中、ソ連と「冬戦争」（一九三九－四〇年）および「継続戦争」（一九四一－四四年）を戦ったフィンランドでは子どもの大量疎開が実施された。一九四四年に始まった日本の小学校中高学年の学童疎開と異なり、対象の半数近くは学齢前の幼い小児で、疎開先も国外のスウェーデン、デンマーク、ノルウェーという北欧諸国であった。学童疎開というよりも総勢八万人に及ぶ大規模な小児の海外疎開というものであった。

ヨーロッパでは以前から戦時の子どもの疎開は実施されており、第一次大戦後には戦後の食糧不足と貧困から子どもを救うため、おもに赤十字による大規模な児童の疎開が行われ、オーストリアとドイツから総勢約四九万人の子どもたちが、スイス、オランダ、北欧諸国に送られた。この子どもたちが後に書いた手記のなかで、Kriegskind（英語：war children フィンランド語：sotalapsi スウェーデン語：krigsbarn）という言葉がはじめて使用されたため、以来フィンランドでも、第二次大戦中に国外疎開した子どもたちのことを、sotalapset（戦争の子どもたち）と呼んでいる。

学童疎開の規模からみると、スペイン内戦の際、英国とソ連に約七〇〇〇人の子どもたちが疎開したケースをはじめ、第二次大戦中、八〇万人を超える英国の学童疎開（おもに国内だが、一部米国や英連邦自治領にも送られた）、またギリシャ内戦時、東欧共産諸国へ約一万四〇〇〇人の子どもの疎開などの諸例があるが、フィンランドから八万人近くもの子どもたちが国外疎開した例は、総人口比からみると最大規模の疎開例といえよう。

戦争の子どもたち

フィンランドの小児疎開は、一九三九年、スウェーデンからの積極的な申し入れによって始められた。冬戦争が勃発すると、スウェーデン国内ではフィンランド国民に対する物心両面の援助気運が高まり、二人の女性によって、フィンランドに人道的援助を提供するための支援機関「フィンランド支援センター」(Centrala Finlandshjälpen) が設立された。フィンランドの子どもたちを無償でスウェーデン家庭に受け入れるという、そこからの申し出に対し、当初フィンランド側からは国外疎開よりも、フィンランド国内への相当の援助が役立つという意向が伝えられたが、スウェーデン側の再度の要請にマンネルヘイム元帥やファーゲルホルム社会大臣が賛同することで、この小児疎開に踏み切ることになった。

最初の輸送船は一九三九年一二月にトゥルク港を出航し、一九四〇年春には約九〇〇〇人の子どもと、三〇〇〇人の母親、老人がスウェーデンに疎開した。冬戦争が終結し継続戦争が勃発する前の時期にも、子どもたちのスウェーデン夏季滞在が実施されたが、やがて継続戦争が始まると、疎開は本格化し規模も拡大した。疎開委員会を通じてスウェーデンに疎開した子どもの数は、一九四一－四三年の第一次疎開で二万二三九八人(うち病人は二七一四人)、一九四四－

ストックホルムの港で帰国の船を待つ子どもたち。1945年、The National Museum of Finland 所蔵。

スウェーデンに向け出発する子どもたち。1942年、The National Museum of Finland 所蔵。

四五年の第二次疎開で三万七六七人（うち病人は一五七三人）にふくれあがった。他にも別の経由で約一万五〇〇〇人の子どもが疎開したという。一方、デンマークには、約四〇〇〇人の子どもが疎開した。

当初は、疎開の条件として、（一）カレリア地方再建に両親が従事している、（二）爆撃で家が破壊された、（三）親が障害者、（四）親が戦死して後見人援助を受けていない、の四規定があげられていたが、その後、子どもの多い家庭、父親が従軍中で母親が就業している、母親が妊娠中で家事や子どもの世話に手が回らない、などの条件が追加された。この条件の拡大により、また第二次疎開期の爆撃からの避難という要素によって、これ以降は、誰でも希望すればほぼ疎開できるようになっていた。一方、疎開した子どもたちの事情もまちまちで、爆撃の恐怖から逃れたかった子どももいれば、平和で裕福な国スウェーデンのお菓子やおもちゃに憧れて自ら希望した子どもをはじめ、まだ幼くて何も知らされずに送り出されてしまったケース、さらに父親が出征中、家計を支えていた母親が病死したため、残された六人兄弟姉妹の下から三人が送られるという場合もあった。

家族、とりわけ母親と別れて異国に行くため、どの子も非常に寂しくつらい思いをすることになるが、どちらかというと、戦争をしていないスウェーデンでの豊かな家庭生活に慣れ親しむにつれ、養父母に愛されて楽しい日々を過ごしたケースが多い。しかし、個々人の経験はさまざまで、幸せではない思いをしている子どもたちも当然たくさんいた。また新しい生活になじみ、スウェーデン語を習得するにつれて、フィンランド語で郷里の家族と文通できるくらいの大きな子は別として、年少の子どもは次第にフィンランド語を忘れてしまうことになる。養父母の接し方によっても大いに異なるが、とくに幼い子どもほどフィンランド時代の暮しや残された実の家族について、記憶があいまいになってしまう。そのため終戦後、フィンランド帰国という現実を受け入れるのが困難になる。すでにスウェーデン生活になじみ、養父母にもなついていたため、フィンランド帰国後は、生活環境の激変を前にして、多くの子どもたちが自国の生活になじめず、苦労することになった。

とりわけ、フィンランド語を忘れてしまっている場合は、学校の授業にもついていけずに（スウェーデン語系の子どもたちは支障がなかったが）、学業の遅れはその後の人生に影響を及ぼすことになる。また、養父母に望まれ、実の両親の承認を得て養子になるケースも多く、疎開先の国に留まった人数は、いったんフィンランド帰国後に再度戻った者も含めると、スウェーデンに総数の約四分の一の一万五〇〇〇人、デンマークに約七分の一の五〇〇人となった。幼少期にフィンランドを離れ、比較的長期間むこうに滞在した者ほど、帰国しなかったケースが多いという。

当時は子どもを救うために最善の選択肢と思われたフィンランドの小児疎開だが、小さな子どもを母親から引き離すことの是非をはじめ、何よりも彼らが幼くして二度のつらい別れを経験し、自分は両親に愛されていなかったから疎開に送られたという想いをひきずるなど、戦後フィンランドでは、隣国スウェーデンの暖かい善意には感謝しつつも、さまざまな観点からこの小児疎開は、政策としてはあまり評価されることはないのが現状である。「戦争の子どもたち」をテーマにした文学作品や手記も多く出版されており、二〇〇三年に製作されたドキュメンタリー映画『Sotalapset』（戦争の子どもたち）は、フィンランド国内の映画賞であるJussi賞の最優秀ドキュメンタリー映画賞を受賞し、アカデミー賞のフィンランド代表作品に選ばれた『Äideistä parhain』（英題 Mother of Mine 二〇〇五年）も「戦争の子どもたち」をテーマにしたものであった。また、疎開した子どもたちによるSotalapset協会もフィンランド各地およびスウェーデンやデンマークに設立されており、ネットワークを通じて今でも家族探しの支援などを実施している。

ヘルシンキ中央駅で出発を待つ子どもたち。首には行き先を書いた札が下げられている。
Puolustusvoimien arkisto 所蔵。

II

現代フィンランドの諸相

10

フィンランド憲法の歩み

★ランド法から「フィンランド基本法」まで★

憲法は、国の統治のあり方を定める最高法規であり、その内容は、議会や行政機関、裁判所などによる統治のしくみと、これらの機関の権力行使によって損なわれてはならない基本的権利の二つに大別される。フィンランドの現行憲法は二〇〇〇年に施行された「フィンランド基本法」(Suomen perustuslaki)だが、そこに至る歴史は、フィンランドがスウェーデンの一地方だった時代にまでさかのぼることができる。

スウェーデンでは一二二〇年代に、王と教会の命令および古来の法慣習が地方(スウェーデン語:land、フィンランド語:maakunta)ごとにランド法として記述されはじめる。その後各地方が王権のもとに統合されてゆき、王国の統治基盤が確立した結果、一三四七年マグヌス=エーリクソン王によりスウェーデン初の全国的法典として、各ランド法を統一した一般ランド法が制定された。同法と、それを改訂したクリストファー王による一四四二年の一般ランド法は、王の選出手続および枢密院、自由土地保有権者の権利義務、徴兵と治安破壊からの農民の保護に関する規定をおくほか、王が「法と真理を擁護し、国民の同意なくして法を公布せず、スウェーデン人の助言のみによって国を統治し、教会と貴族の古来からの免税特権を維持する」旨の宣誓の雛形を含んでいた。ここには国の統治に関する基本事項や王の保護を受ける臣民の地位が記されており、これらは実質的な意味で憲法の原型ということができよう。

この時代の国民の代表機関としては、国の重要な事項に関する協議を行うために一三世紀ごろから国王が召集していた、世俗貴族と聖職者貴族からなる貴族会議（herrainpäivät）がある。一五世紀末には会議に市民と農民も召集されるようになったことで、四身分制の議会（säätyvaltiopäivät）が形成された。一六一七年になるとその活動について規定する議会法（valtiopäiväjärjestys）が制定され、次いで一六三四年の統治章典（hallitusmuoto）により、君主を補佐する中央政府の組織が規定された。ただし王は、これら二法の拘束を受けないと考えられていた。

カール一二世の死によって短い絶対王政期が終わると、スウェーデンの政治体制はその対極にある「自由の時代」を迎える。一七一九年に定められ、翌年に見直された統治章典は明らかに君主権限の制約を意図していた。立法は四身分制議会の専管事項であって国王の関与は不要であること、議会の三年ごとの召集、議会における身分別の審議と三身分の同意による議決などが定められ、これをうけて議会法も一七二三年に刷新された。けれどもまだ国民全体に主権があるといえる状態ではなく、上位身分の特権の保護も、全国民に等しく保障される基本権からはほど遠かった。とはいえ、議会をこれほど重視する統治理念は比較憲法史的にもきわめて先進的と評価できよう。

しかしこの先進的な憲法体制も、一七七二年のグスタヴ三世のクーデターによる「自由の時代」の終わりとともに、後退を余儀なくされる。グスタヴ三世が武力まで用いて議会に承認を強いた同年の統治章典は、諸統治機関の権限を成文化した点で王の妥協を示してはいたが、その文言は明確性を欠き、いかようにもとれる表現が選ばれていた。また、新体制下の議会は定期開催ではなく王の任意の召集によるとされ、さらに特定の領域に関する立法は王が議会の関与なしに行えることになった。つまり王は、統治章典上自らを四身分にかわる最高権力者としたのである。君主の最高権力者性は、一七八九年の「同盟および保護の証書」が立法の発議権を王に独占させ、さらに官制大権をもたらしたことでいっそう強化された。同年、国王は官制大権によって枢密院を廃止し、その裁判権を新設の、自らも決定に参加できる最高裁判所に移した。結果、王権は強化されたが、行政と司法の分離も一応の実現をみた。

一八〇八―〇九年のフィンランド戦争の結果、フィンランドはロシア領となった。ところがロシアは、フィンランドをロシア法の適用領域から外し、立憲君主たる大公として皇帝が統治にあたる「大公国」とした。ロシア皇帝アレクサンドル一世は、一八〇九年ポルヴォーに身分制議会を召集し、統治者の交替に対する承認と皇帝への忠誠の誓いを議会から得て、スウェーデン時代の法制度の維持を宣明したのであった。こうした判断の背景として、一七七二年の統治章典と一七八九年の「同盟および保護の証書」による君主権力への制限の弱さが、皇帝には好ましく映ったであろうことが指摘されている。無論、スウェーデン時代の統治制度が大公国へ全面的に適用できるはずもなく、何より従来ストックホルムが担っていた事務を扱う機関を大公国内に創設する必要があった。そこでつくられたのが元老院である。その財務部門は委員会に分かれて内閣の職務を担い、司法部門は最高裁判所の機能を受けついだ。形式上、元老院議長および両部門の長官は皇帝の代理であるロシア人総督が務めた

フィンランドの国会議事堂。［撮影：石野裕子］

が、次第に財務部門のフィンランド人副長官がフィンランド政府の代表、つまり首相としての地位を確立してゆく。議会は一八〇九年以来召集されず、こうした制度整備はすべて大公＝皇帝の政令によるものであったが、皇帝アレクサンドル二世はクリミア戦争におけるフィンランド人の忠誠に報いるため、一八六三年に議会を召集する。そして一八六九年には、あらたな議会法を「基本法」(perustuslaki) として承認した。基本法とされた法律の制定・改廃には、通常の三身分ではなく全四身分の合意が必要とされ手続はこのころ確立され、通常の法律と基本法——すなわち憲法——が形式上も区別されるようになったのである。この議会法が五年と定めた召集間隔はのちに三年となり、法案提出権はないながら、大公への請願権を活用した積極的な立法活動は議会の議事手続や組織を発達させるとともに、大公国の自治をいっそう深化させた。一八九九年から一九〇五年までのロシアによる自治の抑圧を乗り越え、一九〇六年に制定されたあらたな議会法は、当時のヨーロッパで最も遅れていた身分制議会を、女性をも含む普通・平等選挙による一院制議会という時代の最先端へと一挙に転換する。さらに同年には、それまで諸身分の特権を保護するにとどまっていた国民の権利の領域で、言論・集会・結社の自由法が基本法として制定され、フィンランドの憲法は西洋近代の自由主義的基本権思想にはじめての繋がりをもったのであった。

そしてフィンランドは、一九一七年一二月にロシアから独立する。すでに同年三月から始まっていた起草作業を経て、共和制をとる新統治章典案の審議が始まった。翌年の内戦による中断ののち、君主制をとる統治章典案も提出され、議会はヘッセン公フリードリヒ・カールを国王として選出までしたが、第一次世界大戦でドイツが敗北し、即位は辞退された。そこで元老院は共和制の統治章典案を再度提出したが、一九一九年春の選挙後の議会はこれを承認せず、かわりに議員立法による統治章典案が提出された。最終的には同案をもとにした統治章典が同年七月に可決・成立する。独立フィンランドの新統治章典は国民主権を明確に認めつつも、内戦に至る過程で暴走した議会への不信から、君主に代えて間接選挙による大統領をおき、強い権限を付与して議会の監視を担わせた。また、君主と元老院が併存した大公国時代にならい、行政権は大統領と内閣に分割された。統治章典におかれた基本権規定は古典的自由権を中心とし、一九〇六年の言論・集会・結社の自由法から受けついだ内容に、信教の自由、居住・移転の自由、身体的自由、生命・名誉・財産の保護、裁判を受ける権利、平等原則などが加えられた。現代的・社会権的権利としては労働力の保護および勤労の権利、初等教育無償の権利がおかれたにすぎず、その後の福祉国家としての発展は憲法上の社会権規定なしで進んだものといえる。この統治章典は、一九〇六年の議会法（一九二八年に全面改正）、閣僚等の弾劾訴追と弾劾裁判について定める一九二二年の閣僚責任法および弾劾裁判所法とあわせてフィンランドの基本法とされ、四法による基本法体制が確立した。

一九六〇年代末になると、より高次の民主主義の実現——具体的には議会およびその信任の上にたつ内閣の地位の向上——と基本権の拡充を目指して、基本法の見直しが議論されはじめ、政府設置の委員会による一九七〇–七四年の検討の挫折を経て、一九八〇年代初頭から徐々に部分改正が進められるようになる。一九八三年には議員の発案権が強化され、一九八七–九一年には、大統領について直接選挙化と三選禁止、拒否権の縮小、閣僚罷免権および議会解散権の行使を首相の発議にかからせる改正——ケッコネン大統領の長期在職（一九五六–八一年）とその間の大統領への過度の権力集中に対する反作用でもある——が行われ、さらに諮問的国民投票制度も導入された。一九九五年には基本権規定が全面的に改正され、広範な社会権規定を盛り込むなど内容の現代化とともに、一九九〇年に批准されたヨーロッパ人権条約との整合が図られた。こうした部分改正と並行して、一九九〇年には四法を統合した憲法典の起草が政治課題として浮上し、のちには一九九五年に加盟を果たしたEUに関する事項を基本法上に位置づける必要性も生じた。政府は一九九六年、単一の基本法典を起草する委員会を設置し、一九九八年に委員会案をもとに作成した「フィンランド統治章典」案を議会へ提出する。議会は同案に調整を施し、基本法制定手続にしたがい一九九九年の選挙をはさむ二つの国会で、それぞれ三分の二以上の多数をもってこれを可決した。審議の途上で「フィンランド基本法」と名づけられた新憲法は、大統領の承認を経て二〇〇〇年三月一日に施行された。新憲法は、かつての四法における技術的な規定を法律に譲って内容を厳選するとともに、これまでに確立された権力分立の構造をあらためて明確にしたものである。改正されたばかりの基本権規定もそのまま受けつがれており、内容上の変更は大きくはない。にもかかわらず、フィンランドにおける憲法の伝統を集大成し、一望できる憲法典がここに得られ、統治のあり方をより民主主義的に発展させてゆく礎が固められたことの意義はけっして小さくないといえよう。

（遠藤美奈）

＊参考文献

マッティ・クリンゲ著、百瀬宏訳『フィンランド小史』フィンランド大使館、一九九〇年。
百瀬宏『北欧現代史』山川出版社、一九八〇年。
Antero Jyrä nki, *Uusi perustuslakimme*, Iura nova, 2000.
Mikael Hidé n–Ilkka Saraviita, *Valtiosä ä ntö oikeuden pää ä piirteet* (kuudes, uudistettu painos), Lakimiesliiton kustannus, 1994.
Pia Letto-Vanamo (toim.), *Suomen oikeushistorian pää ä piirteet*, Gaudeamus, 1991.

11

フィンランドの地方自治

★「住民の共同体」の分権と自立★

北欧の政治は「参加」の政治である。フィンランドも例外ではない。このことは、個々の市民にとってより身近な地方政治においてもっとも明らかだといえよう。地域住民による多元的な参加のメカニズムが、国からの独立という意味の「自治」だけでなく、まさに住民の手による「自治」を担保する働きをしているのである。

フィンランドは二〇〇八年現在、四一五の自治体（kunta）に区分されている。「自治体」は、日本でいえば基礎自治体、すなわち市町村に相当する。自治体の自治は、自治体の行政がその住民の自治に基づかなければならないことを明記する憲法によって保障されている。「県」（lääni）は国－「自治体」間の中間的自治単位ではなく、自身の議会をもたない国の地方行政単位であり、主として自治体の提供するサービスの監督にあたる。このような単層的自治制度は先進国にはあまり多くみられないが、フィンランドにおける自治体規模の小ささを考えると、日本のような二段階制では逆に効率性が失われる可能性も出てこよう。

自治体の平均人口は一万二七七二人であり、日本の市町村の平均が約七万人であるのに比較するときわめて小規模である。そもそもフィンランドは全人口でも約五三〇万人にとどまり、兵庫県と福岡県のあいだくらいの規模でしかない。ただし、自治体ごとに人口規模は大きく異なり、二〇〇〇人に満たない自治体が七六、二〇〇〇人以上六〇〇〇人未満の自治体が一六二を数え、小規模自治体が半数以上を占める。その一方で、約五七万人を抱えるヘルシンキを筆頭に六自治体で一〇万人を超えていることは、自治体格差の一因となっている（以上は二〇〇七年末の数値）。

地方における自治の歴史は、スウェーデン統治の時代以前にさかのぼる。現在のフィンランドにあたる地域では、ティングとよばれる集会に自由民が集まって、地域に関する政治的意思決定や慣習法に基づく裁判を行っていた。スウェーデンによる統治が始まり、フィンランドもキリスト教化されると、地域に関する意思決定の場は教会が開催する集会へと移された。地域の自治が教会から分離され、自治の主体として自治体が登場するのは、大公国時代もなかばの一八六五年のことである。市民による自治の特権が伝統的に認められていた「市」も、一八七三年には自治体制度に統合された。当時、自治体には農村自治体・市・両者の中間形態である市場町の三種類があり、それぞれ別個の法令を自治の根拠としていたが、一九四八年にはそれらを統合して自治体自治法が制定された。さらに自治体の三分類も一九七六年の同法改正で消滅し、「自治体」へと統一されている。なお、現在でも「市」と称する自治体が存在するが、これは自治体がこの呼称を任意に選択しているにすぎない。一九九五年には自治体自治法にかわって自治体法が制定され、自治はいっそうの深化をみたのである。

自治体は住民の福祉と地域の持続的発展を促進するために存在し、そのためのサービスを提供する責任を負う。法定のサービスは自治体に提供義務があり（基本サービス）、このほかに自治体の裁量で提供されるサービスがある。基本サービスについて、憲法上の権利の確保をともに義務づけられた国と自治体は、前者が法律の制定と補助金の支出を行い、後者がサービスを実施するという役割をそれぞれ担っている。自治体は、①教育・文化サービスおよび②福祉・保健衛生サービスの提供、③社会的インフラ整備の実施において責任を負う。そしてそのために、自治体の機関として議会、理事会、委員会がおかれ、そのもとで自治体職員が働いているのである。

自治体の意思決定機関は住民によって選出された議会である。議会は比例式の直接選挙で選出され、任期は四年である。定数は人口によって異なり、一三人（人口二〇〇〇人以下）から八五人（四〇万人超）とされている。選挙権および住民投票での投票権（以下、選挙権）は、フィンランド・EU加盟国・ノルウェー・アイスランドの一八歳以上の国民であって、当該自治体に投票日の五一日以前から居住している者に与えられる。これらの国籍をもたないが二年以上国内に在住する外国人も、上記の居住要件を満たせば自治体議会での選挙権が認められる。国籍によらない「住民」の自治は、定住外国人への選挙権付与を明記した憲法でも追求されているが、具体的要件を定めた自治体法はいっそう広い層（たとえば留学生）の参加を求めているといえる。被選挙権も選挙権と同様の付与条件による。ただし自治体の監視を職務とする国家公務員や、自治体、自治体組合およびこれらの監督下にある法人・団体の管理職にある者にこれらの権利は認められない。これを裏返せば、日本とは異なり、自治体議員は国会議員を兼職できることになる。なお、直近の二〇〇四年選挙のデータによれば、投票率は五八・六％で日本とさほどかわらないが（二〇〇七年統一地方選挙における市区町村議会議員選挙で五三・四七％）、女性議員の比率は三六・四％できわめて高い（日本では二〇〇六年一二月現在で特別区議会二一・九％、市議会一〇・八％〔政令指定都市は一六・七％〕、町村議会六・九％）。

議会は自治体活動および財政の中心的目標のほか、予算および決算について議決を行う。定足数は三分の二と高く（日本の地方議会は半数、国会では実に三分の一）、議員の恒常的参加が求められている。議会は理事会、首長および各行政領域ごとに事務を行う委員会の構成員のすべてを任命するほか、会計年度ごとに自治体の事務・会計・決算の監査にあたる監査人（団）を選出するなど、強い人事権を握っている。

自治体における実際の行財政運営に責任を負うのは理事会である。理事会は、議会の議決を起案・執行し、合法性を監視する。首長は自治体を代表し、理事会の意思決定に最終的な責任をもつ。首長には自治体の常勤職である自治体代表と、有給の名誉職であり理事会の議長を兼任する市長の二種類があり、いずれを選択するかは議会に委ねられる。自治体代表に任期を付すか否かは議会の決定によるが、市長は選出時の議会の在任中を最長の任期とする。そして議会はその信任を失った首長を罷免できる。

ここで議員、市長、理事会と委員会の構成員が名誉職であることは注目に値する。市長を除けば基本的に無給であり、本来の職業との兼業が一般的である。とはいえ、議会への出席日当、交通費、ベビーシッター経費、合議体責任者への手当などが支給されるほか、出席による逸失収入は補塡される。そしてこれらの職を務める者が職務を遂行するために、休暇を与えることが勤務先の義務である点にさらに注目したい。こうした措置が「働く市民」としての政治参画を支えるのである。

第11章
フィンランドの地方自治

タンペレ市立中央図書館。図書館は自治体の重要な文化サービスである。
［提供：フィンランド政府観光局］

ところで、自治体の権限範囲が広くても、財政に関する自治が確保されていなければ、主体的に地域の実情に即したサービスを提供することはできない。フィンランドの地方財政では、自主財源の占める割合が高く、しかも補助金でも使途が特定されていない一般補助金が全体の九割を占めているため、柔軟な配分が可能である。しかしながら、個々の自治体の経済状況や人口規模・密度、世代別人口構成、僻地・島嶼部といった地理的要素、住民の使用言語の数などにより、確保できる自主財源の額とサービス提供に要する経費は自治体ごとに著しく異なっている。こうした格差を是正し、サービス水準の確保を図るという意味で補助金の重要性は小さくなく、分権化のなかにあっても、自治体のサービスによって実現される基本的権利の確保という義務を負った国は、そのための財源確保の責任を免れないのである。

国の支援によってもなお、財政上の困難を解消できない自治体——典型的なのは年次の査定で補助金が減った一方で経常費用は増加し、にもかかわらず増税幅がわずかにとどまった小規模自治体——は存在する。そこで事務の効率化と財政基盤の強化のための自治体合併や、日本の事務組合にあたる自治体連合によるサービス実施の効率化が進められている。時間と労力のかかる合併に較べ、自治体連合は手続が簡単で柔軟な対応が可能であるため、小規模の自治体であってもサービス提供義務による負担が大きいフィンランドでは、北欧諸国の中でもとりわけ積極的に活用されている。

国内の公的サービスのうち、実に三分の二が自治体の供給によるといわれるフィンランドは、「自治体国家」と呼ばれるほどである。なるほど、完全無欠の自治体制度などはもとより存在せず、フィンランドの制度も改善の余地を残すものではある。しかし、時代によって程度の差こそあれ、自治が強化されてゆく過程では常に、実質的意思決定を国の垂直的監督から独立させるだけでなく、それを住民の手で行うことが意識されてきた点は見落とされてはなるまい。自治体は「住民の共同体」である。分権の本質である自治の強化は、権限と財源の委譲に加え、住民による自治体統治の実質的な確保という意味においても、進められなければならないのである。

（遠藤美奈）

＊参考文献

山田眞知子「フィンランドの地方自治制度の現状と課題」『北方圏生活福祉研究所年報』一〇巻、二〇〇四年。
藪長千乃「フィンランドにおける地方制度改革への取組」『社会科学研究科紀要』別冊Vol10、二〇〇二年。

12

スウェーデン語系住民の地位

★ 二つの「国語」と言語への権利 ★

フィンランドの「国語」はフィンランド語とスウェーデン語である。二つの「国語」の存在と両言語の等しい地位はすでに一九一九年の統治章典に明記されており、二〇〇〇年憲法にも受けつがれた。首都ヘルシンキの中心部アレクサンドル通りを歩けば、その名前が街角に Aleksanterinkatu というフィンランド語と、Aleksandergatan というスウェーデン語の双方で表示されていることに気づくだろう。現在、この国の人口の九一・七％がフィンランド語を、五・五％がスウェーデン語を母語としており（二〇〇六年末）、二九万人を数えるスウェーデン語系住民は主としてフィンランド西部の沿岸地方および南部、そしてオーランド諸島に居住している。

多言語の共同体における言語の地位の強弱は、しばしば政治的影響力の強弱にそのまま反映される。フィンランドで言語問題が現在のように安定した状態になったのは、第二次世界大戦後のことであった。

一二世紀から一八〇九年までのスウェーデン時代を通じて、裁判や行政におけるラテン語やカルマル連合時代のデンマーク語使用を除けば、公式の言語はスウェーデン語であった。一方、東部スウェーデンの一地方であったフィンランドでは、一六世紀ごろからフィンランド語への関心が高まり、法令言語や議会・大学でフィンランド語の用いられる場面が見られるようになる。さらに一七世紀後半になると、フィンランド語系住民の人口も目立って増加し始めた。しかしこれらは、スウェーデン全体から見れば小さな変化でしかなかった。ところがフィンランドがロシアに割譲されると、スウェーデン語は使用人口のうえで少数言語に転じる。フィンランド割譲前のスウェーデンにおけるフィンランド語系住民の割合は全体の約二二％にすぎなかったが、スウェーデンから切り離された「フィンランド大公国」では八七％にまで達し、一転して圧倒的多数派となったのである。けれどもそれは数の上の話であって、政治エリートたちがスウェーデン語を用いる状況は一八九〇年代まで続いた。その間、フィンランド語は学校教育や教会活動、フィンランド語による法令の発布などを通じて徐々に公的な使用実績が重ねられ、曲折を経て一九〇二年には、公用語としてスウェーデン語と平等の地位を獲得した。言語の平等は、数的には多数派でありながら、それにふさわしい地位が与えられていなかったフィンランド語によって獲得されたものだったのである。そしてその平等は今日、スウェーデン語系住民の言語上の利益の確保に大きな役割を果たしている。

「スウェーデン語系フィンランド人」としてのアイデンティティは、一九世紀後半、ロシアの統治下でわき起こったフィンランドの民族運動がフィンランド語をよりどころとしたことに対抗して形成されたものである。とはいえそれは、一時期にみられたように自らを「フィンランドにおけるスウェーデン民族」と位置づけるのではなく、「スウェーデン語を用いるフィンランド人」とする見方に帰着した。憲法における「国語」という用語は、公的機関の使用言語である「公用語」を意味するにとどまらず、「フィンランド人が用いる言語」という象徴的な意味をも含んでいるのである。

こうした歴史を受けて憲法は、自らの言語――スウェーデン語またはフィンランド語――を裁判所その他の公的機関で用い、公文書をその言語で受領する権利を定め、それぞれの言語を用いる人々の文化的・社会的ニーズに対する平等な配慮を公権力に義務づけている。これらの権利義務を具体化する中心的な法律が言語法（一九二二年制定、二〇〇三年に全面改正）である。また憲法には、先住民族のサーミ人とロマ（ジプシー）のほか、移民を含む民族的諸集団の自言語と文化を維持・発展させる権利に加え、手話使用者および障害のために通訳・翻訳サービスを必要とする者の権利が明記されており、これらに基づく法整備がフィンランドにおける言語への権利の保障を手厚いものにしている。ちなみに、フィンランドのＥＵ加盟に際しては、国の多数派言語を公用語とする

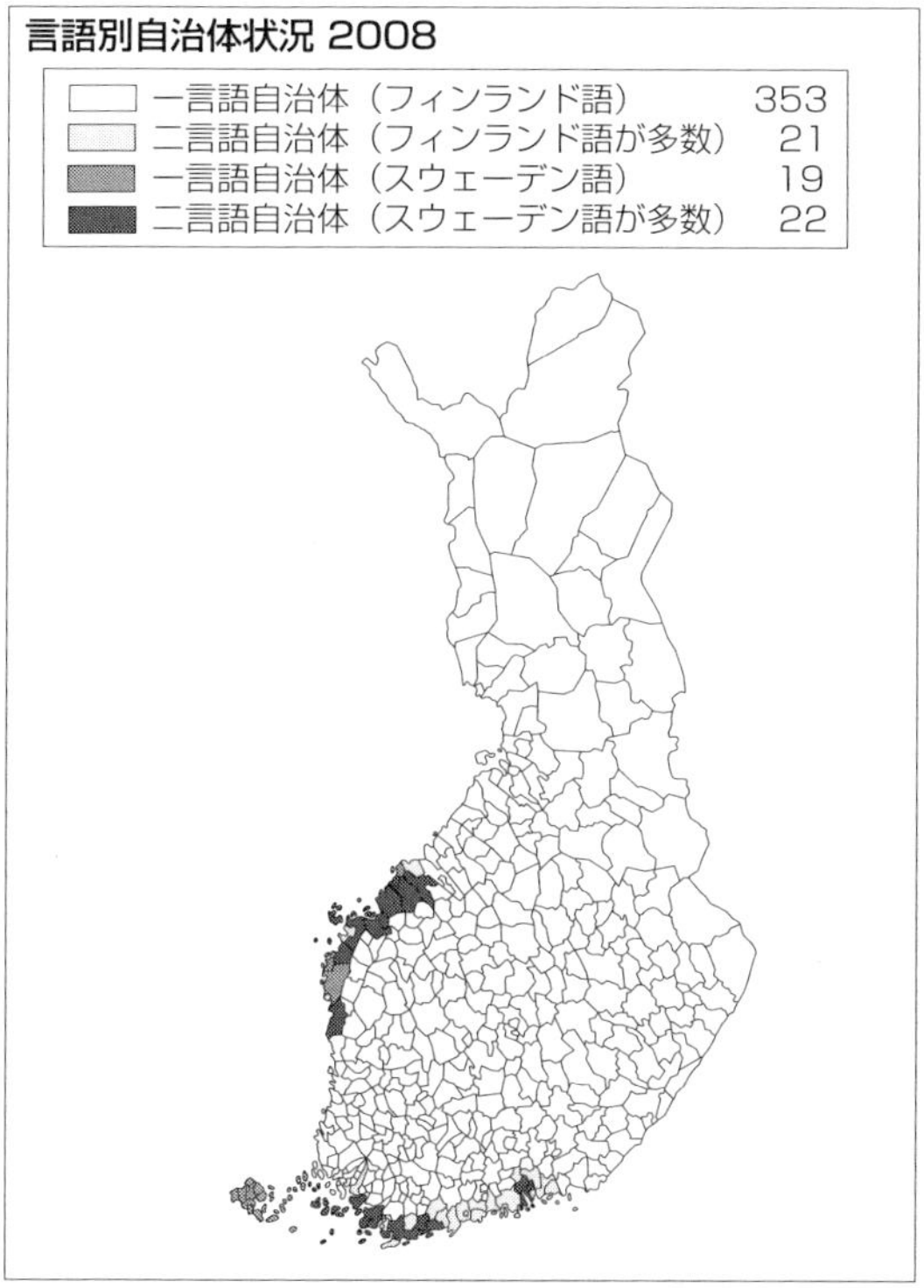

出典：自治体協会（http://www.kunnat.net/）

EUの方針によってフィンランド語がEUの公用語となったが、スウェーデンもEUに同時加盟したことからスウェーデン語もEUの公用語となったため、EUレベルでもスウェーデン語系住民が不利益を被ることはない。

言語法は自治体で使用される言語の実態に着目して、自治体を二言語自治体と一言語自治体に区分し、二つの国語のうち使用者の少ない言語を使用する住民が人口の八％または三〇〇〇人を上回る自治体を二言語自治体としている（一〇年ごとに見直し）。そして二言語自治体、中央省庁、また管轄に二言語自治体か二種類の一言語自治体を含む国の機関や自治体連合は二言語公的機関とされる。二言語機関の言語に関する義務は一言語機関よりも重く、サービスを二言語で提供するだけでなく、サービスを二言語で実施していることを広く周知しなければならない。このようにして公的機関の活動における二言語性が可視化されることの意義は、二つの国語が平等で、いずれも維持されるに値するというメッセージが発せられる点にある。それはとりわけ多数言語が母語ではない住民のアイデンティティと自己理解を強める役割を果たし、社会に受容されているという実感を支える。またこのことは、実際の行政での諸手続においても、用務の円滑な処理を促進し、ことばの理解が不十分であることから生じる誤りや誤解を減らすことにつながっている。

言語法が二言語機関に二つの国語のうち住民が選んだ言語によるサービスの提供を義務づけたことは、機関の職員が自分の言語能力を理由にして住民に言語を変更するよう要求できないことを意味する。しかもこの義務は行政の窓口サービスだけでなく、裁判のほか自治体の責任で提供されている医療や義務教育にも及ぶ。そのため専門職の養成においても言語への配慮が必要となる。たとえば、一九三〇年代までフィンランド語による授業の確保をめぐって断続的に言語闘争がくり広げられたヘルシンキ大学にも、スウェーデン語による教授が国内では同大学でしか行われていない専門領域については、国の必要のために十分な数の、高いスウェーデン語能力をもつ者を養成するよう配慮することが法律で義務づけられている。同大学が医学部と法学部の入試で数名のスウェーデン語枠を設け、フィンランド語系の受験生よりも低い得点での合格を認めているのは、スウェーデン語で職務を遂行できる医師と法曹を確保するためなのである。こうしたスウェーデン語枠の設定は不平等との強い非難を浴びたが、国民の平等な取り扱いとスウェーデン語系住民の文化的社会的ニーズの充足に不可欠であることを理由に、憲法には反しないとされた。

政治の場面に目を向ければ、国会など二言語機関における選挙は二言語で広報され、他方で国会・自治体議会の議員および閣僚は自らの母語による発言や文書提出が保障されている。スウェーデン語系住民の利益をとくに重視する政党としてはスウェーデン人民党（Svenska folkpartiet i Finland）が、政党横断的な利益団体としてはスウェーデン語系フィンランド人協議会（Svenska Finlands folkting）がある。さらに、公共放送ではスウェーデン語枠が確保されているほか、国軍にはスウェーデン語部隊が、国教会にはスウェーデン語系住民の教区がある。

言語問題が落ち着きをみせた今日も、戦後以来のスウェーデン語系人口の減少傾向は続いている。その原因は国内の、とくに都市への人口移動によってスウェーデン語多数の自治体がフィンランド語多数自治体に変化していることや、異母語間結婚の増加、スウェーデンへの大量移民などが挙げられる。また実際にも、七〇年代ごろまでは異母語間結婚で生まれた子供の六〇％がフィンランド語系と

ルシア祭でろうそくの冠をつけた聖ルシア。
［提供：フィンランド大使館］

して届け出られていた。しかしそれ以降は、バイリンガルであることをメリットであるとする見方も強くなり、配偶者のいずれかの母語を家族の日常言語とするのではなく、両者がそれぞれの母語を変えずに生活する、文字どおりの二言語家族が増加するという現象も見られる。現在では、異母語間結婚で生まれた子どもの六〇％が逆にスウェーデン語系として届けられているだけでなく、子どもにスウェーデン語系の学校で義務教育を受けさせるフィンランド語系家族も増えているという。自らの母語でない国語の習得は、義務教育として一九六四年からカリキュラムに組み込まれはじめ、一九七二－七七年の義務教育改革では必修化されて、二言語国家――サーミ語、ロマニ、手話を含めれば複数言語国家――であるフィンランドの一つの柱となっている。

スウェーデン語系住民はオーランドを除いて一般に、フィンランド語系住民との日常的な接触のなかで暮らしており、両者の職業分布や社会階層上の違いはそう大きくない。もっとも、スウェーデン語系住民の日（一一月六日＝グスタヴ二世アドルフの逝去日）やルシア祭（一二月一三日）など、フィンランド語系とは異なる独自の文化的伝統も存在する。また、フィンランド語系住民に比べて人間関係が密であり、そのことが相対的に低い失業率や長い平均余命を可能にする要因の一つになっているとの指摘もある。スウェーデン語系住民はこれからも、スウェーデン語を用い、その文化のなかに身をおくことで自らのアイデンティティを確認しつつ、複数の言語と文化からなるフィンランドの「豊かさ」を、フィンランド語系住民と共有し、分かち合ってゆくのであろう。

（遠藤美奈）

＊参考文献

吉田欣吾「フィンランドにおける言語と統合――フィンランド語とスウェーデン語によるフィンランド」岡澤憲芙・村井誠人編『北欧世界のことばと文化』成文堂、二〇〇七年。

吉村博明「フィンランド・スウェーデン人とは?」百瀬宏・村井誠人監修『北欧』新潮社、一九九六年。

The Swedish Assembly of Finland, Swedish in Finland.（パンフレット，http://www.folktinget.fi/pdf/publikationer/ SwedishInF.pdf)

Pauliina Tallroth, "Kielelliset oikeudet osana perusoikeusjä rjestelmä ä — uusi kielilaki perustuslain nä kö kulmasta", *Oikeustiede-Jurisprudentia* 2004, s. 511-545.

Kielilakikomitea, *Kansalliskielten historiallinen, kulttuurinen ja sosiologinen tausta — Nationalsprå kens historiska, kulturella och sociologiska bakgrund*, Työ ryhmä muistio 2000.（http://www.om.fi/uploads/zye6d9qeom5.pdf)

13

非武装と自治の島々

★ オーランド諸島 ★

オーランド諸島はフィンランド南西部のボスニア湾とバルト海の間に位置し、六五〇〇を超える島々からなる。二〇〇七年末で二万七一五三人が居住しているこの地域は、美しい島嶼地方であると同時に、非武装地帯でもあり、しかも一つの「県」としてフィンランドに属しながら、その主権は限定的にしか及ばない強い自治が保障されているという特色をもつ。

オーランド諸島もかつてはフィンランドの一地方として、スウェーデン王国に帰属していた。しかしこの地域は、スカンディナヴィア半島にあるフィンランドの他の地域からは地理的に隔絶され、人口のほとんどがスウェーデン語を母語としていたことで、歴史的に特異な地位にあった。一八〇九年、ロシアとの戦争で敗北したスウェーデンがフィンランドをロシアに割譲したため、オーランド諸島もフィンランド大公国の一部としてロシア領になる。ロシアは列強間の争いに備えてオーランド地方最大の島であるオーランド島の東部に巨大な要塞を建築したが、クリミア戦争で敗北し、要塞も英仏の艦隊によって破壊された。一八五六年のパリ講和条約で、国境地帯にあたるオーランド諸島の要塞化は禁止され、ここにオーランドの非武装地帯化がはじめて国際的に保障されることになったのである。しかし第一次世界大戦がはじまると、ロシアは条約に反してふたたび要塞を建設した。

大戦末期の政治的混乱のなか、フィンランド本土ではロシアからの独立の機運が高まっていた。それと並行するように、オーランド地方にもフィンランドからの分離とスウェーデンへの再帰属を求める運動が起こる。フィンランドが独立を宣言する直前の一九一七年には、スウェーデン国王に対してオーランドの代表がスウェーデンへの統合を求める請願を提出するにいたった。こうした分離の動きを阻止するため、独立フィンランドの国会は一九二〇年、広範な自治権をオーランドに付与するオーランド自治法を可決成立させた。ところがオーランドはこの法律を施行しようとはせず、逆にオーランド地方の帰属を決定するための島民投票を実施できるよう、スウェーデン政府に支援を依頼したのだった。これによって両国間の緊張が著しく高まったため、スウェーデン政府は設立まもない国際連盟にオーランド問題についての裁定を付託し、フィンランドもこれに同意した。

一九二一年、国際連盟はフィンランドにオーランド地方への主権を認め、その条件としてさらなる自治の確約を求めた。すなわち、一九二〇年のオーランド自治法は不十分であり、島民の言語的・文化的特質の保護、スウェーデン語による教育、不動産取得の島民への限定、オーランドへの移入者に対する地方参政権付与の制限、オーランドにおいてフィンランド共和国を代表する知事の任命への島民の同意などを制度化することが提案されたのである。これらはフィンランドとスウェーデンの両国政府による具体化作業を経て、国際連盟の承認を得たのち、一九二二年にフィンランドの国内法として成立した。このいわゆる自治確約法によって、オーランドの自治は確立することになった。また、ロシアが大戦中に建設した要塞も一九一九年には取り壊される。そして一九二一年、オーランド諸島の非要塞化および中立化に関する条約がジュネーヴで締結され、この地域の非軍事化が再び国際的に保障されたのである。

今日ではオーランド自治法（一九九一年）およびオーランド不動産取得法（一九七五年）が自治の基礎を定める法律である。これらは共和国憲法の改正手続による承認と、さらにオーランド議会による承認がなければ改廃できず、憲法と同等の地位にあるとされる。そしてその内容は二つの柱からなる。

一つはスウェーデン語とスウェーデン語文化の保護である。オーランド地方におけるスウェーデン語とその文化に対する保護は、二つの国語を平等に扱う言語法の保障範囲よりも手厚い。オーランド自治法は公的機関の使用言語をスウェーデン語とし、スウェーデン語による公教育の実施を定めている。また、居住権のない者による不動産の所有・占有および経済活動は制限されている。その目的は、従来からの居住者の経済活動を保護するだけでなく、他言語人口の流入を制限することでこの地域の一言語性を可能なかぎり維持するところにあった。新来者の居住権は、一定年数の居住とスウェーデン語能力を要件として認められる。スウェーデン語系住民の数はフィンランド全体で減少の一途をたどっており、自治法は、他地域と同じように地域言語のフィンランド語化が起こらないよう配慮したものといえる。なお、オーランドが非武装地域であることから、居住権を持つ者には憲法が定める良心的兵役拒否への権利とは別に、兵役にかえてオーランド地方政府の運営する水先案内や灯台業務その他の非軍事的役務につくことが認められている。

もう一つは、国の権限の大幅な委譲である。オーランドには、たんなる地方分権を超えた、フィン

多島海をゆく船舶。海運はオーランドの最も重要な産業である。[提供：フィンランド政府観光局]

ランドからの分離を思いとどまるほど強い自治が必要であった。その結果、行財政だけでなく、立法権限も国から委譲されることとなった。地方税、警察・消防、市町村に相当する自治体の行政、運輸・郵便、放送、教育・文化活動、福祉・保健、環境などについて、オーランド地方議会はほぼ独立した立法権を有し、国とは別に地方法律を制定している。ただし共和国大統領は、地方法律がオーランド地方に付与された立法管轄の範囲を逸脱するか、共和国内外の安全にかかわる内容をもつ場合にかぎり、最高裁判所の意見を聴いたうえで、地方法律の一部ないし全部の無効を宣言できる。国から独立した立法権限をもつことで、オーランドではテレビ・ラジオ放送が国から独立して行われ、独自の切手が発行されている。また、一九五三年には地方旗も制定された。

オーランド地方議会は、自治に関する事柄について諸島民を代表する機関であり、立法権のほか財政

オーランドの地方旗。
［提供：オーランド観光局、撮影：Peter Karlsson］

統括権など多くの重要な権限をもつ。比例方式の直接選挙で選出され、定数は三〇、任期は四年である。なお、国会の議席にも島民枠があり、選出された議員はオーランドの利益に注意を払っている。

オーランド地方の内閣にあたるオーランド地方政府はオーランド地方議会の任命による。オーランドの行政を担う地方政府は、最大八名の閣僚からなり、閣僚中の首席たる政府代表が閣議を主宰する。「県」としてのオーランドにも知事職が置かれているが、これは大統領の任命する国の代表機関であり、諸島の自治にはかかわらない。議会の解散権は政府代表でも知事でもなく共和国大統領が有し、オーランド議会議長の意見を聴いたうえで行使される。このほか、地方法律の制定や国―オーランド地方間の管轄問題について両者を調整する機関として、オーランド代表団がある。代表団は、共和国政府とオーランド地方議会がそれぞれ二名ずつ選出した代表から構成され、知事ないし大統領の任命する者が議長を務める。

オーランドの自治は財政面からも裏づけられている。地方法律に基づいて定められる諸島内各自治体の地方税率（二〇〇四年は一六・五六％）は他自治体と大差ないが、自治に要する支出を補塡するため、オーランド自治法にもとづき財政調整金が交付される点が大きな特徴といえる。調整金の額は、国―オーランド地方間の事務配分の変動で後者の支出が変化しないかぎり、借入金を除く国の歳入の〇・四五％に固定されている。また、オーランド地方において徴収された国税たる所得税および固定資産税の総額が、国におけるこれらの総額の〇・五％を超えた場合、超過額はオーランドへ還付される。その結果、オーランド地方における住民一人あたりの国家支出はフィンランド最大の額となっている（二〇〇四年で九六七三ユーロ。二位のカイヌー地方は七七九九ユーロ）。

フィンランドのＥＵ加盟においてもオーランドは自治を貫いている。加盟の是非を問う島民投票は国民投票と別に実施され、加盟に対する島民の積極姿勢が確認されたのち、自治法に基づいてオーランド議会が加盟を承認した。ところがオーランドは、フィンランドが批准しているＥＵの関税同盟に関する選択議定書から離脱しているため、関税については非加盟国に準じた扱いとなり、ＥＵ加盟国との水上輸送では免税品の販売が可能になっている。

オーランドでも他地域のスウェーデン語系住民同様、夏至祭には飾り柱を立てる。
［提供：オーランド観光局、撮影：Annica Jansson］

オーランドをめぐる問題は、この島々の地理的位置のゆえにつねに国際化されてきた。オーランドの状況に絶えず目を光らせる列強の軍事的思惑がなければ、現在のような強力な自治権が実現することはなかったとまでいわれる。オーランドの存在を考慮すれば、フィンランドを連邦国家とさえよぶこともできよう。自治が獲得されてから八六年が経過するなかで、フィンランドはヨーロッパへの指向を強め、かつてはソ連への配慮から自制していたＮＡＴＯとの協力関係も深まりつつある。このことが非武装地帯としてのオーランドにどのような影響を及ぼすかはいまだ明らかではない。しかし環境が変化しても、オーランドにおける自治の達成プロセスと内容が、一国内における言語的・文化的マイノリティ集団の問題を解決する一つのモデルとして重要性をもつことはかわらないであろう。オーランドで積み重ねられる自治の実践は、これからも世界のマイノリティ問題に示唆を与え続けてくれるにちがいない。

（遠藤美奈）

＊参考文献

吉村博明「フィンランドの自治領　オーランドの特殊性とは?」百瀬宏・村井誠人監修『北欧』新潮社、一九九六年。

Antero Jyränki, *Ahvenanmaan valtio-oikeudellisesta asemasta / om Ålands statsrättsliga ställning*, oikeusministeriön lainvalmisteluosaston julkaisu 1/2000.

Åland in brief（オーランド政府とオーランド地方議会による紹介ページ、http://www.aland.ax/alandinbrief/）

14

先住民・サーミの人々

★現在の暮らしとその地位・言語的権利★

一般にラップランドとして親しまれている北欧の地域には、以前は「ラップ人」という名称で知られていたサーミの人々が主として暮らしている。サーミ人（北サーミ語「サプメラシュ」：sápmelaš）とは、ノルウェー、スウェーデン、フィンランドの北欧三国とロシアを含めた四国にまたがって居住する先住民族である。

近代までの彼らの伝統的な居住領域は、スカンディナヴィア半島の中部から北部丘陵地帯を通じてロシアのコラ半島東端にかけて広がる地域であった。こうした広大な領域において、〝国境のない民〟であったサーミ民族は自然資源を活用しながら独自の社会や文化を築きつつ、近隣諸民族とも交易などの形で古くから接触してきた。

サーミ人の伝統的な生業は手工芸や狩猟・漁業（内水）・トナカイ飼育や放牧などであり、かつては山岳サーミ、海サーミ、河川・湖サーミや森林サーミなど、居住環境や生業によって区分される生活様式をそれぞれ有していた。とくに森林サーミは、サーミの伝統的な共同体である「シータ」とよばれる社会組織をもっとも保持してきたといわれている。

サーミ諸語の地域的分布

①南サーミ　⑥イナリ・サーミ
②ウメ・サーミ　⑦スコルト・サーミ
③ピテ・サーミ　⑧アッカラ・サーミ
④ルレ・サーミ　⑨キルディン・サーミ
⑤北サーミ　⑩テル・サーミ

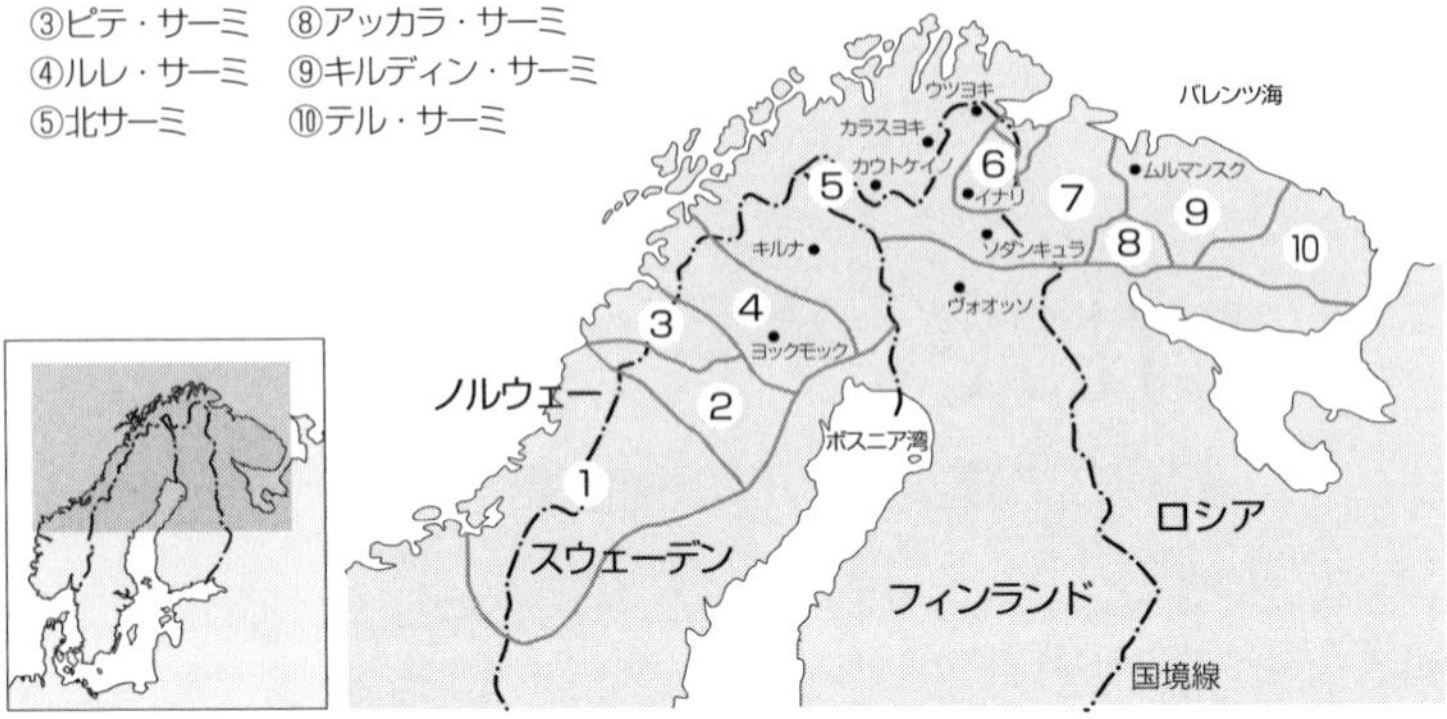

出典：Samuli Aikio, Ulla Aikio-Pouskari & Johannes Helander. *The Saami cuture in Finland*, Helsinki,1994.

ところでサーミといえば、定住せずに移動テント暮らしのトナカイ遊牧民、という昔ながらのイメージで捉えられることが一般的に多いが、現在の暮らしではトナカイ飼育に従事する割合は実際には全体の一〇%にも満たず、また多くは第三次産業（サービス業など）との兼業など、ごく普通のサラリー生活を送っている。それにスウェーデンやノルウェーとは異なり、フィンランドではトナカイ放牧はサーミ人だけの特権ではなく、フィンランド人も従事できる業種である。

これまでサーミの中では、そうしたサーミ民族＝トナカイ遊牧民といったステロタイプな見方をされることを疎む傾向があったが、しかし近年は実用工芸やツーリズム、メディア・音楽関連といった業種への進出もサーミの間で活発化し、業種自体もさらに多様化しているなかで、むしろサーミ文化の継承発展、サーミ社会への帰属意識や民族アイデンティティを強めるシンボル的な役割として、トナカイ飼

5月に生まれた子どもトナカイに耳印をつける作業（7月）。投げ縄でトナカイをつかまえる。
[撮影：山川亜古]

育を含めた従来の伝統的生業に対する再認識・再評価がサーミの間でも高まってきている。

サーミはその数が概算で七万人から一〇万人ともいわれ、国別ではノルウェーに約四－五万人、スウェーデンに二万人前後、ロシアに約二〇〇〇人、フィンランドに約七五〇〇人とされている。ただサーミ人としての申告が本人の自由意志であるため、正確な総人口を知ることは難しい。現在、北欧三国における公式なサーミ人の定義は、自己申告以外に少なくとも祖父母のうち一人が家庭でサーミ語を使用していたことが統計上の基準になっている。北欧各国ではサーミの人々がコアに住む伝統的な地域を「サーミ地域」（北サーミ語：Sápmi）と呼び、特定の行政区や自治体が法で定義されている。フィンランドでは三つの自治体と一つの自治体北部（トナカイ飼育共同組合区域）がそれに定められている。とはいえ、これら自治体のうちサーミ人がその住人数で多数派なのはウツヨキのみである。実際七五〇〇人のうち

スコルト・サーミの伝統工芸。手前は女性用の服飾品（帽子）など。
［撮影：山川亜古］

半数以上がサーミ地域の外に暮らしており、南部や都市部への人口流出によりサーミ地域の過疎化が進んでいるのが現状である。

　サーミ民族の母語であるサーミ語はフィンランド語と同じフィン・ウゴル諸語に属している。サーミ全体の半数弱がサーミ語を話すとされ、フィンランドでは約四〇〇〇人である。サーミ語は大きく九ないし一〇の方言に区分され、このうち北サーミ語が最大の話者グループを構成しており、北欧三国で使用されている。フィンランドのサーミは言語的に三つのグループ、すなわちイナリ・サーミ語、スコルト・サーミ語、北サーミ語話者集団に分けられる。イナリ・サーミ語はフィンランド国内でのみ話されている。イナリ・サーミ語とスコルト・サーミ語の話者人口は五〇〇人程度とサーミ諸語の中でも話者数が少なく、その存続や次世代への継承がとくに課題となっている。

　現在サーミの人々は、国内では唯一の先住民族としての立場と権利をフィンランドの憲法で保障されている。一九九五年八月に部分改正された憲法においてはじめて、サーミは先住民族として自分たちの言語と文化を保持・発展させる権利を持つとされ、自分たちの言語を公的に使用する権利を法で定められた。一九九六年には文化自治も保障され、その実現と発展のために、サーミ民族としてのまとまった意思決定を政府に表明する機関である「サーミ議会」（前身は一九七四年に成立）がその関連で再整備されて憲法上で規定されている。

　またサーミ語の地位にとって画期的な出来事は、いわゆるサーミ語法が一九九二年に施行されたことであった。それによりサーミ語は、「サーミ地域」内では公用語として承認され、裁判所や行政サービスなど公的機関でのサーミ語使用の権利が保証されるようになった（その後、国際法との関連で不十分な点を改正した新しい「サーミ語法」が二〇〇四年に施行されている）。現在サーミ語も、スウェーデン語、ロマ語および手話とあわせてフィンランド国内の少数言語として憲法で認められている。

イナリにあるイナリ・サーミの「言葉の巣」(language nest)。
就学前児童を預かり、母語の活性化を図る試み。
［撮影：山川亜古］

　こうした憲法レベルでの明言と権利の認知は、サーミの社会的な地位の前進につながるものとしてサーミ側からも評価されている。対外的には一九九五年にEU加盟の際、欧州地域語少数言語憲章を批准したことからも、フィンランドの少数民族・言語政策に対する方向性がはっきりしたといえる。

このように、サーミが民族としての権利と立ち位置をフィンランド国家の中で得られるようになってきたのも、ようやく一九九〇年代になってからといえる。

それ以前の時代には、一九世紀当時ヨーロッパに特徴的であった、近代国家の創出には国内に言語的、文化的に均質な空間を作るべき、といった思潮が多数派への同化の圧力として強まっていた。それは伝統的なサーミの生活様式や独自の文化を否定するものであり、とくに言語に対する政策にそのことが強く現れ、学校教育の中でのサーミ語も排除された。その結果、民族としての存続の危機を招くと同時に、サーミ自身も自分たちの文化や母語に対する価値を見出せなくなってしまった。そうした流れは第二次大戦後まで続いていたが、戦後の民主化や人権に対する意識の芽生えの中でサーミ自身も民族覚醒（サーミ・ルネッサンスとも呼ばれる）を迎え、一九七〇年代には、いわゆるサーミ（民族）運動として文芸活動や文化振興や政治的な組織活動などが行われていった。

学校教育におけるサーミ語の使用状況に関しても七〇年代以降から段階的に改善し、現在ではサーミ地域では保育レベルから成人・高等教育までサーミ語を使用する環境がある。義務教育でもサーミ語で授業を受けることが可能であり、サーミ地域外の子供たちも、一定数集まればサーミ語教育を受ける権利が保障されている。

こうした母語を使用する環境の拡充はサーミの社会的地位の向上に、またメンタル的な支えとしても大きな役割を果たすことであろう。今後の課題としては、サーミ語教育に従事する母語教員の養成や、サーミ文化の特性などに配慮した教材や学習指導の作成などが挙げられる。

このように、近年の北欧・フィンランドが多文化性を国家の富として積極的に肯定していく路線を貫くなか、独自の伝統文化をもった先住民としての法的地位の強化は順調に行われてきているが、今後は先住民としての土地や水域に対する所有権をサーミが将来的に認められるかどうかといった課題もある。さらなる上のステージにあがるために、今後も国家との対話を続けていくことになるであろう。

（山川亜古）

＊参考文献

綾部恒雄監修、原聖、庄司博史編『講座　世界の先住民族――ファースト・ピープルズの現在ー06ヨーロッパ』明石書店、二〇〇五年。
庄司良信・中嶋博編著『フィンランドに学ぶ教育と学力』明石書店、二〇〇五年。
John Trygve Solbakk（ed.）, *The Sá mi People – A Handbook*, Davvi Girji OS, 2006.
Samuli Aikio, Ulla Aikio-Puoskari, Johannes Helander, *The Sami Culture in Finland*. Lapin Sivistysseura, 1994.
Veli-Pekka Lehtola, *Saamelaiset – Historia, Yhteiskunta, Taide*, Kustannus-Puntsi, 1997.

15

フィンランドの政党

★ フィンランドの政党政治が歩んだ道 ★

日本におけるフィンランドの政治に対する印象としては、「クリーン」「女性の活躍」といった用語が浮かぶであろう。そのような印象の背景には、二つの統計が発表されたからではないだろうか。一つは、NGO団体のトランスペアレンシー・インターナショナルが発表した二〇〇六年度の世界の政治に関する腐敗認識指数で、汚職度が少ない国にアイスランド、ニュージーランドと並んでフィンランドの名前がトップに挙げられている。二つ目は、世界経済フォーラムが発表した同年度の世界の男女格差報告で、フィンランドは、スウェーデン、ノルウェーについで、三位に位置づけられている。このようにして、世界の統計から、フィンランドの政治がクリーンで女性が活躍する土壌があるということが証明されている。

フィンランドは一院制議会、非拘束名簿式、比例代表制を採用している。一五の選挙区から二〇〇名が選出され、任期は四年である。一八歳以上の男女が選挙権を有している。大統領は直接選挙で選任され、任期は六年である。大統領の権限は外交から軍事にわたるまで広範囲であったが、二〇〇〇年三月に発効された新憲法によりその権限が制限され、大統領は議会立法を差し戻すことができるが、最終決定権は議会にゆだねられることとなった。

フィンランドの議会政治の歴史は、独立以前のロシア帝国統治時代である一八六三年に、身分制議会がポルヴォーに召集され、セナーッティと呼ばれる議会機能が備わり、政党が結成された時期までさかのぼることができる。

議会では、ブルジョア階層を基盤とするフィン人党（フェンノマン）が結成され、スウェーデン語系住民を支持母体とするスウェーデン語使用人民党、農民を支持基盤とする農民同盟が結成された。フィン人党は、一八九〇年代の「ロシア化」政策への対応をめぐって、青年フィン人党と老フィン人党へと分裂した。一八九九年に工業化の進展に伴い発生した、労働者階級を支持母体としたフィンランド労働党が結成された。フィンランド労働党は一九〇三年にフィンランド社会民主党と名称を変更している。一九〇六年には身分制議会が廃止され、一九〇七年に一院制議会が開催され、ヨーロッパで初めて女性参政権が認められた。

一九一七年一二月六日に独立宣言をしたフィンランドでは、一九一八年の内戦を経て独立フィンランドとして新たな政治体制が整えられた。政党も改変され、青年フィン人党は国民進歩党、老フィン人党は国民連合党に改称、再編成された。

第二次世界大戦以前のフィンランド政党政治の特徴は、左派勢力の複雑さが挙げられよう。社会民主党が支持を集めていたことは他の北欧諸国の政党政治と同じ動きであったが、フィンランドの場合、内戦でブルジョア諸勢力を代表する白衛隊と労働者階級を代表する赤衛隊が衝突し、白衛隊が勝利したことで、内戦終了後、赤衛隊側にいたフィンランド社会民主党は崩壊寸前になった歴史がある。しかし、フィンランド社会民主党は議会活動を中心とする党の方針を打ち出し、新たな党を印象づけることで最大政党の地位までのぼりつめることとなった。しかし、一部の革命指導者らはロシア・カレリア（東カレリア）へ亡命し、その地でフィンランド共産党を名乗った。彼らは、フィンランド本国の社会民主党左派に働きかけ、一九二〇年に合法政党であるフィンランド社会主義労働党を結成した。このように、フィンランドでは二つの合法政党である共産党組織と一つの亡命組織で地下活動を行う組織が形成されたことに、第二次世界大戦前までのフィンランドの共産主義政党の特徴がある。

第二次世界大戦後、社会民主党、農民同盟、フィンランド人民民主同盟が主要政党となった。戦後、政党の再編成の動きが見られ、フィンランド共産党とフィンランド社会民主党左派はフィンランド人民民主同盟を結成した。その後、一九八七年に一部が分裂して左翼同盟を結成した（正式に結成したのは一九九〇年）。国民進歩党は、一九四八年にフィンランド人民党と自由民主党に分裂した。農民同盟は一九六二年に中央党と名称を変更するなど、政党改変が行われた。一九八八年には緑の同盟が結成された。少数政党としては、反ケッコネン路線を敷いた一部の農民同盟の党員らによって一九五九年に結成されたフィンランド農村党（一九九五年に解散後、一部の党員によって極右政党である「真正のフィンランド」が結成された）、宗教政党であるキリスト教民主党が一九五八年に結成された。また、一九四八年から自治州であるオーランドに一議席が確保されるようになった。

二〇〇八年四月現在では、社会民主党、中央党、右派政党の国民連合党がフィンランドの主要政党である。中央党は党の前身である農民同盟の流れを汲み、その支持基盤は農村などの地方にあるが、フィンランドの労働人口構成が変化し、農業に従事するフィンランド人が激減したため支持層を都市にまで拡大する路線をとり、他の党と競合する形となった。緑の同盟は、その歴史は浅いものの若者の高い支持を受け、着実に議席を伸ばしている。スウェーデン系フィンランド人を支持基盤とするスウェーデン語使用人民党は、連立政権の鍵となる政党としてその地位を築いている。

フィンランドの政党の特徴といえば多党制であり、単独政党による政権はごくまれにしか成立せず、歴史的に連立内閣が頻繁に結成されてきた。しかも、右派と左派が連立して政権を形成することも珍しくなかった。一九三七年に社会民主党と農民同盟が連帯したときには「赤緑政権」といったように、党のシンボルカラーで政権が名づけられることが多く、一九九五年のリッポネン政権で、社会民主党、国民連合党、スウェーデン語使用人民党、左翼同盟、緑の同盟の五党連立内閣が誕生したときには、政党の多さから「虹の連合」と呼ばれた。

フィンランド初の女性大統領であるタルヤ・ハロネン大統領。
President of the Republic of Finland Tarja Halonen's official photo 2006. Copyright © The Office of the President of the Republic of Finland, photographer: Irmeli Jung

また、フィンランド政治の特徴としては権限の強い大統領の存在が挙げられよう。他の北欧諸国の多く、すなわち、デンマーク、スウェーデン、ノルウェーが君主制を採用しているのに対し、北欧諸国の中で共和制を敷いている国はフィンランドとアイスランドだけである。アイスランドの場合、大統領は権利を有しているものの実際には議会が行政権を負うのに対し、フィンランドでは大統領は独自の権限を有しており、また実際に権限を行使してきた。フィンランドでは歴史的に政党政治が機能していたが、第二次世界大戦終結から「冷戦」期に活躍したウルホ・ケッコネン大統領に代表されるように、大統領の影響力は議会をしのぐほど強力であり、大統領は、外交、とくに対ソ連外交で大きな権限を行使してきた。しかし、先に触れたように、二〇〇〇年の憲法改正によって大統領の権限が制限され現在はその力が弱まってきているが、外交に関しては大統領の権限はいまだに影響力が強い。

また、政治の世界に女性が多いことがさきほどの統計からも明らかである。二〇〇八年四月現在、二期目を務めているタルヤ・ハロネン大統領は女性であり、二〇〇三年三月の総選挙で選出されたアンネリ・ヤーテンマキはスキャンダルで六月に辞任するまで、短いながらもフィンランド初の女性首相を務めた。さらに、二〇〇七年三月に行われた選挙では、二〇の大臣ポストのうち一二人もの女性大臣が誕生し、初めて男女の比率が逆転した。

この選挙では女性大臣の数も注目が集まったが、右派勢力である国民連合党が議席を四〇から五〇に増やし、第一党に躍り出たことが大きな話題となった。最大政党であった中央党は議席を減らしたが、国民連合党、さらに緑の連合とスウェーデン語使用人民党と連立を組み、「青緑」政権を誕生させた。議席を八つ減らし、第三党となった社会民主党は野に下った。

このような選挙結果の原因としては、社会民主党首のエーロ・ヘイナルオマのリーダーシップの欠如、選挙戦略の失敗や二〇〇三年の大統領選をハロネンと争った国民連合党のサウリ・ニーニストへの高い支持、フィンランドの経済が好調な中で今回の選挙の焦点となった税に対する国民の意識が変化したからというようなさまざまなことがいわれている。

「ヘルシンギン・サノマット」「カレヴァ」など新聞各社の論調は比較的おだやかで、たとえ「ブルジョア政権」(この呼び方はフィンランドないし、北欧諸国で慣用的に用いられている概念で、社会主義政党以外の政党すべてを指す。この呼び方は、北欧以外の諸外国において誤解を生みやすいので異論を唱える識者もいる)が誕生しても、フィンランド政治にはすぐに大きな変化はないとみている。たとえば、NATO加盟問題にしても、主要政党は選挙前からすでにNATOにすぐに加盟する予定はないと明言しており、同じく以前からハロネン大統領もNATOには加盟する予定はないと述べており、急速な外交路線の転換は起こらないであろう。将来的にNATO加盟問題が現実化する可能性はないとはいいきれないが、逆にNATOに加盟しない形でフィンランドは現在、NATOとの関係を構築している。たとえば、フィンランドは二〇〇三年に創設されたNATO即応部隊(NRF)へのポーランドでの演習に、二〇〇七年五月にスウェーデンとともに「平和のパートナー」として参加するなど、NATOとの協力を行っている。NATO即応部隊は、二〇〇五年から二〇〇六年に大地震が起こったパキスタンへ救援物資の輸送を行うなどの活動を行っており、世界での平和貢献を目指すフィンランド政府の外交路線に合致する部分が存在している。軍事同盟という創設当初の目的から、紛争解決やテロ対策へとNATOそのものの活動が変化するなかで、フィンランドが今後どのような形でNATOと関わっていくかは、新たなフィンランド政府が目指す平和外交路線と照らし合わせながら、みていく必要があろう。

(石野裕子)

16

EUとしてのフィンランド

★ 積極的EU外交と北欧の価値 ★

一九九五年一月一日にフィンランドは、EUの第四次拡大によってEU加盟を果たした。前年一〇月に行われたEU加盟の是非を問う国民投票では、賛成票が五六・九%にのぼり、同時期に国民投票を行ったスウェーデン、ノルウェーと較べてもっとも多い支持率であった。EU加盟後は、二〇〇二年一月から開始されたEU圏におけるユーロの流通で、北欧のEU加盟国であるデンマーク、スウェーデンが国内の反対に従って参加を見合わせたのに対して、フィンランドは他のEU加盟一二カ国とともにユーロ導入にふみ切った。現在フィンランドは、自国の通貨であったマルッカの使用をやめ、北欧の中で唯一ユーロが使える国となっている。また、反対が大きく発効を見合わせたEU憲法条約についても、二〇〇六年一二月にフィンランド国会は一二五対三九の大差で批准を決定し、EUでは二四カ国目、北欧でははじめての批准国となった。さらに、EU加盟後一〇年間で、フィンランド経済は大きく発展し、EU域内の輸出を一・五倍に、域外輸出を二倍にしている。

このようにフィンランドのEUとの主な関わりを見ていくと、EUに懐疑的な政策をとっている北欧諸国の中では例外的な、その積極的姿勢がめだつ。そして、フィンランドのＥＵへの強い支持は、「冷戦」期にソ連との関係のなかで西側諸国への接近が限定されていた同国が、その後のヨーロッパ再編のなかで「西側の一員」に返り咲いたことへの政府ならびに国民の歓迎の声として考えられてきた。しかし、ＥＵ加盟によって、フィンランドはこれまでの中立・平和、対露協調政策を捨て去り、他の北欧諸国とも袂を分かって、ＥＵの政策に全面的に追随する西側の一員になってしまったのだろうか。ここでは、ＥＵ加盟国としてのフィンランドの経済的問題、政策、世論を考えたい。

第一に、対外的経済関係において、ＥＵ加盟を契機にフィンランドがＥＵ諸国へのコミットメントを必ずしも強めたというわけではない。フィンランドの貿易相手国は「冷戦」期において、イギリス、西ドイツ、スウェーデンがソ連と並んで大きな位置を占めていたが、それはＥＵ加盟後も変わっておらず、また全体的にもＥＵ域外諸国への輸入伸び率の方が大きくなっている。ロシアとの貿易では、とくに一九九八年の金融危機以降のロシア経済改革とともにさまざまな合併会社やプロジェクトが生まれ、二〇〇五年にロシアは貿易相手国第一位となった。なかでも、ヘルシンキを中心に、ロシアのサンクトペテルブルク、エストニアの首都タリンを結ぶ三角地帯における「バルト経済圏」の勃興は、新たな経済的繁栄をもたらしている。さらに、ロシアのＥＵへの入り口に存する地理的位置を利用して、フィンランドは業務サービスの提供や輸送分野にも進出し、ロシア全体のＥＵへの輸出の約二五％がフィンランドを経由して運ばれ、ＥＵとソ連の経済的な架け橋となっている。

第二に、ＥＵ内でフィンランド政府が推進する政策には、従来どおりの対露友好、国際的な中立外交の姿勢が維持されている。一九九九年にフィンランドは、ロシアとチェチェンの紛争、ならびにＮ

ATOがコソボへの空爆を始めた時期の旧ユーゴ紛争において調停を行っている。なかでもロシアとチェチェンの紛争は、ロシアが一二月に最後通牒を送り緊迫した事態にあったが、当時議長国であったフィンランド政府は外務省内の「ロシア・チャンネル」を用いて粘り強くロシア側の説得にあたり、他方で対露強硬姿勢の強いEU諸国との間でも意見調整を図って、両者の合意形成に努め、事態を収拾させた。一九九九年三月から始まったコソボ和平では、まだEU議長国ではなかったものの、米露の後押しを受けてEU特使としてアハティサーリ大統領が調停にまわり、セルビア議会の和平案合意を導いて、NATO空爆の終結を図った。この二つの成功は、一つには、「冷戦」期に国際政治の悪化のなかで、緊張する対ソ関係を乗り切ってきたフィンランドの政治的経験に裏付けられたものであり、いま一つは、EU加盟国でありながら、NATOには加わらず、軍事的に第三国として信頼を得ることのできる立場にフィンランドがあったことを示している。

二回目の議長国となった二〇〇六年後期のEUの大きな課題は、憲法条約とトルコ加盟であり、この時期の決着はつかなかったが、フィンランド政府はEUの閣僚級会議の公開や環境問題、移民への対応などを含めた福祉政策、第三世界への援助の増大などで成果を挙げた。これらの政策は、北欧の他の加盟国が進めてきたものでもあり、その点でフィンランドも「北欧の価値の輸出」に貢献したといえるであろう。さらに、対露関係においてフィンランドは、一九九九年にはEUのロシア政策へと繋がる「ノーザン・ダイメンション」をEUのアクションプランとして採択することに成功し（第8章参照）、二〇〇六年にはそのさらなる強化と環境問題における包括的な対露協力の方針を打ち出し、EU拡大によって孤立しがちなロシアへの協力の原動力となった。

ノーザン・ダィメンションの地理的範囲

出典：http://ec.europa.eu/external_relations/ north_dim/#Introduction

第三に、ＥＵに対するフィンランド国民の姿勢の問題がある。一般にＥＵでは、憲法条約批准問題に顕著なように、統合の進展を望む政府とそれに対して懐疑的な国民世論という形で、エリートと国民の間に溝があり、それがＥＵの統合の進展にとって大きな障害を形成しているといわれる。統合推進に向けて積極的な政策をとるフィンランドでは、いうまでもなく他のＥＵ諸国、またはユーロ導入を見送った同じ北欧のデンマーク、スウェーデンと較べて、政府と国民の隔たりはさほど大きくない。しかし、その内実を検討してみると、独自の視点が存在しているように見える。

二〇〇六年にＥＵ加盟国内で実施された世論調査によると、フィンランド国民の九四％がその個人的生活に対して満足を示しており、それは九八％と加盟国内で一位の数字となったスウェーデンほどではないものの、加盟国全体で

2004年ヘルシンキ開催の北欧会議で掲げられたフィンランド、北欧会議、ＥＵの旗。［NN341; nordern.org］

第四位という高率であった。また経済分野でのＥＵへの評価は高く、ＥＵがフィンランド経済に与えた影響への肯定が五六％、否定が三九％、五九％がフィンランド企業は加盟によって国際競争力がついたと評価している。しかし、ＥＵ加盟を肯定する国民は三九％、否定は二三％、わからないが三八％という具合に、ＥＵ平均で肯定派が五三％いるのに対して、フィンランドの率は必ずしも上位ではなく、さらに、スウェーデンの肯定派四九％をすら下回っている。ＥＵ加盟によって自国が利益を得ているかという問いに対しては、四六％と四五％で肯定派がかろうじて上回っているにすぎず、ＥＵ平均の五六％よりも下にある。

ＥＵではなく、フィンランド政府が決定すべき政治的項目を聞く問いにおいて、回答比率の高い順に挙げると、年金（九二％）、教育（九〇％）、社会保障（八九％）、税金（八三％）、農業・漁業政策（八一％）となり、フィンランド社会の中心的政策に対するＥＵの介入を忌避する姿勢を、国民が抱いていることがわかる。すなわち、社会保障や教育などの分野での自国に対する評価は高いものの、それらは、ＥＵによって得られるものではなく、フィンランド独自の問題であると捉える国民が多いことが示される。他方で、ＥＵの政策として国民が積極的に肯定・支持するものは、世界平和（七二％）、環境保護（六〇％）、世界の貧困撲滅（四九％）であり、フィンランド国民がＥＵを自国の発展の契機として捉えているというよりも、むしろ国際的な問題解決のツールおよび窓口として理解していることがわかる。むろん、ＥＵが優先的に行うべき政策として、貧困と社会的排除の撲滅、ヨーロッパにおける平和・安全保障の維持、雇用の確保も挙げられ、自国またはヨーロッパの政治・経済・社会的安定への期待をＥＵが担っていないわけではない。しかし、それは限定されており、国民がＥＵに自国の活動を拡大する場として期待を寄せている点が、政府のＥＵを舞台にした国際的政策を支えているといえるだろう。

以上考えてきたように、ＥＵの一員としてのフィンランドは、その表面的な様相とは異なり、歴史的に培ってきたフィンランドの外交姿勢をいまだ内包している。とくに、世論のＥＵ評価は他の北欧諸国の延長線上にあり、必ずしもフィンランドが北欧のなかで異端であるとはいえないように思われる。しかし、ユーロ導入の際に、政府がこの問題を純粋に経済的・合理的政策として国民に提示し、国民の中には、左翼連合のような反対派がいたにもかかわらず、その導入は成功した。これは、スウェーデンやデンマークでこの問題が国家の主権侵害という大きな文脈で捉えられ、反対が多かったのとは対照的であり、フィンランド政府の舵取りの巧みさを現している。こうした冷静な状況判断の中に、フィンランド政治の特色が存在しているといえるのかもしれない。

（大島美穂）

17

フィンランド国防軍

★ フィンランド安全保障の要 ★

'Puolustusvoimat' 日本語に訳せば「国防軍」、これがフィンランドの軍隊の正式名称である。フィンランドは一九一七年一二月六日独立したが、スウェーデン時代、そしてロシア時代に編成されていたフィンランド軍は、すでに一九〇五年に廃止されており、当時フィンランドには独自の軍隊はなかった。しかし、当時国内には非公式な民兵組織として、ブルジョワ、農民層を中心とした白衛軍と労働者を中心とした赤衛軍が組織されていた。ロシア革命を背景とした両者の対立のなかで、フィンランドの初代大統領スヴィンフッヴドは、一九一八年一月七日、秩序維持のためのフィンランド軍を設立する法案を成立させた。そして一月一三日には、議会で白衛軍が公式に国軍として認められた。フィンランド軍の誕生である。

実際のフィンランド軍の編成にあたって、決定的な役割を果たしたのは、ロシアから帰国した、カール・グスタフ・エミール・マンネルヘイム将軍であった。軍事委員会委員長に任命されたマンネルヘイムは、フィンランド西南部のヴァーサで、新生フィンランド軍の編成を開始した。

内戦の勃発により、フィンランド軍の編成は、ロシア軍を武装解除し、赤衛軍の攻勢を支える戦闘をしながら行われることになった。兵員確保のため、二月一八日には旧ロシア時代の一八七八年徴兵法の効力が回復された。この法律では、解放地域の二一歳から四〇歳までの男性を、徴兵できることとされた。

参謀部は、ロシア帰りの将校、義勇参加したスウェーデン人将校、そしてドイツ軍に参加していたイエーガー隊員が加わった。装備は、白衛軍は貧弱な武器しかもっていなかったが、イエーガーが持ち帰った多数の武器に、内戦の渦中でロシア軍駐屯地から捕獲された大量の武器により大幅に強化された。

内戦末期にはフィンランド軍は、一二個白衛軍連隊、徴兵による六個軽歩兵連隊、一個騎兵連隊、一一個砲兵中隊、六個野戦通信部隊と志願兵による二個擲弾兵連隊、一個竜騎兵連隊、六個砲兵中隊まで拡大され、兵員数は約七万名、装備はライフル一五万七〇〇〇挺、機関銃三〇〇挺、軽砲四〇門にまで増大した。海軍、空軍も設立された。

内戦終結後、一九一九年二月新しい徴兵法が制定された。同じく一九一九年にはハミナに士官学校が設立され、一九二〇年からは動員に備えての予備役将校に対する教育も開始された。一九二四年にはヘルシンキに軍大学が設置され、一九二八年にはヴィープリに下士官に対する教育施設が設置された（後にトゥースラに移動）。

しかし、実際には一九二〇年代のフィンランド軍の発展は、きわめて緩慢なものであった。それは当時の世界的な平和主義、軍縮的風潮のなかで、フィンランドの政治家によって十分な国防予算が認められないからであった。ようやく軍備調達予算が認められるようになるのは、大恐慌後、ヨーロッ

列線に並んだフィンランド空軍の練習／攻撃機ホーク。
［撮影：斎木伸生］

パで戦雲高まる一九三〇年代に入ってからであった。

一九三〇年代には、新徴兵法が発効し、新型の戦車、戦闘機、爆撃機が導入されるが、フィンランドの国防力の充実に最も大きな影響を与えたのは、一九三四年五月一日に導入された新動員システムであった。動員システムは、フィンランドの軍事力の要であった。フィンランドは小国であり、平時に維持できる戦力も限られる。このため戦時の戦力の確保のためには、動員システムの確立が絶対必要であった。動員システムは独立戦争後すぐに導入されていたが、このシステムには大きな問題があった。それは動員と編成が各部隊の駐屯地で、全部隊を挙げて行われる点であった。つまり戦争が勃発した場合、フィンランド軍全軍が動員に忙殺されてしまうのである。

とくにフィンランドの場合、このシステムでは主たる脅威であるソ連から奇襲攻撃を受けた場合、もっとも重要なカレリア地峡への展開が遅れる可能性が強かった。動員の便だけでなく、同時に部隊の急速展開も可能なシステムを構築する必要があった。

新たなシステムは、多くの点でフィンランドの防衛能力を高めるものになった。その最大のポイントは、動員が地方組織によって行われることになった点であった。これによって平時の常備部隊は、すぐに敵を撃退するために、カレリア地峡に集中することができるようになった。

動員人員は三一万五〇〇〇名とされたが、これは当時のフィンランド全人口の実に八・六%にのぼった。動員後の兵力は九個師団、四個旅団、一個騎兵旅団、一五個独立大隊、七個自転車大隊その他となることが予定された。一九三九年一〇月、戦争の脅威が高まるなか、実際の動員はこの計画にしたがって遂行された。

第二次世界大戦で、フィンランドは二度にわたって、ソ連と戦った。一九三九年一一月―一九四〇年三月の冬戦争、一九四一年六月―一九四四年九月の継続戦争である。この戦争でフィンランド国防軍は、ソ連軍のフィンランド本土への進撃を阻止し、フィンランドの独立維持のために、決定的な役割を果たした。

第二次世界大戦でフィンランドは敗戦国となったものの、からくも独立は守られた。フィンランド軍は休戦協定に従い、一九四四年一二月初めには戦争中の五三万名から三万七〇〇〇名への縮小を実行した。一九四五年五月、政府は国防改革委員会を組織して、戦後の国防体制の検討を始め

フィンランド海軍の最新鋭ステルスミサイルコルヴェット「ハミナ」級。
［撮影：斎木伸生］

た。しかし、フィンランドはフィンランド国防軍を自由に建設することはできなかった。というのは、フィンランドは一九四七年に調印されたパリ講和条約によって、軍備に制限を課せられていたからである。そのなかでは、フィンランド軍の戦力は、陸軍は国境警備隊と対空砲兵を含めて三万四四〇〇名、海軍は人員四五〇〇名、総トン数一万トン、空軍は六〇機とすることが定められていた。これはフィンランド国防軍の能力にかなりの制限を加えるものであった。しかしフィンランド人はこうした制限にもかかわらず、断固としてその軍事力を保持する道を選んだ。

一九四八年三月、国防軍司令官シフボは、パーシキヴィ大統領に対して条約は動員を禁じていないことを指摘し、国軍司令部が野戦軍の動員システムを、予備役を基礎に準備することを進言した。大統領はこれを認可し、続く二年間で新たな動員体制が整備された。これによって、第二次世界大戦後、新たにフィンランドの小さな常備軍、大きな動員軍の体制が確立されることになった。

もう一つ、フィンランドの軍事力のありかたに影響を与えたのが、一九四八年二月に調印されたフィン・ソ友好協力相互援助条約であった。この条約は政治的意義はともかくとして、軍事的にはフィンランドがその領土内で、ソ連に対する攻撃を撃退しなければならない義務を課したものと解釈された。そこから帰結されるものは、主としてソ連を満足させるために軍事力を整備する必要があるという考えかたであった。

一九四九年三月、防衛研究委員会レポートがまとめられたが、そこではフィンランドの戦略として、パリ条約とフィン・ソ友好協力相互援助条約の制限と義務を基盤とすることと、フィンランドの戦略的作戦的戦術的経験、経済資源に結びつくことが指摘された。そして二つの原則として防衛力保持の必要性、すなわち戦争の局外に立つためには攻撃から身を守る能力が必要であるということと、徴兵システムの必要性があげられた。

一九五〇年九月一五日、国家徴兵法が制定され、一般兵は二四〇日、下士官、士官は三三〇日の徴兵期間と、予備役は六〇歳までの予備役期間に四〇－一〇〇日の補充訓練を行うことが定められた。なお一九八〇年代終わりには、徴兵人口の変化に応じるために、徴兵期間は一般兵士一八〇日、下士官二七〇日、特殊技能下士官および士官三六二日に変更されている。

一九八〇年代後半、ゴルバチョフのペレストロイカ、ソ連の崩壊によって、冷戦は終結した。そして一九九二年一月二〇日には、フィン・ソ条約が破棄され、フィン・ロの間には、一切の軍事条項を含まない一般的な友好条約が結ばれた。フィンランドにとって、脅威は大きく減少したはずであるが、これらの大変動は、フィンランド国防軍の在り方を、それほど大きく変更することはなかった。

フィンランドでは、経済情況の悪化による予算難は影響したものの、当時世界を席巻したような急激な軍縮ドライブは生じなかった。冷戦以後のフィンランド軍の態勢見直しが、ようやっとまとめられたのは二〇〇〇年代初めであった。そこでは、昨今のいわゆる低強度紛争と呼ばれる脅威の変化に対応して、軍の態勢の変換が図られることが定められた。新たな態勢では、野戦軍の中に即応度の高い緊急展開部隊が編成され、突発的な事態に対処することとなった。こうして二一世紀のフィンランド軍は、平時には三万名規模、危機対処時には一〇万名、戦時動員時には三五万名（一九九七年で五四万名、二〇〇一年で四九万名、二〇〇九年にはここまで減らされる）という、脅威に合わせて増減されるより柔軟性の高い軍事力を保持し、フィンランド国家の安全を守り続けるのである。

（斎木伸生）

18

フィンランドの産業と経済

★ 発展の軌跡 ★

国家の産業と経済は、その国がおかれた自然環境の影響を大きく受けるが、フィンランドも例外ではない。森林を除けば天然資源が乏しく、国土の四分の一が北極圏に属するという厳しい自然環境におかれた国土であるが、その森林資源を利用した木材・製紙・パルプ関連産業は、今でもフィンランド経済の屋台骨を支える基幹産業である。世界に冠たる情報通信企業に成長したノキアも、もともとは製紙機械開発の一端を担っていた森林関連企業の一つであって、森の存在を抜きにフィンランドの産業を語ることはできない。世界的規模で企業合併・買収（M＆A）をくり広げ、生存競争が激しい製紙業界にあって、フィンランドの大手製紙・パルプ企業が世界ランキングの上位を占めることは、国際的競争力が世界トップクラスであるフィンランド産業の象徴でもある。

フィンランドの主要産業は、自然環境のほか、隣国との関係やその生い立ちの影響を強く受けている。第二次世界大戦で敗戦国となったフィンランドは、ソ連への戦後賠償として紙やパルプだけではなく、船舶や金属機械等の物品の供与を義務づけられた。その結果、国内の機械産業・造船産業が著しく成長し、戦後のフィンランド経済に大きな影響を与えた。金属機械産業は、ノキアを代表とする情報通信産業が登場するまでは森林関連産業と並び、戦後フィンランド経済を支える二大産業分野であった。

戦後のフィンランド経済は、木材・製紙・パルプ産業と金属機械関連産業の二大産業を基礎に、西欧とソ連と東西のバランスをとった通商関係を維持しながら安定的に推移してきた一方、政府補助金を受ける農業や伝統的な造船業といった産業構造は硬直化した。フィンランドは、五〇〇万人程度の人口で国内に大きな市場をもたないため、その経済は国外との通商関係に大きく依存しているにもかかわらず、硬直的な産業分野では国際的競争力強化への取り組みや新規産業の育成が遅れた。このような状況で、一九八〇年代に世界的な金融自由化の時代を迎えると、国内に外資が流入し、金融市場においては安易な資金調達が可能となった。この結果、一九八〇年代には投機的な資金需要が逼迫、フィンランド経済は過熱し、カジノ経済と呼ばれるバブル経済を日本とほぼ同時期に迎えることになった。しかしながら一九九〇年代初頭にソ連の崩壊とともにソ連との貿易がストップすると、カジノ経済は崩壊、金融自由化に対する法基盤の整備が遅れたフィンランドは金融危機を迎えることになった。金融危機は、貯蓄銀行の倒産、二〇%を超える高失業率、マイナス経済成長といった経済危機を招いたが、政府はこの危機に対処するため、一九九一年から九五年の五年間に債務保証を含めるとGDPの一八%にあたる公的支援をもって不良債権問題に対処し、この危機を乗り越えた。同時に、ソ連崩壊と冷戦終結によって、EUとの関係強化に政治的障害はなくなったこともあり、従来から紙パルプ産業や金属産業における主要市場であったEUへの加盟を急ぎ、一九九五年にはEU加盟を実現した。また、一九八〇年代、規制緩和が遅れた反省から世界市場における国際的競争力の強化に主眼を置き、官民をあげて研究開発（R&D）に力を注いだ。金融危機に対処するため多大な公的支援を実施する一方、一九九三年当時の公的・民間部門の研究開発（R&D）関連経費は五〇億ユーロ、フィンランドGDPの実に三・五％にも達するものである。同時に政府は、ノキアに代表される情報通信分野やバイオテクノロジーといった付加価値が高い最先端技術産業を国策として支援し、フィンランドの新たな主要産業に成長させることに成功した。二一世紀、経済協力開発機構（OECD）や世界経済フォーラム（WEF）の国際的競争力ランキングでトップの地位を占めるようになったフィンランドの産業と経済は、一九九〇年代前半に経験した金融危機と研究開発（R&D）への官民あげての取り組みを抜きには語れない。このような金融危機を発端に国家再生へ劇的変貌を遂げ、今や世界トップクラスの国際的競争力を持つに至ったフィンランドの産業と経済の特徴をあげると以下の三つがあげられる。

まず第一点は、国を挙げての優秀な「人材」の効率的な活用である。森林をのぞき、おもだった天然資源がないフィンランドであるが、二一世紀、フィンランド経済を支える重要な資源は、世界最高水準にある教育と機会均等に恵まれた「人材」である。一九九〇年代に研究開発（R&D）に官民をあげて力を注ぎ、具体的な成果をあげることに成功したことも、高い教育水準に支えられた優秀な「人材」という受け皿があってのことである。とくに、一九九〇年代以降、産官学が一体となって、産業クラスターと呼ばれる企業・大学・政府機関が、研究開発に取り組み、その成果を効率的に商業化する共同体の育成が行われた。産業クラスターは、わずか人口一三万人たらずの北極圏に近い小都市オウル市で八五〇ものハイテク企業が集結するテクノポリスと呼ばれる情報通信産業クラスターを発展させ、ハイテク産業クラスターのモデルとなった。ロシア国境に近い北東部の小都市クオピオ市においては、クオピオ大学を中心に一六〇を超える関連企業が集結し運営されるサイエンスパークが世界最先端のバイオテクノロジーを支えている。

第二の特徴は、ＥＵに加盟することで徹底してＥＵの産業政策・経済政策に関与していく姿勢を明確にしている点である。政治・安全保障分野と異なり国家の主権を超えて単一市場の中で共通の経済政策を模索するＥＵの中で、フィンランドはＥＵ共通政策への積極的関与を明確にしている。こうしたなか、北欧諸国の中ではユーロ参加をいち早く決定し、欧州中央銀行理事の初代ポストを獲得することに成功した。主権喪失に危機感を覚えユーロ参加を見送り、ＥＵの深化に対し一定の距離を保っているスウェーデンやデンマークとは対照的な姿勢を見せている。ＥＵ経済政策の決定に関与する姿勢は、二〇〇〇年下半期、フィンランドがＥＵ議長国に就任した際に、ＥＵ共通の欧州情報通信政策の策定を成功させるなどいかんなく発揮されている。また、ＥＵ加盟後には、フィンランドと経済格差が大きいバルト地域を含めロシア近隣地域の産業育成と地域経済関係の強化に努め、ロシアからのエネルギー確保を含め、ＥＵを巻き込んだ戦略的近隣地域政策を進めている。

第三の特徴は、エネルギー政策と環境政策との調和にある。フィンランドは国土が厳冬下におかれる厳しい自然環境から、暖房用エネルギーの確保はもちろんであるが、フィンランドの主要産業である製紙パルプ産業や金属産業は、他の産業に比べ莫大なエネルギーを必要とする特徴がある。エネルギー消費量は先進諸国の中でも群を抜いており、一人あたりのエネルギー消費量で、日本と比較すると七五％も多い。今後とも高いエネルギー需要に対応しつつ、持続的成長を維持しながら京都議定書で定められた温暖化ガス排出基準を遵守する必要があるため、原子力発電に頼らざるをえないという特徴がある。フィンランドは長期間にわたる国会での議論の末、二〇〇二年には脱原発という世界的潮流とは一線を画し、国内五基目となる新規原発建設を進める基本方針を決定し、原子力発電へのエネルギー依存を高めている。原発が環境に与えうる影響は、放射能漏洩といった事故になれば計り知れない。しかし、高い技術に守られたフィンランドの原発は世界でも稼働率は高い。世界の潮流に反して新規原発建設に向けて動き出したフィンランドは、同じ年世界経済フォーラム（WEF）が実施した国別環境評価で調査対象となった一四〇カ国以上の中で世界第一位となっていることも特記すべきであろう。

今世紀に入って、金融危機を乗り越えたフィンランド経済は安定成長を続けている。帝政ロシアからの独立以降、幾多の国家的危機に見舞われ、そのたびに国民が一致団結してこれを乗り越えるという良き伝統が守られていることは、二〇世紀末の金融危機においても実証された。フィンランドは、小国が単独で豊かさを実現する社会を築くことは難しいことを理解している。EUを中心とした国際協調を重視する所以《ゆえん》である。優秀な「人材」の育成と機会均等に基づいた自由競争の原則の下、高い国際的競争力を維持しつつ、国民全体が豊かさを実感できる北欧型福祉社会を守ることの必要性について政官財を問わず明確な国内的コンセンサスが存在することが、フィンランド経済の最大の財産であり、強みであるといえよう。

（鈴木徹）

19

フィンランドの経済

★ 1990年代以降のイノベーション立国 ★

独立九〇年、世界の注目を集めるフィンランド

好調なフィンランドの動向が近年世界的に注目されている。世界経済フォーラムの経済競争力ランクでは二〇〇一年から六年連続で世界一位か二位にランクされていた。二〇〇七年四月に発足したマッティ・バンハネン首相の第二次内閣は、閣僚二〇人のうち女性が一二人で、閣僚中の女性の割合が世界一となった。トランスペアレンシー・インターナショナルの二〇〇七年の調査では、公務員と政治家の腐敗認識指数は世界一、エール大学の二〇〇五年の調査によると環境サステイナビリティー指標も世界一にランクされた。

ＯＥＣＤ（経済協力開発機構）が実施した一五歳児の学習到達度の国際比較調査ＰＩＳＡ（二〇〇三年）でも、フィンランドは読解力と科学的リテラシーが一位、数学的リテラシーが二位、問題解決能力三位、と好成績であったことも大きく注目されている。

一九九〇年代初めの経済危機

しかし、一九九〇年代初頭には、フィンランドはバブル経済

フィンランドの失業率の推移（%）

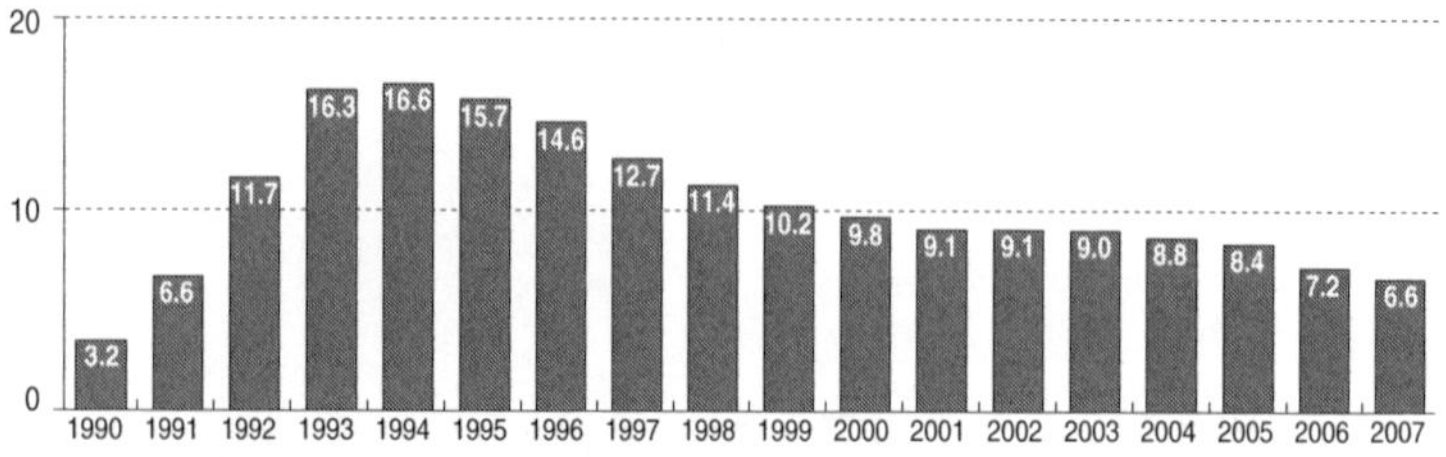

出典：*Statistics Finland.*（http: //tilastokeskus.fi）

の崩壊と、当時最大の貿易相手国であった旧ソ連の消滅（一九九一年末）、というダブルパンチを受け、未曾有の経済危機を経験した。

一九九〇－九三年の三年間にGDP（国内総生産）は一一％も減少、失業率は三・二％から一六・三％に一三ポイントも急騰し、危機的状況を経験したのである。

一九八〇年代には約四分の一あったフィンランドの輸出総額に占める旧ソ連のシェアは、一九九二年には三％にまで激減した。近年のロシア向け輸出のシェアは依然一割程度だが、その額は一九八〇年代のピークの倍の水準に回復している。

経済と福祉の両立――生産面と分配面双方の政策が奏功

フィンランドは北欧型の福祉国家であり、国の基本的な政策目標は完全雇用と福祉にある。国際競争力のある経済はその手段であり、フィンランドの動向は、福祉と経済の両立が可能であることを明示している。同じ福祉国家でも、一九九〇年代初頭に危機を経験したスウェーデンとは、対応策に明確な相違があった。

フィンランドでは、一九九〇年代初めに急騰した失業者に対しては、早期に年金受給の道を準備する方法で対応し、若者に雇用機会を譲る戦略をとった。

一方スウェーデンでは、失業保険や失業者向け職業研修を維持し、失業者や長期病欠者をできるだけ労働市場に留めておいて、景気の回復を期待する戦略をとったのである。

一九九〇年代以降のフィンランドの成功要因と教訓

C・ダールマンらは二〇〇六年刊行の『知識経済としてのフィンランド』(*FINLAND AS A KNOWLEDGE ECONOMY*, World Bank Institute)で、一九九〇年代以降のフィンランドの成功要因と教訓を次の三点にまとめている。(一)落ち込んだGDP(国内総生産)を急激に回復し、同時に大規模な産業構造の変換を行うことは可能である。(二)国際化は可能性でもあり挑戦でもある。フィンランドは世界市場を相手にして、世界のトップレベルの情報通信技術を持つに至った。その一方、技術や教育の国際競争力の維持が今後の課題である。(三)変化に迅速に対応する経済の柔軟性と、それを支える教育システムが重要である。

以下はこの三点について検証を試みたい。

教育システムの重要性

二一世紀の知業社会では、地域や産業の競争力要因として創造性が重要であり、一生学び続ける必要がある。

目的指向、平等主義の教育の理念の下に、授業料は大学まで無料、国の奨学金や奨学ローン制度、学習目的の休業が可能な制度、生涯教育システム等により、フィンランド国民は、「誰でも、いつでも、必要なこと」を学べることが保証されている。

フィンランドでは、一九九〇年代からヴァーサモデルと称される「就学前からの起業家精神教育」をスタートさせて注目されている。フィンランドの起業家精神教育は狭義の起業家教育ではなく、知業時代に対応する広範な教育の意識改革である。

このプロジェクトは、一九九三年から西部バルト海岸のヴァーサで始まった。経済停滞を打破するために、知的財産による立国をめざす政策が取られたが、教育の分野でもその目的のために、検定教科書制度の廃止や大胆な分権化を含む新学習指導要領の導入などが実施された。

一九九〇年代の教育改革は、①分権化、および、②学習到達度や教育の効率の評価システムの導入、を中核とする大きな変革であった。

学習到達度の目標達成の方法や具体的な授業の内容は、地方自治体、学校、そして個々の教員に権限が委譲されたのである。

その一環として立ち上がったのが、ヴァーサモデルのプロジェクトである。

知的財産立国が奏功し、一九九〇年代後半以降驚くべき経済復興を遂げ、世界最高水準の経済競争力を持つに至った背景には、教育の果たした役割も大きい。

一九九〇年代以降の新産業政策――イノベーション立国による産業構造の転換と再生

一九九〇年代前半の経済危機克服のために、フィンランドでは、伝統的な産業構造から脱却し、情

主要国の研究開発費／GDP（%）

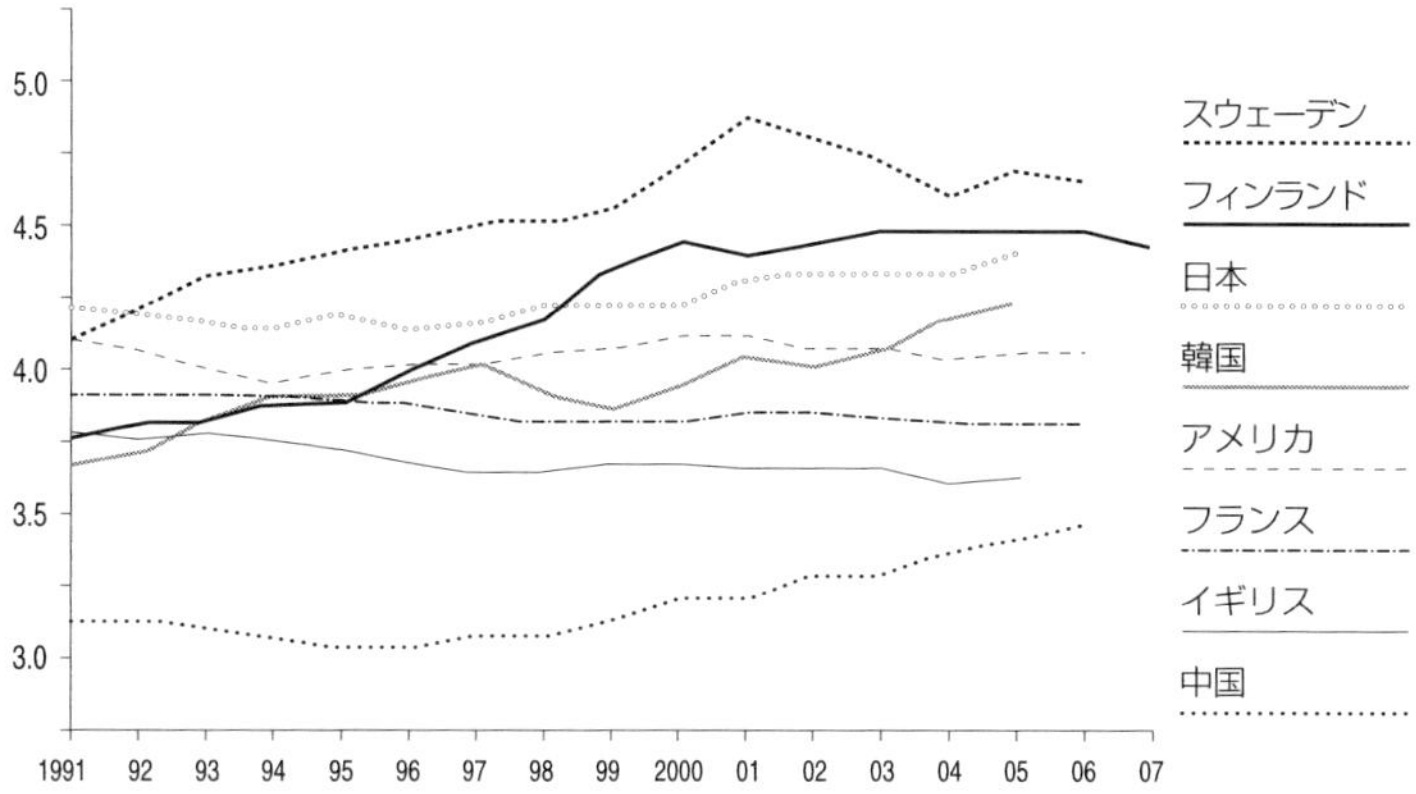

出典：OECD, *Main Science and Technology Indicators*.
Tekes, *Statistics Finland*.（http://www.tekes.fi）

報通信技術を中心とした知的財産によるイノベーション立国を目指す政策が取られた。

矢田龍生・矢田昌紀はその著書『ザ・フィンランド・システム』（産業能率大学、二〇〇六年）で「フィンランドの復活の要因は、金融危機からの復活、ノキアの復活と成長、に加え、一九八〇年代から推進されていたハイテク立国への道、ハイテク企業育成政策が一九九〇年代中盤頃から果実を生み始めたこと。ベンチャー企業創出・育成のための《ザ・フィンランド・システム》とでも呼ぶべき生態系を構築した」と主張する。一九九〇年代初頭までに台頭した新たな産業政策は、教育、研究開発、技術政策、イノベーション政策を統合し、システム的視点を導入して、イノベーションと産業クラスターを中心におく立国戦略であった。

フィンランドの産業政策は、一九八〇年代までは短期的なマクロ政策であった。選択的に、補助金、弱小衰退産業の保護、通貨切下げなどの具体策をとった。さらに地域間格差の是正や、製造業の約二割を占めた国営企業の経営が中心であった。

しかし、一九八〇年代以降は、ミクロで長期的に企業や研究機関を対象とする研究開発支援政策、総合的なイノベーション立国戦略、等の条件整備政策に大きく軌道修正された。

新たなイノベーション立国戦略では以下のように幅広い政策分野が総合的に扱われている。

- 教育、知識、専門スキル
- 公私の研究開発とその財源
- 産学の連携
- 新旧の技術部門の開発
- 技術的、社会的イノベーション
- 国際競争力

首相を座長とする科学技術政策委員会は一九九〇年にイノベーション立国を国家戦略に位置づけ、研究開発投資を優遇した。一九九三年末には「創造的社会に向けての戦略」をまとめた。

これらの戦略は、国営企業の売却益をＩＴ分野への研究開発に集中投資する、等の具体策として実践された。

さらに、技術開発の方向は、一九七〇年代までの「サイエンス・プッシュ」型から一九九〇年代は「インダストリー・プル」型に方向転換を遂げた。

科学技術政策委員会

フィンランドの科学技術政策を総合的にデザインをする審議のために一九八七年に発足したのが科学技術政策委員会である。首相を座長とし、教育大臣、通商産業大臣、財務大臣、その他の大臣、フィンランドアカデミー、ＶＴＴ（フィンランド技術研究センター）、大学、財界、労使の代表を含む。任期は三年で過去の委員会がまとめた政策提言のタイトルは以下のとおりである。

一九八七年　科学技術レビュー
一九九〇年　九〇年代の科学技術のガイドライン
一九九三年　創造的社会に向けて――フィンランドの開発戦略
一九九六年　フィンランド――知識社会
二〇〇〇年　二〇〇〇年レビュー――知識とノウハウの挑戦
二〇〇三年　知識、イノベーションと国際化

産業クラスター戦略

産業クラスターとはＭ・ポーターが『国の競争優位』（一九九〇年）で提唱した概念である。「ぶどうの房」のように、企業・研究機関・官庁など産学官が有機的につながり、国際競争力のある産業が地域的に集積する形態を指す。

フィンランドは世界で最初に国家戦略としてクラスターの考え方を取り入れた。

一九九三年にフィンランド通商産業省がまとめた「国家産業戦略」では、ＩＴ等を中核とする産業クラスター戦略を明確にした。

地域を重視し、一九九四年から「センター・オブ・エクスパタイズ」プログラム（ＣｏＥ）をスタートさせた。国際競争力のある地域の知識やスキルを発掘、活用し、地域開発と雇用創出を図ることを目的とし、イノベーション創出と商業化の条件を整備し、産学の連携を促進してきた。

一九九七―九九年には、クラスター政策を通商産業省、教育省、運輸通信省、農業省、労働省の五省共同で一億ユーロの予算で推進した。

現行の二〇〇七―一三年の期間は一三のクラスターと二一のセンター・オブ・エクスパタイズが採択されている。三〇〇〇社が参加、二〇〇五年の予算額は八六〇〇万ユーロ、プロジェクトの総計は三億ユーロに達する。内務省、通商産業省、教育省、労働省、ＴＥＫＥＳ（テケス、フィンランド技術庁）、Ｔ＆Ｅセンター、自治体、ＥＵ、ＶＴＴが運営している。

森林から情報通信へ――フィンランドの産業構造の歴史的転換

フィンランドの主要産業は森林産業から情報通信産業へと大きく変化した。国土面積の四分の三は森林であり、一九八〇年代までの主要産業は紙パルプ・木製品等の森林産業であった。

過去四〇年間、森林の成長量は伐採量より二―三割も多く、現在は独立以降最大のストック（二〇億立方メートル）を維持している。

輸出に占める森林産業関連製品の比率は、一九二〇年代には八―九割もあったが、一九六〇年には

フィンランドの輸出の品目別構成（1960−2006）

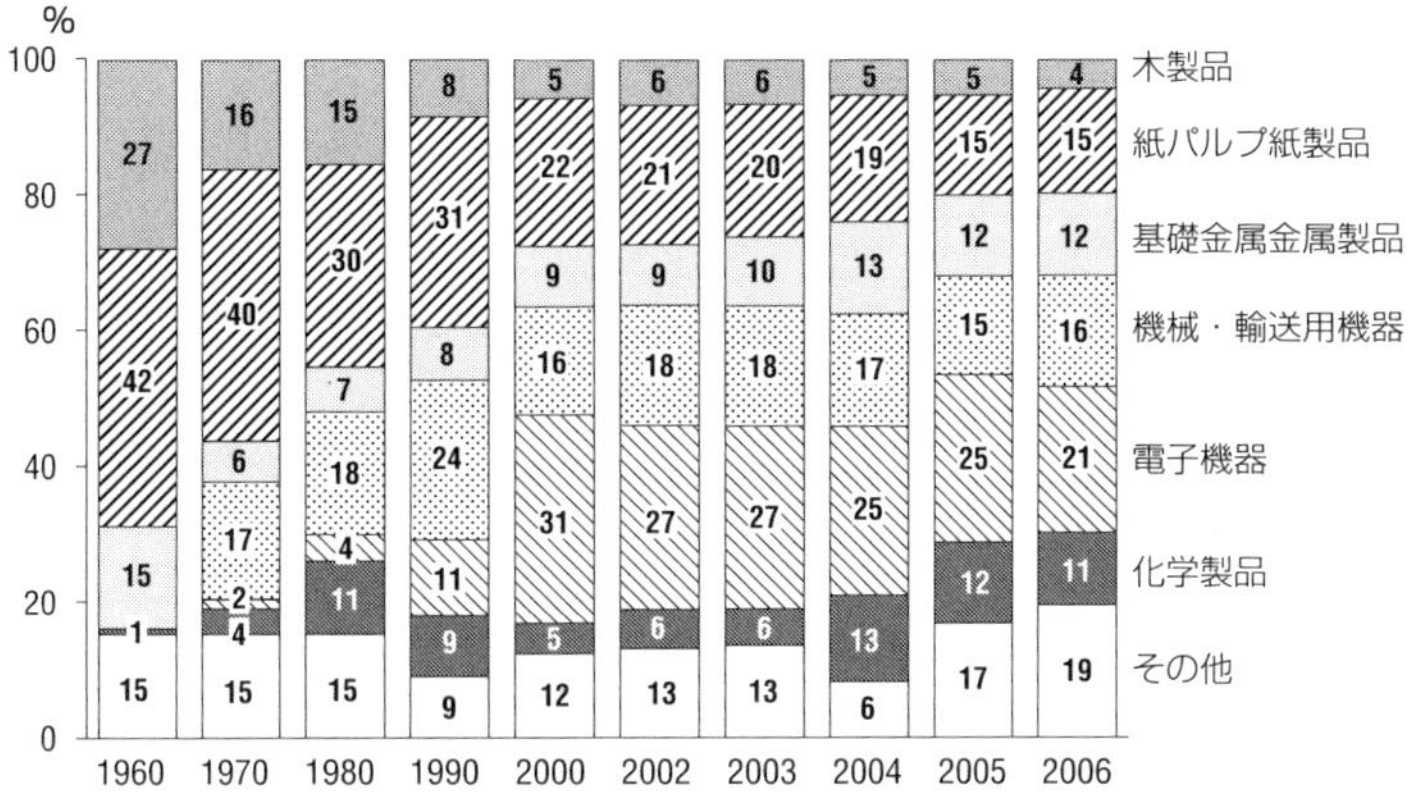

出典：Tekes, *National Board of Customs.*（http: //www.tekes.fi）

七割、一九九〇年には四割、そして近年は二割に減少している。

そして、一九九〇年代以降、上述のような新たな産業政策により、ＩＴ等に集中投資し、見事な産業構造の転換を遂げたのである。

イノベーション立国戦略の結果、北海道よりも人口が少ないフィンランドに、世界一の携帯電話メーカー、ノキア社が育った成果はよく知られている。

かつてのフィンランドの福祉の糧は「森林」であったが、現在はそれに加えて「ノキア」、といわれるほどノキアのフィンランド経済に占める比重は大きい。ノキアはフィンランド最大の企業で、二〇〇三年のＧＤＰ（国内総生産）の四％、研究開発費総額の四五％、輸出の二五％、製造業の雇用の五％を占める。

ノキアは一八六五年に創設、当初は材木、ゴム靴、ケーブルなどの製造を行っていた。一九九〇年初めまでは事業は多業種にわたっていたが、その後携帯電話に集中して再生を果たした。

ノキアはネットワーク型企業である。一九九〇年代初めから海外企業の買収はほとんどしていない。ネットワークの形態は、製造の下請け→生産パートナーシップ→研究開発アウトソーシング→研究開発パートナーシップ、と変化してきた。

ネットワーク型企業の、変化への迅速な対応力をフルに活用して成長してきたのだ。

科学と技術政策の統合、産学官の協働

フィンランドのイノベーションシステムの特色としては、公私の部門のパートナーシップ、コンセンサス志向、企業、大学研究機関の協働等があげられる。

主なイノベーション支援機関には以下がある。

- TEKES（フィンランド技術庁）＝企業、研究機関、大学の研究開発を国費で支援している。二〇〇〇社、五〇〇の研究機関を含む二〇のプログラムを遂行中でとくにサービス部門のイノベーションとビジネスのノウハウ開発に注力している。単独ではなく、他の企業、研究機関、大学等との共同開発プロジェクトのみを支援する。
- フィンランドアカデミー＝基礎研究支援
- SITRA＝フィンランド国立研究開発基金、リスク資金・研究情報提供
- VTT＝フィンランド技術研究センター
- FINPRO＝企業の国際化支援団体、通商産業省が支援

●FINNVERA＝通商産業省傘下の中小企業向け金融サービス機関。国際化を支援し、輸出信用も供与する。EUの中小企業向け金融支援の窓口。

●T&Eセンター＝一五の地方事務所を持ち、中小企業への段階別のビジネスサポート、アドバイスを行う。支援資金の約半分はEUの構造基金。

●FII（Finnish Industry Investment）＝通商産業省傘下の資本参加支援機関（ベンチャーキャピタル）

●フィンランドサイエンスパーク協会TEKEL＝大学に隣接して二四ある。立地企業は二四〇〇社、就業者数は五万人に達する。

二一世紀の課題と挑戦――グローバル知識経済化とポスト・ノキア技術開発年

独立時三一〇万人であった人口は、今日五三〇万人に増加し、フィンランドの経済は、資源型経済から知識経済へと発展を遂げてきた。現在はノキアを中心とする情報通信産業の次世代の産業やイノベーションを模索している段階である。具体的には、伝統的な森林産業と情報通信、ナノテクノロジーの組合せの分野等が期待されている。

一九世紀半ばから二〇世紀初頭　資源駆動型経済
第二次大戦後一九八〇年代まで　投資駆動型経済
一九八〇年代から二〇〇〇年ごろまで　国内型知識経済

フィンランドのイノベーション環境：財源と支援金額

2004年　単位：100万ユーロ　（ ）内は国家予算
（TEKESとフィンランドアカデミーは全額国家予算）

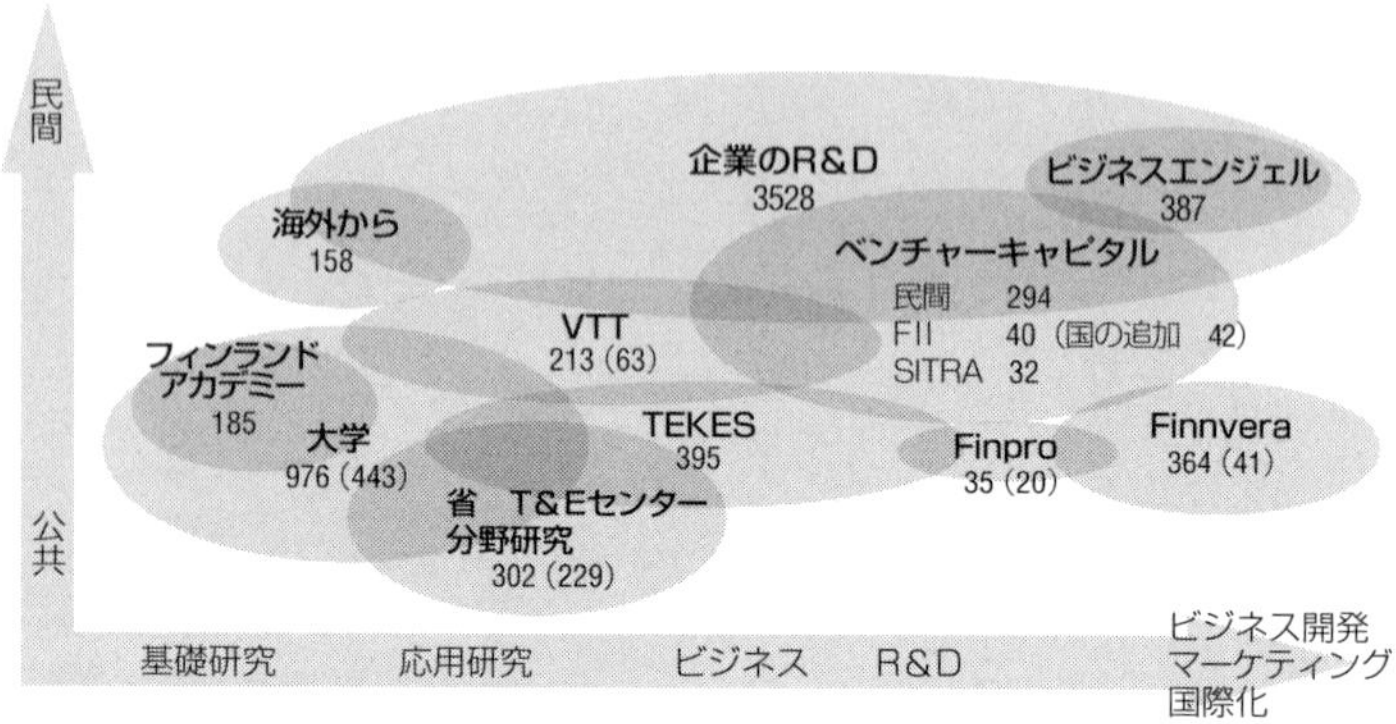

出典：*FINLAND AS A KNOWLEDGE ECONOMY—Elements of Success and Lessons Learned*, World Bank Institute, 2006.

フィンランドの産業別就業者比率推移（%）

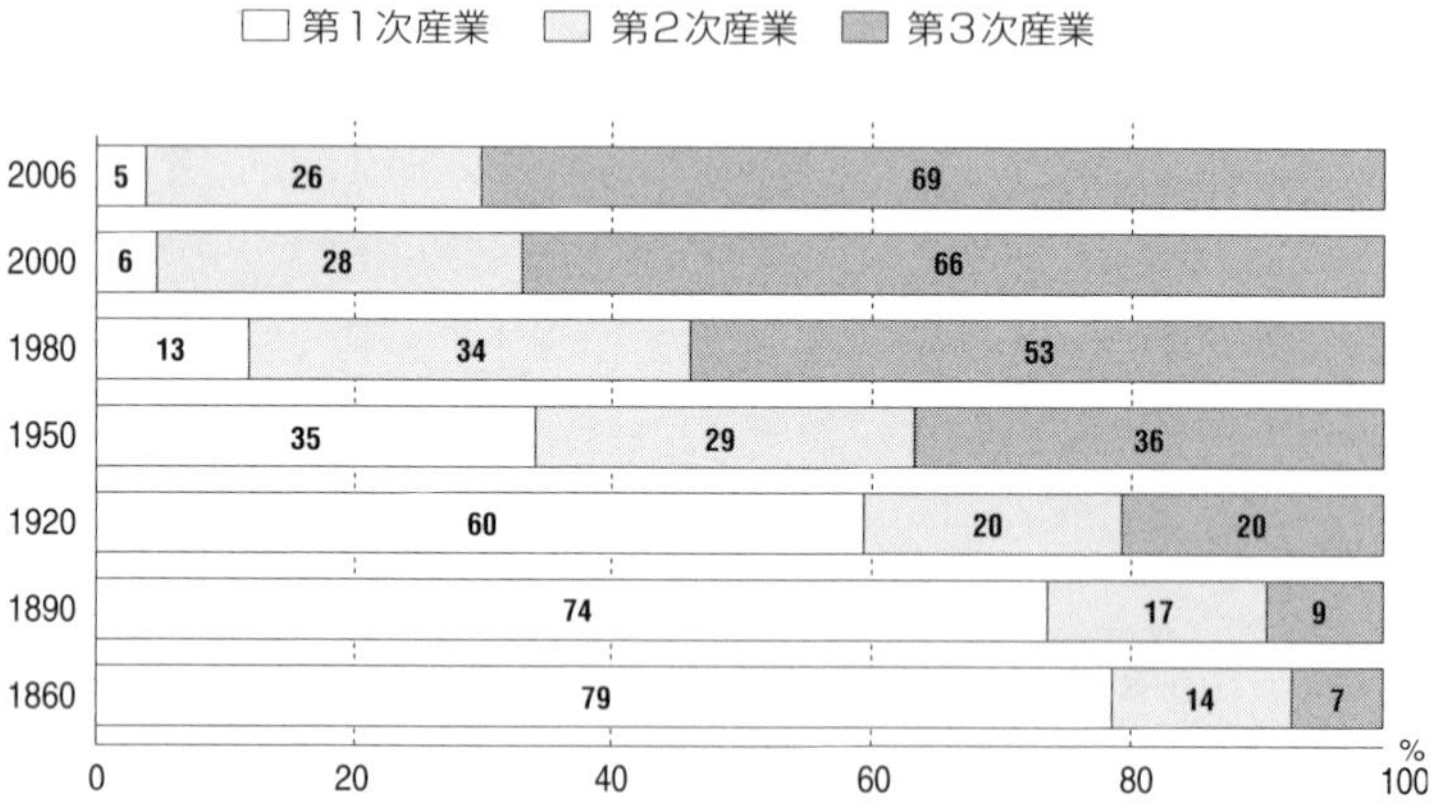

出典：*Statistics Finland.*（http //tilastokeskus.fi）

二一世紀 グローバル型知識経済

またグローバルな知識経済への対応も課題である。

科学技術委員会の『知識、イノベーション、国際化』(Knowledge, Innovation and Internationalisation)(二〇〇三年)や総理府の『フィンランドの能力、オープンさと変化への対応』(Finland's, competence, openness and renewability)(二〇〇四年)でもさらなる国際的知識経済化の重要性等が強調されている。

たとえばフィンランドの累積対内直接投資の対GDP比は、日本の一四倍ほどにも達する。デンマークやスウェーデンはそれ以上の水準にある。

フィンランドには「sisu」(シス、フィンランド魂)という言葉がある。かつては、厳寒の中で勇敢に戦った兵士の形容等に使われたが、今日の sisu はいかに「知恵と知識と頭を使うか」だという。二一世紀の知業社会でも国際競争力を維持するための sisu の挑戦が続く。

(川崎一彦)

*参考文献

庄井良信・中嶋博編著『フィンランドに学ぶ教育と学力』明石書店、二〇〇五年。
Carl J Dahlman, Jorma Routti, Pekka Yla-Anttila, *FINLAND AS A KNOWLEDGE ECONOMY – Elements of Success and Lessons Learned*, World Bank Institute, 2006.

20

福祉社会の形成と現況

★ そのエッセンス ★

福祉社会と福祉国家

今日のフィンランドは北欧型福祉国家の一員であり、また同時に情報・教育立国としても日本での認知度が高まっている。福祉国家は、疾病、失業、高齢などさまざまな要因による生活不安やリスクを個人の自己責任のみに還元するのではなく社会問題として認識し、政策・制度を通じて社会的に対応する。経済的な生活保障にとどまらず多様な社会サービスのネットワークが市民生活をサポートしている点に注目して、北欧型福祉国家を「サービス国家」と呼ぶ研究者たちもいる。

しかし、「国家」という言葉だけを凝視していてはフィンランドの福祉社会の本質は理解できない。市民の日常生活から福祉をみれば、福祉政策の実施、とりわけ社会サービスに関しては地方自治体（市町村）が主要な責任と役割を担っている。また、行政（公的部門）のみが福祉政策についてのイニシァティブを独占しているという見方も現実的ではない。地域社会に根ざした民間団体による新規の創意工夫が後に制度に組み込まれていくという福祉国家の展開のパターンがある。たとえば、子ども福祉、精神障がい者の社会復帰支援、認知症高齢者の介護サービスなどの分野では、民間によるパイオニア的な取り組みが成果をあげて公的な制度として普及するに至っている。福祉ニーズへの政策的対応での「上から下」と「下から上」への双方向の流れがフィンランドの福祉社会を形成している。

普遍主義

フィンランドは、二〇世紀後半の本格的な工業化や都市化を通じて根本的な社会の変容を経験し、ライフスタイルも社会規範も著しい変化を遂げてきた。北欧・欧米諸国の中ではフィンランドの少子高齢化はペースが早く、日本や韓国のパターンにも類似しているといって過言でない。日本が福祉について家族頼みの体質から抜け出さなかったのに対して、フィンランドはスウェーデン・モデルを意識しながら北欧型福祉国家への道を歩んできた。市民生活の拠り所は、農村的な地域や親族の相互扶助から社会的なサポート体制へとシフトした。

北欧型福祉国家についてしばしば語られる普遍主義という概念は、端的にいえば、「全員が負担し全員が得る」考え方である。一方、社会保障・社会福祉の給付原則としての普遍主義は給付対象を極力制限しない考え方であり、資力調査を前提としてスティグマをともないがちな選別主義との対極にある。普遍主義がめざすものは、伝統的な社会福祉（社会的弱者であるクライアント・当事者の自立に向けての支援）だけでなく、生存権や社会権の保障という観点からの市民生活への包括的な支援である。フィンランドでは、福祉についてのこうした理解を出発点として、次に述べる「社会サービス」の生活支援ネットワークが整備されてきた。

社会サービス

フィンランドで「社会サービス」概念が定着し始めたのは一九七〇年代、ケア労働の社会化が進んだ時期である。保育サービスを一例とすれば、低所得その他の問題をかかえる家庭を支援対象とする子ども福祉（児童保護）から、より広範に仕事と子育ての両立のために不可欠な制度として自治体保育サービスの充実が図られた。かつて子育てでは父母や友人などのつてを頼りながら、綱渡りのように仕事を続けていた母親たちの声が、女性の政治参画を通じて福祉の政治に届いたという見方もある。

一九七三年の自治体保育法によって市町村自治体は地域のニーズに応える保育サービスの供給を義務づけられた。さらに、一九八二年の制度改革で、自治体保育サービス、在宅育児手当、民間保育の三つの選択肢へと多元化するなかで、自治体保育サービスへの子どもの主体的権利が確立されている。保育サービスの整備は、社会保障面での子育てへのサポートの充実と同時進行であった。産前産後休業中の所得と休業後の職場復帰の保障によって、ゼロ歳児が保護者とともに過ごせるかけがえのない時間が確保されている。

高齢者福祉における「社会サービス」は、在宅高齢者の自立支援が主眼である。フィンランドでは高齢者介護について法律上の家族の扶養義務はない。また、日本の在宅介護は家族介護を暗黙の前提としているのに対し、フィンランドは他の北欧諸国と同様、高齢者が成人した子どもの家族と世帯をともにすることは皆無に等しい（これは家族関係の崩壊ではなく、都市化と個人の尊重というライフスタイルの特性による）。こうした居住パターンにおいて、高齢者が可能なかぎり長く在宅生活を安心して過ごすための支援体制が社会サービスである。

ただし、介護休業制度（高齢者以外に障がい者児へのケアもカバーする）を利用しながら自ら進んで家族介護をする人々も少なくない。G・エスピン・アンデルセンが福祉レジーム（福祉の給付やサービス供給を規定する政治経済体制）の論考で指摘したように、ケア労働の社会化（脱家族化）の達成度は、介護者と被介護者それぞれの個人の尊厳がどの程度維持されるかを大きく左右する。

危機を越えて

一九九〇年代前半にフィンランドは大量失業をともなう経済不況を経験した。財政面でも政治的にもフィンランドが「福祉国家の危機」（他の欧米諸国の多くでは一九七〇年代の現象）にはじめて直面した時期であった。しかし、世論調査ではフィンランドの福祉国家への支持はゆるがなかった。経済のつまずき（一九九一−九三年はマイナス成長）をもってただちに福祉国家への批判や否定にはつながらなかったのは、市民生活が社会サービス抜きには成立しえないほど福祉国家が深く浸透している証しともいえる。一方、こうした福祉社会の深化は、市民の自立や経済の活性化を妨げるものではない。この点で福祉依存に警戒を強めているイギリスの状況とは大きく異なっている。

「福祉国家と知識経済の秀でた循環」とカステルとヒマネンが指摘しているように、普遍主義的な傾向が強く多種多様な社会サービスのメニューを持つフィンランドの福祉は、経済発展にとって効果的な社会インフラとしての存在感を持つ。本書第21章でも詳述されるように、幼児教育や義務教育から高等教育、生涯学習に至るまで、フィンランドの教育セクターは、高等教育での選別と競争も看過できないとしても基本的には普遍主義的で、福祉政策の社会サービスに類似している。教育・学習の機会平等、就労者の就業条件と家庭生活への各種の支援と保障、福祉国家の所得の再分配機能による極端な格差の是正、これらは究極には国際的にも競争力の高い人材・労働力の確保につながり、知識経済（グローバル経済）でのフィンランドの生き残りに結びついている。

今日と近未来の課題

フィンランドの福祉社会でいまだに解決されていない課題はおおむね以下のとおりである。

（一）家族ジレンマ――核家族化の段階を過ぎ、フィンランドは「家族の多様化」に関する課題を少なからずかかえている。離婚の多発（初婚の約半数は離婚に至る）や婚姻制度の空洞化（第一子の約半数の両親は事実婚カップル）にともなうカップル関係・家族のバリエーションの拡大という状況からすれば、家庭を持つこと自体がリスク・プロジェクトである。

個人化の進行、選択の自由と自己決定の産物として個人の責任に帰す（政策対応の範疇外の扱い）か、現代的な「新たな社会的リスク」とみなして政策課題に加えるか、社会によって対応は異なる。フィンランドは後者であり、事実婚か既婚かはカップル当事者の選択であって社会保障制度上の処遇にも大差はない。それでも、パートナー探しや家庭生活への願望は根強く、ニューファミリー（子連れ再婚家族）も珍しくはない。

（二）格差――一九九〇年代の危機を克服し、フィンランド経済は優れたパフォーマンスをみせてきた。しかし、皆が情報社会での勝ち組になることはなく、「バスに乗り遅れた人々」がいる。二〇〇四年統計によれば人口の一一％が相対的に低所得である。一見順調にみえる経済成長の影の部分として、比較的高い失業率（二〇〇七年二月：七・五％）にも留意しなければならない。長期失業者のほか、非正規雇用にあって相対的に所得水準の低い人々もいれば、離婚・離別の結果ひとり親世帯になる人もいる。H・ウーシタロは、一九九〇年代半ば以降の景気回復がすべての市民に恩恵をもたらしたのではなく、高所得層の経済力が向上し相対的な所得格差の拡がりがみられると指摘している。

平等は機会の平等と結果の平等の双方を指し、所得格差は結果の平等についての指標である。フィンランドでは一九九〇年代初めまで一貫して所得格差の縮小が報告されてきた。しかし、社会的公正の一つの目安であるジニ係数も一九九五年の二一・三（一〇〇掛け）から二〇〇五年には二八・二へと一〇年間で五・九拡大している。他国との比較からすればフィンランドの格差は相対的に小さいが、一九九〇年代半ばから今日にかけてのこうした所得格差の拡大傾向は、北欧型福祉国家が希求してきた平等に対する挑戦である。グローバル経済が情報と富の偏りによる格差拡大を強めるなか、フィンランドの福祉社会は過大な格差拡大を回避しつつ国際競争力も維持するという困難な課題に直面している。

（髙橋睦子）

＊参考文献

マニュエル・カステル＆ペッカ・ヒマネン『福祉国家と情報社会――フィンランド・モデル』ミネルヴァ書房、二〇〇五年。
ヨルマ・シピラ編著『社会ケアサービス――スカンジナビア福祉モデルを解く鍵』本の泉社、二〇〇三年。
山田眞智子『フィンランド福祉国家の形成――社会サービスと地方分権改革』木鐸社、二〇〇六年。

21

フィンランドの教育の現状

★ その核心に迫る ★

教育界における「フィンランド・ブーム」は、とどまるところをしらない。数年前には、ほとんど目にすることのなかったフィンランドの教育に関する情報が、新聞で、雑誌で、テレビで、さまざまな形で紹介され、多くの人々の関心を集めている。

このような関心の引き金となったのは、OECD（経済協力開発機構）が二〇〇〇年より三年に一度実施している、生徒の学習到達度調査（PISA）である。「義務教育修了段階の一五歳児が持っている知識や技能を、実生活のさまざまな場面で直面する課題にどの程度活用できるかどうかを評価する」ことを目的とする同調査において、フィンランドは、対象となった読解力、数学的リテラシー、科学的リテラシー、問題解決能力（二〇〇三年のみ実施）いずれの領域においても好成績を示した。北欧の小さな国の名前が、いわゆる「国際学力調査ランキング」の常連である東アジアの国々に混ざるようにして並んだことは、教育界において、ちょっとした「事件」となり、以来、フィンランドの教育は世界、とりわけ学力低下の問題や学びの質の向上を図る方策に悩む国々の注目を集めている。そこで本章では、学校教育制度を踏まえたうえで、フィンランドの教育の現状について紹介したい。

フィンランドの学校教育体系において、最初に位置づけられているのが、就学前教育「プレスクール」である。二〇〇一年に制度化されて以降、学校生活への移行を潤滑に進めるべく、就学前の子どもたちに一年間のカリキュラムを提供している。こうして就学準備を終えた子供たちは、義務教育のスタートとなる基礎学校（ペルスコウル）へと入学していく。一般に、就学年齢は七歳であるが、子どもの発達段階に応じ、入学を一年早めたり、一年遅らせたりすることも可能である。

基礎学校は、一九七〇年代、「すべての子どもたちが同じ学校で学ぶ」という総合制学校モデルの導入により成立した。当初、基礎学校では、六・三制が採られ、初等教育段階（第一–第六学年）、前期中等教育段階（第七–第九学年）の二段階に分かれていたが、一九九九年の基礎学校法改正により、法令上および制度上、九年一貫制となった。その主目的は、カリキュラムを義務教育全体を網羅するものとして捉えなおし、その一貫性を担保することにあったが、学級担当教員（一–六年生を担当）と教科担当教員（七–九年生を担当）という種別の異なる教員が、従来の学校区分を超えて活動を行うこと（たとえば、教科担当教員が一–六年生の学級を担当するなど）への期待も込められていた。施設・設備の問題から、すべての学校が九年一貫の校舎を持つにはいたっていないが、緩やかな形でそのプロセスは進行している。

基礎学校の最終学年になると、子どもたちは、最初の進路選択の時期を迎える。多くの子どもは、日本の普通科高校に相当するルキオ（上級中等教育学校）、もしくは職業学校へと進む。競争がないといわれるフィンランドであるが、定員を超えた応募があった場合、入学者選抜が行われる。都市部において、「よりよい学校」への進学を目指す場合、「競争」はそれなりに厳しい。ただし、入学者選抜といっても、合否の基準となるのは、多くの場合、基礎学校の最終学年での成績である。大半の生徒は、基礎学校修了後、まっすぐルキオや職業学校へと進むが、進路選択を迷ったり、納得のいく結果が得られなかったりした場合、生徒は基礎学校の在学期間を延ばすことも可能である。

後期中等教育段階のうち、普通教育を提供するルキオは、無学年単位制を採用している。そのため生徒は、日本の大学のような方式で履修科目を決め学習を進めている。このようなシステムは、その柔軟性により生徒一人ひとりのニーズに合わせた教育の提供を可能にするが、その一方で、生徒の学習管理能力・自己管理能力を求めるものでもある。結果として、近年は学習に関するカウンセリングやキャリア教育に力が入れられている。

ルキオに進学した生徒にとって目標であり、また終着点となるのが、大学入学資格試験である。これは、大学進学のための基礎資格となるものであるが、各大学の入学者選抜の一基準としても用いられている。近年、弾力化したカリキュラムに対応させるべく改革が進められた結果、現在（二〇〇八年）は、必修である母語に加え、第二公用語、外国語、数学、心理学、哲学、歴史、地理、物理、化学、生物、宗教、倫理、現代社会、保健の中から、選択した三科目の計四科目の試験に合格することが求められている。

一方、職業学校に進んだ生徒がめざすのは、職業資格の取得である。プログラムでは、実践的なスキルも重視されており、生徒は、約六カ月間、実地研修を行う。生徒は、ここでの学習を終えたのち、就職、あるいはさらに高度な職業教育を提供する中等後教育段階に位置づけられる職業学校や、高等

フィンランドの学校制度

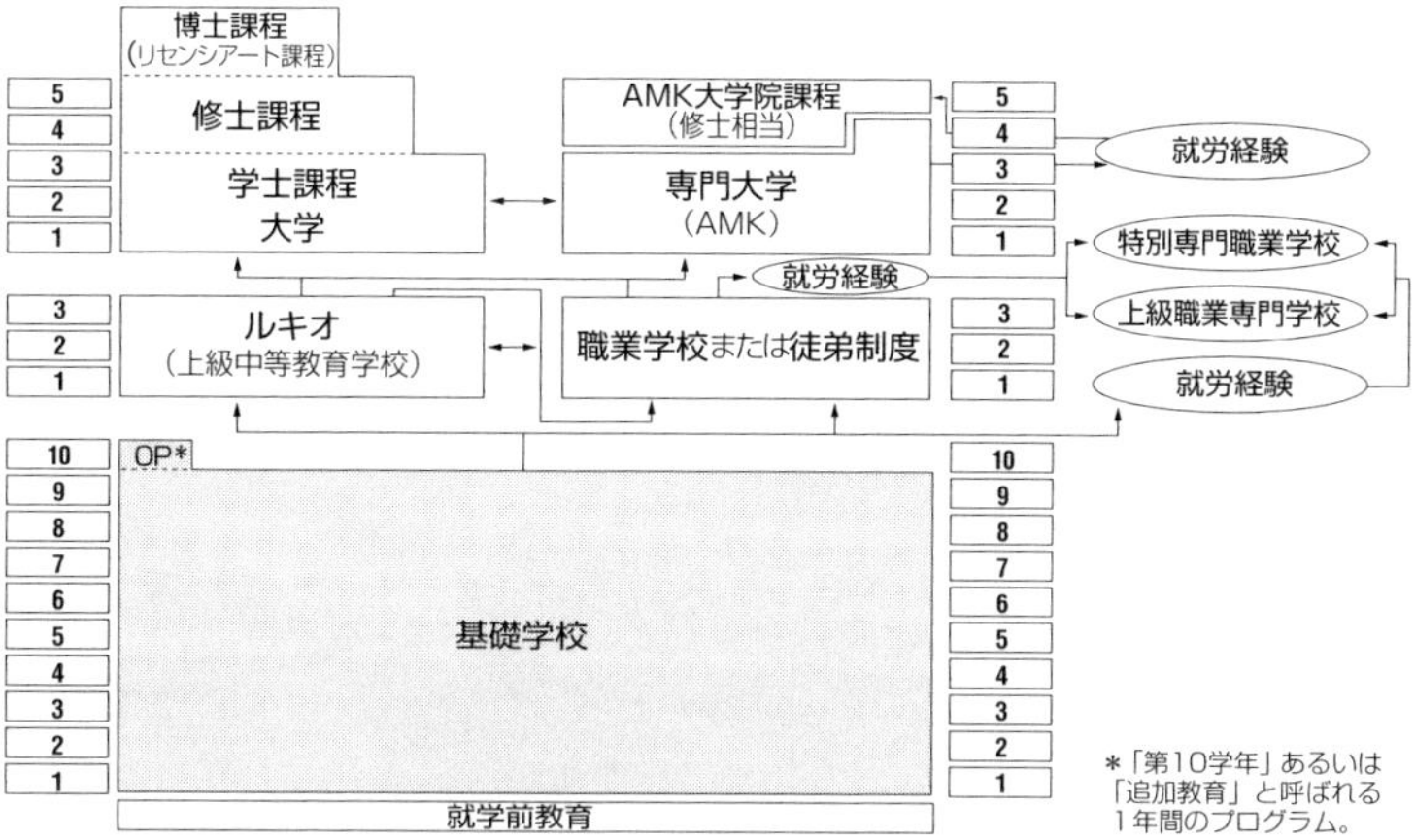

＊「第10学年」あるいは「追加教育」と呼ばれる1年間のプログラム。

教育機関である専門大学（ＡＭＫ）への進学の道を選ぶ。一九八〇年代後半以降、徐々に進められてきた普通教育と職業教育間の連携により、近年では、職業資格と大学入学資格試験の両方をめざす生徒も出てきており、職業学校から大学への進学の道も拓かれている。

その先の段階に位置する高等教育は、学術志向である大学と、職業志向である専門大学（ＡＭＫ）の二つの種類の機関から構成されている。一九九〇年代初頭の専門大学（ＡＭＫ）の設置および一九九六年の承認をもって成立した新たな制度は、高等教育進学率を七〇％以上にもひき上げ、フィンランドを世界有数の「高学歴国」にする原動力となった。しかし、高等教育進学者は増えたものの、高校や職業学校を修了した後、すぐに進学する者は四割弱といまだ少数派である。そのため、高等教育の入学年齢は相対的に高い。

学修期間については、欧州内において高等教育制度の共通化を図り、欧州高等教育圏の構築をめざすボローニャ・プロセスにより、学士三年－修士二年という新た

4年生の算数の授業。［撮影：渡邊あや］

な学位制度が導入された。しかし、これはあくまでも目安であり、現実には多くの学生がこの期間を超えて在学している。結果として、フィンランドの学生たちがフルタイムの社会人となるのは、比較的遅い。

以上、フィンランドの学校教育について見てきた。就学前段階から高等教育段階に至るすべてに共通する特徴として、制度的な弾力性が担保されていることが挙げられる。このことは、児童・生徒一人ひとりがそれぞれに合ったペースで学習を進めることを可能にするものである。各段階の修了時において一定水準に達していることを求めながらも、年齢は問題にせず、本人が納得いく形で学習することを認める柔軟さは、生涯学習社会フィンランドの懐の深さを示すものであるのかもしれない。

また、学校教育が、公立・私立にかかわらず、就学前段階から大学院に至るまですべて無償で提供されていることも特徴の一つであろう。これは、子どもたちがその能力や個性を伸ばしていく機会が環境によって制限されることがないよう、公正さに配慮した制度設計がなされていることに由来する。

フィンランドの生徒の学習到達度が相対的に高いことを示したPISAは、生徒の経済・社会・文化的背景が学習到達度に与える影響が他の国に比べ低いことをも明らかにしている。このようなことから考えると、教育において、平等と公正を担保しながら卓越性を実現するという世界共通の課題の答えに、いまもっとも近づいている国の一つがフィンランドであるといえるかもしれない。

8年生の社会の授業。[撮影：渡邊あや]

とはいえ、フィンランドでも、課題は山積している。とりわけ、子どもの福祉への配慮は、最重要課題である。いじめや子どもの虐待などの問題は、わが国同様、しばしばメディアを賑わしており、孤独感や疎外感を抱える子どもを、学校や家庭といった枠を超えてどう支えるかが議論されている。また、移民子弟など国際的な背景を持つ子どもたちへの配慮など、新たな課題も生まれている。

このような状況に鑑みて、行政も動き出した。始業前・放課後の学童保育の制度化、特別な支援を必要とする子どもたちへのケアの充実、国際的な背景を持つ子どもたちの母語教育の充実や専門教員の養成、いじめ対策のための「楽しい学校」プログラムなどの取り組みは、その一例である。「学力世界一」と評された国の学校は、さらなる飛躍をめざし、新たなステップを踏み出している。

（渡邊あや）

＊参考文献

北川達夫、フィンランド・メソッド普及会『図解　フィンランド・メソッド入門』経済界、二〇〇五年。

教育科学研究会編『なぜフィンランドの子どもたちは「学力」が高いか』国土社、二〇〇五年。

実川真由・実川元子『受けてみたフィンランドの教育』文藝春秋、二〇〇七年。

庄井良信・中嶋博編著『フィンランドに学ぶ教育と学力』明石書店、二〇〇五年。

鈴木誠編著『フィンランドの理科教育』明石書店、二〇〇七年。

髙橋睦子・藤井ニエメラみどり編著『安心・平等・社会の育み　フィンランドの子育てと保育』明石書店、二〇〇七年。

橋本紀子『フィンランドのジェンダー・セクシュアリティと教育』明石書店、二〇〇六年。

福田誠治『競争やめたら学力世界一』朝日選書、二〇〇六年。

福田誠治『格差をなくせば子どもの学力は伸びる――驚きのフィンランド教育』亜紀書房、二〇〇七年。

オッリペッカ・ヘイノネン、佐藤学『ＮＨＫ未来への提言　オッリペッカ・ヘイノネン「学力世界一」がもたらすもの』ＮＨＫ出版、二〇〇七年。

ヘイッキ・マキパー著、髙瀬愛翻訳監修『平等社会フィンランドが育む未来型学力』明石書店、二〇〇七年。

22

科学と技術

★ フィンランドにおける科学技術発展の概観 ★

科学技術の発達という面でフィンランドが辿ってきた歴史は、運、不運が見舞い、世界の動向もそこに入り込んだ、たえまない変化の物語である。一六四〇年、スウェーデン統治下のトゥルク市に、最初の大学が開設され、学識ある教授たちが集まってフィンランドの知のちからの基礎を築いた。一八二八年には大学はヘルシンキに移され、ロシアの統治下に学術活動の範囲があらゆる学問分野に広がった。近代化した大学は、知的学問的な討論と、問題の分析、解決のための場となった。同時に、高い能力をもった官僚を政府の要職につけるべく練磨することも、大学の基本的な機能の一つであると見なされた。

けれども、両次にわたる世界大戦のおかげで、フィンランドの学問の歴史が辿る道程は、劇的に変化した。諸大学そのものは当然両次大戦に生き残ったものの、もっとも肝心な将来性ある人材の損失があったことは否めず、生き残った者も戦後の虚脱と疲弊の中にあった。政府は、大学の研究費の捻出にも苦労したし、研究者の中にはやむをえず研究生活を捨てる者もあった。同時に、戦後政治の現実というものが、科学技術にたいする日常的な取り組みのあり方を根底から変えてしまい、人々は

化学の実験室で。［提供：Jukka Viitanen］

自分たちに差し迫って必要な事柄を実地に解決してくれることを大学に求め、また主要な産業の進歩も投資も、賠償問題と密接に結びついていた。フィンランドは基礎科学の面で次第に世界に遅れをとり、多くの研究者が欧米における科学の急速な発達を観客席で追う立場におかれたのである。

　状況の改善に向かう最初の変化が生じたのは一九五〇年代末のことであって、その時フィンランド政府は、国の将来の繁栄と競争力を保証するものこそは科学知識であるという考え方を広く奨励し、これに立脚して科学に対する投資を強化することに踏み切った。フィンランドはノーベル賞を化学部門ではじめて受賞した（A・I・ヴィルタネン）ばかりであったし、他の多くのフィンランドの学者たちも科学研究の最前線に戻りつつあった。強い鼓動が戻ってきて、政府は科学こそがさらなる経済発展を推進するこのうえなく頼もしい原動力だと考えた。そこでフィンランド政府は、全国に国立大学のネットワークを広げる決定をし、地域の社会経済と教育にたいする強力な投資を開始した。さらに、政府は、全国的規模で一層生産的で質的にもトップ水準の研究が積極的に進んでいくよう、科学技術全般にわたる国策を練り上げることにした。一九六〇年代以来、諸大学は、

第22章
科学と技術

科学技術の進歩と国際競争力強化の鍵になる国家的資源だと考えられてきたのである。

　フィンランドの近代的な技術革新システムは、すべての主要な組織が現在の状態に変革された一九七〇年代と一九八〇年代に、姿を現すにいたった。フィンランドの「新」アカデミーとTEKES（フィンランド技術庁）は、それぞれ基礎科学と応用研究を資金的に補助する主要な機関として設立された。また、SITRA（フィンランド国立研究開発基金）がフィンランドのハイテク産業の発展を支援し、国家の企業投資活動を促進する目的で設けられた。この間、科学技術にたいする政府の投資総額は、二〇〇四年には国内総生産の三・五％台に達した。ほぼ同じ時期に、諸大学は、研究プロジェクトの契約や将来の産業研究のための共同研究設備を発展させることで民間企業部門との協力を強めた。この協力強化の確かな実りは、まずオウトクンプ株式会社による瞬時溶解技術の発明であったといえるであろう。その後やがてノキアによるNMT自動車用通信の発達が続いた。

　フィンランドの技術革新システムと科学技術発展の終章は、フィンランド経済の上向き傾向が突然景気後退で止まった一九九〇年代に始まった。ソ連が崩壊した時、フィンランドは一夜にして対外輸出市場の四割近くを失い、失業率は二〇％を越えた。その時、民間企業の中には研究開発費を削減せざるをえないものが出、技術革新システム全体が常に危機に曝される始末になった。幸いにも、政府と民間企業部門は、科学技術の急速な発展に貢献することに共通の利益があると考えており、最善の道は、知識立脚型社会の創造に向けた強力な共同投資をすることだと決断した。高度の専門化と進んだ技術情報を通じてはじめて、小国の国民経済は生き残ることができると考えたからである。科学技術の発展は、これを推進するエンジンにほかならなかった。

今日では、フィンランドはヨーロッパでもっとも進んだ技術革新経済に属すると認められており、その進んだ革新システムは、さまざまな国際関係研究の基準に用いられることがしばしばである。のみならず、官民の提携モデルは、研究結果の実用性を確かめ、問題解決をめざして最有能者を集めるために、いくつかの応用科学分野に導入されてきた。このように、フィンランドの技術革新システムは形態において優れており、経済的繁栄と開かれた革新のために必要な基準を提供している。けれども、どの国の科学技術発展も進行形の状態にあるのであって、フィンランドのシステムだからいつも当てになるとはいえない。それどころか、フィンランドは滑り出しがよかっただけだと、私は考えている。

（ユッカ・ヴィータネン、百瀬宏訳）

コラム3

「フィンランド化」という言葉
――冷戦時代の亡霊のように

長﨑泰裕

　皆さんは「フィンランド化」という言葉を読んだり、聞いたりしたことがあるだろうか。最近時々、この言葉を時事評論などで見かける。筆者が気づいた例では、いずれも日中関係や、中国や日本を取り巻く国際関係についての論考の中で使われていた。そこでは「中国が日本に政治的な圧力をかけて、いずれ日本が『フィンランド化』されてしまう」といった形で使われている。中国、日本、そしてフィンランドの三者の間に、一体どんな関係があるのだと思う方もいるだろう。

　「フィンランド化」という言葉は、第二次世界大戦後の冷戦時代、超大国ソ連とその隣の小国フィンランドの間の外交関係を引き合いにしており、「（ソ連が）主に外交的な圧力を通じて、他の小国の内政を意のままに操ること」をその定義としている。

　この言葉が頻繁に評論などに登場したのは、東西冷戦が真っただ中だった一九六〇年代後半で、最初は主に西ドイツでの政治論議の中で使われた。当時の西ドイツの政治家ブラントが、ソ連との間で進めようとしていた、いわゆる「東方外交」を批判する際に使われたのが最初だと言われる。西ドイツでの「フィンランド化」議論では、東方外交で西ドイツを始めとする西側がソ連との融和に努めると、いずれは、ソ連に迎合した外交政策しか取れなくなってしまうという、緊張緩和政策に対する批判でもあった。

　その後、一九七〇年代、さらに一九八〇年代を通じて欧米を中心に、また日本でも「フィンランド化」という言葉が論壇や政治家の間で使われるようになった。一九八四年、当時の中曽根首相が「日本も防衛努力を怠ると、フィンランドのようにソ連にお情けを請う国になる」という「フィンランド化」発言は大きな話題になった。

ここで問題となるのは当時のフィンランドの現実である。それは、本当に「フィンランド化」論者が言うように、ソ連の意のままに操られるものだったのだろうか。たとえば、フィンランドの元国連大使マックス・ヤコブソン（Max Jakobson）は、「もし『フィンランド化』という言葉が、超大国に国境を接する小さい中立国は、力の現実にその政策を適合させねばならない、という意味に使用されるならば、それに異論はない」と語っている。

また、冷戦時代を知るフィンランドの老ジャーナリストはかつて筆者に、「ソ連（ロシア）と一〇〇〇キロを超える国境を接したフィンランドが、自由な体制を維持し、東欧諸国のように衛星国として従属させられないために、どれだけの知恵と叡智を発揮してきたかを考えてもみて欲しい。」と話したことがあるが、ヤコブソンの含蓄有る言葉と重ね合わせると、「フィンランド化」などと簡単に片づけられることに対するフィンランドの人々の強い拒否感を感じ取ることができる。事実、フィンランドは戦後、隣国ソ連を不要に刺激せず友好に腐心しつつも、独自の軍事力を持ち、核シェルターを備えた堅固な防衛体制を誇ってきた。

冷戦の終結とともに、フィンランドでもこれまで非公開だった冷戦期の外交文書の公開が進み、そうした文書に基づく最近の研究成果によれば、フィンランドは体制の異なる大国ソ連に隣接するという地政学的状況を綿密に分析したうえで、最終的な政策については、常に自らの決定により政策の選択を行ってきたことが明ら

対ソ関係の研究は今もさかんに行われている。［撮影：石野裕子］

かになってきている。「フィンランド化」という言葉は、こうしたフィンランドの主体的な営みを考慮せず、フィンランドがあたかもソ連の属国であるかのような印象を振りまくことになっただけに、フィンランドの人々をひどく傷つけたのであった。当時の世界が、フィンランドの対ソ政策における意志決定の詳細を知るよしもなかったということも、「フィンランド化」という言葉が生まれる背景にあったことを指摘したい。

このように、戦後の両国関係については、「フィンランド化」論が言うような、強い圧力に誘導される形でフィンランドが常にソ連よりの決定を強いられてきたと、単純に結論づけることはできないのである。つまり、「フィンランド化」という言葉は、フィンランドの現実には関わりなく、政治用語として一人歩きをして来たと言っても差し支えないだろう。

ソ連の崩壊とともに、かつてメディアをにぎわせた「フィンランド化」論も急速に姿を消してゆく。ところが、欧米ではほとんど目にすることがなくなった言葉が、冒頭で紹介したように、最近になって、アジア情勢について語られる時に、再び使われ始めたということに注目したい。そこでは、「このまま、中国との関係が深まり過ぎ、また、中国政府の意を忖度《そんたく》するようなことばかりしていると、日本や中国の隣接諸国が中国によってフィンランド化されてしまうのでは」という形で登場しているのである。

こうした議論が妥当であるかどうかはともかく、注目すべきは、最近の日本での「フィンランド化」論は、欧州とは異なり、いまだ冷戦構造を残したままの北東アジアを中心とするアジア地域を対象にして用いられている点である。ここで「フィンランド化」を使う論者は、アジア地域で中国が国力を強めるなか、中国と周辺諸国、つまり、日本や朝鮮半島、そして東南アジア諸国との関係を、かつてのソ連とフィンランドなどの周辺地域との関係になぞらえているのである。

まるで、過去の亡霊のように蘇ったかに見える「フィンランド化」。かつて、自国の存亡をかけて対ソ外交に叡智を傾けてきたフィンランド人にとっては、まことに憤懣やるかたない心ない言葉ではある。すでにソ連は消滅し、今やEU・ヨーロッパ連合の一員であるフィンランドの現実は、「フィンランド化」論が語られていた頃とはまったく様変わりしている。しかし、一度生まれた言葉は一人歩きする。日本の論壇で見かける最近の使われ方を見ていると、今後も、大国とその影響力を受ける周辺地域の問題を論ずる際に使われる可能性は残っているともいえよう。

III

文化としてのフィンランド

23

フィンランド語とはどんな言語か？

★「アジア系言語」の真実★

「フィンランド語が勉強したいんだけど、どんな言葉と似てるのかしら」

「やっぱり他の北欧の言葉と似てるんじゃないかな」

「英語とも似てるんじゃないの。だって、私の知ってるフィンランド人はみんなとっても英語が上手よ」

「ちょっと待って。フィンランド語って、アジア系の言葉って聞いたけど」

たしかに、フィンランド人には英語が上手な人が多い。しかし、フィンランド語は、英語とも、スウェーデン語のような他の北欧の言葉ともまったく違う。それなら、フィンランド語はどんな言葉なのだろうか。

国語になっている言葉の中では、エストニア語がフィンランド語にもっとも近い。エストニアはバルト三国の一つで、フィンランド湾をはさんでフィンランドの反対側にある。北欧の中で、フィンランド語だけが別の言葉であるのと同じように、バルト三国でも、エストニア語はラトビア語やリトアニア語とまったく違っている。バルト海のまわりで話されている言葉には、他にロシア語やポーランド語、ドイツ語などもあるが、フィンランド語とエストニア語以外はみな同じ起源を持っていて、インド・ヨーロッパ語族に属している。つまり、フィンランド語とエストニア語だけが、まわりと違う言葉ということになる。

実は、フィンランド語には遠く離れた場所に仲間がある。まず、ハンガリー語は、フィンランド語の遠い親戚にあたる。そして、言語学的にフィンランド語とハンガリー語の間に位置づけられる言葉には、マリ語、モルドヴィン語、コミ語、ウドムルト語といったものがあり、これらはみな、ロシア中部、ウラル山脈の西側、ヴォルガ川の中流域で話されている。これらの言葉とフィンランド語、エストニア語、ハンガリー語は同じ起源を持っていて、総称してウラル語族と呼ばれるが、それは、この語族に属する言葉の起源がウラル山脈の近くにあると考えられているからだ。そうだとすると、フィンランド語が、今、西に千数百キロ離れた場所で話されているのは、フィンランド人の祖先が東の方から移動してきたからなのだろうか。

東から移動してきたというと、「だからフィンランド人はアジア系なんだ」という話になってしまいがちだが、フィンランド人とヴォルガ川中流域に住む人々は同じ人種ではない。だから、移動があったとは言い切れないし、少なくとも今のフィンランド人は、明らかにヨーロッパ人種に分類される。なお、フィンランドの最北部を含む、いわゆるラップランドで話されているサーミ語もウラル語に含まれる。フィンランド語とサーミ語は隣り合った場所で話されているのに、言葉としてはエストニア語の方がフィンランド語に近い。サーミ人は人種的にもアジア的で、サーミ人やサーミ語の来歴についても謎が多い。

ウラル語族に属する言葉は二〇近くあるが、全般に話者人口が少なく、なかにはほとんど絶滅しかけているものもあり、とくにロシア領内のウラル語は厳しい状況に置かれている。その点、フィンランド語はフィンランドの国語でもあり、話者も五〇〇万人以上いるので、当面の心配はない。フィンランド語が通用するのは、ほとんどフィンランド国内に限られるが、スウェーデンには南部を中心に約三〇万人の話者がいる。国外におけるフィンランド語の分布は移民の行き先と重なっていて、とくにスウェーデン北部、ノルウェー北部、ロシアのサンクトペテルブルク周辺では、移民の子孫にフィンランド語が受け継がれている。そのほか、同じく移民先のアメリカ、カナダ、オーストラリアにも若干の話者がいる。また、フィンランドの東隣、ロシア領カレリア共和国の一部では、ウラル語の一つで、フィンランド語にとても近いカレリア語が話されているが、フィンランド語も通用している。

さて、フィンランド語がウラル語の一つだとすると、フィンランド語はアジア系の言葉といえるのだろうか。「アジア」の定義にもよるが、ウラル語の分布はもっとも東でもウラル山脈の近辺にとどまるから、アジアと呼ぶのは難しいだろう。ただ、たしかに、ウラル語はヨーロッパの言葉とさまざまな点で異なる特徴を持っているし、そして、その特徴のうちの多くが中央アジアで話されている言葉と共通している。中央アジアで話されている言葉というのは、モンゴル系やトルコ系の民族の言葉で、これらの言葉はアルタイ語と呼ばれている。そのため、かつてはウラル・アルタイ語族という言い方があり、日本語もウラル・アルタイ語の一つだと言われていた。今ではその説は否定されているが、日本語とフィンランド語を比べると、似たところも少なくない。

フィンランド語と日本語の最大の共通点は、ともに膠着語に分類されるということだろう。膠着語というのは、単語が語形変化するときに、いくらその単語が長くなっても、元の形に付け加えられた

ヘルシンキの市電の停留所。フィンランド語とスウェーデン語で書かれている。
［撮影：佐久間淳一］

部分をそれぞれ調べれば、簡単に意味がわかるような言葉のことを指す。たとえば、日本語で「食べる」が「食べさせられた」に変化したとき、その意味を知るには、使役の「させ」と受身の「られ」と過去の「た」に分解すればよい。フィンランド語の場合も同じで、lapsillemmeなら、「子供」を表すlaps-に、複数の-i-、日本語の格助詞「へ」に当たる-lle-、「我々の」という意味の-mmeが付いているので、「我々の子供たちへ」という意味になる。ところで、-lle-は、フィンランド語の文法では、格の一つで「向格」と呼ばれている。フィンランド語は格が多い。格というのは、英語の人称代名詞がI, my, meのように形を変えることだが、英語の場合は主格、所有格、目的格の三つしかないし、他の言葉でも、普通は多くて六つくらいしかない。しかし、フィンランド語には一四もあって、単数複数の区別もあるから、一つの名詞がとてもたくさんの形を持っていることになる。そういわれると、とんでもなく難しい言葉のような気がするかもしれないが、フィンランド語は膠着語だから、語

フィンランドの携帯電話会社の広告。
［撮影：佐久間淳一］

形変化といっても、必要な要素を付け加えていけばよい。それに、フィンランド語の格と同じ働きをしている「が」や「を」や「に」といった日本語の格助詞も、考えてみればたくさんある。だから、むやみに恐れる必要はない。

語順にも似たところがあり、フィンランド語で「フィンランド語を流暢に話す外国人」は suomea sujuvasti puhuva ulkomaalainen となるが、この語順は日本語とまったく同じである。日本人にとっては発音もなじみやすいだろう。フィンランド語は他のヨーロッパの言葉に比べて、発音に占める母音の割合が高い。日本語と同様、paperitavara「文房具」のように、子音と母音が交互に並ぶ単語も少なくない。ちなみに、フィンランド語には、発音に関して母音調和という現象がある。これは、母音に二つのグループがあり、同じ単語の中には同じグループの母音しか出てこられないという現象で、今の日本語にはないものの、ウラル語、アルタイ語にはよく見られる。

もっとも、日本語とフィンランド語では違いもあり、たとえば、「彼はフィンランド語を流暢に話す」は Hän puhuu suomea sujuvasti. で、この語順は、英語の He speaks Finnish fluently. と同じである。つまり、フィンランド語の基本的な語順はむしろ英語と同じで、日本語と同じ語順になる場合は限られている。また、主語と動詞の間に一致が起こったり、名詞を修飾する形容詞が名詞と同じように変化したりするといった点は、ヨーロッパの言葉に近い。一方、フィンランド語では、所有者がlapsillemme の-mme のように名詞の一部になってしまうことがあるが、日本語の「我々」や英語のour にそうしたことは起こらない。所有者を表す-mme のような形は「所有接尾辞」と呼ばれ、フィンランド語の特徴の一つに数えられている。

フィンランド語は、文字もごく普通のアルファベットだし、発音はほぼ書いてあるとおりにローマ字読みをすればよい。したがって、勉強するにはとっつきやすい言葉だろう。とはいえ、語形変化は英語と比べ物にならないほど多いし、語形変化の際に、「子音階程交替」と呼ばれる厄介な現象も生じる。語形変化は慣れの問題とはいえ、越えなければならないハードルはけっして低くはない。しかし、近年、続々と日本語で書かれた教科書が出版され、各地のフィンランド語教室も盛況と聞く。ぜひ読者の皆さんにも、フィンランド語の扉を開けていただきたい。

（佐久間淳一）

参考文献

吉田欣吾『フィンランド語のしくみ』白水社、二〇〇七年。
佐久間淳一『フィンランド語のすすめ　初級編』研究社、二〇〇四年。
佐久間淳一『フィンランド語のすすめ　中級編』研究社、二〇〇四年。

24

フィンランドの現代文学

★「大きな物語」から多様性へ★

フィンランドの秋は、木々の紅葉とともに早くも九月に訪れることが多い。秋の到来をはっきりと知らせてくれるものには、フィンランドの文学事情についてメディアで交わされる論争もある。例年この論争がいちばん盛り上がるのは、フィンランディア賞が授与される一一月だ。フィンランディア賞とは、フィンランドでもっとも権威のある文学賞で、フィンランド図書財団によって授与される。選考委員会が候補作品を絞り込み、受賞作を決めるのは、その年の「独裁者《ディクテーター》」である。この「独裁者《ディクテーター》」は、パーヴォ・リッポネン前首相が務めたこともあれば、映画監督のアキ・カウリスマキが務めたこともある。

二〇〇六年のフィンランディア賞受賞作品は、シェール・ヴェスト（Kjell Westö）の『かつて我らが歩んだ道』（原題 *Missä kuljimme kerran*, Otava 刊）だった。この作品で、ヴェストは一九〇〇年代初頭のヘルシンキを鮮やかにわれわれの眼前に出現させてみせると同時に、難しいテーマであるフィンランドの内戦（一九一八年）をとりあげている。勝利者側である白衛軍に属するスウェーデン語系フィンランド人を通じて、今までにない視点で内戦が描き出されている。戦勝者の残酷さや復讐心もあらわになっているのだ。フィンランド史に精通している読者なら、この小説に一気に引き込まれてしまう。この作品は、真実味豊かな社会的写実主義であり、それは、フィンランド人読者の大多数が好む文学ジャンルでもある。

ヴェスト作品の受賞は予想どおりであった。ときに、我々フィンランド人は、ある時代をはっきりと浮き彫りにし、その時代を解釈する助けとなるような、フィンランドの大きな物語を読みたいという欲求に駆られるのである（米国のGreat American Novel現象とまったく同様である）。この大きな物語への欲求を、長編小説『無名兵士』（*Tuntematon sotilas* 一九五四年）と『ここ北極星のもとで』（*Täällä Pohjantähden alla* 一九五九－六二年）で満たしてくれたのが、ヴァイノ・リンナ（Väinö Linna 一九二〇－九二年）であった。

書店に並ぶ2007年のフィンランディア賞受賞作品。［撮影：Jani Tiainen］

今のフィンランドでは一般的に、推理小説と並んでベストセラーのトップを占めるのは、写実小説とユーモアをきかせた「男性文学」とでもいうべきものであろう。それにもかかわらず、フィンランディア賞候補作や近年の受賞作をふり返ると、フィンランド文学のジャンルは広範にわたっていることがわかる。フィンランドでは、散文でも詩でもＳＦでも実験小説でも、一様に出版され、評価されているのである。

本は話題を提供し、評価の対象となり、さらに社会論争を生み出す。その好例が、二〇〇二年のフィンランディア賞を受賞した、カリ・ホタカイネン（Kari Hotakainen）の『ユオクスハウタ通り』（*Juoksuhaudan tie*, WSOY刊、邦訳『マイホーム』）である。この小説では、ホタカイネン一流の斜に構えた筆法で、持ち家、すなわち小さな一戸建てに対するフィンランド人の憧れが描かれている。この小説は、一見ユーモアを含んだスリラーだが、フィンランド人の夢や伝統的な男性像、そして一般に北欧福祉国家を深く掘り下げることに成功している。一〇万部以上の売り上げを達成したこの小説は、軽い読み物を装いながらも鋭い皮肉を秘めており、北欧理事会の文学賞も受賞している。ホタカイネンは、この『ユオクスハウタ通り』のみならず他のほとんどの作品でも、現代のフィンランド人気質、とりわけ中年のフィンランド人男性像を悪意のない皮肉で描き出している。

一方、二〇〇五年のフィンランディア賞受賞作品は、より伝統的で詩的な芸術小説、一人の人間の成長記録と一族の物語である、ブー・カルペラン（Bo Carpelan）の『夏の影』（*Kesän varjot*, Otava刊）だった。二〇〇四年には、詩人エーヴァ＝リーサ・マンネルの生涯を綴った、ヘレナ・シネルヴォ（Helena Sinervo）の作品『詩人の家にて』（*Runoilijan talossa*, Tammi刊）が受賞している。また、二〇〇三年の受賞作は、ピルッコ・サイシオ（Pirkko Saisio）の自伝的三部作の最終作である『赤い解雇通知』（*Punainen erokirja*, WSOY刊）で、社会的かつ性的な目覚めをテーマとしている。

ところで、これら受賞作の内容に共通するものは、実は何もないのである。各作品に共通の要素は無論みつかるだろうが、近年のフィンランディア賞受賞作品および候補作の一覧は、フィンランド文学のばらつきを示している。最近の推理小説ブーム、または、いろいろなタイプのユーモア男性作家たち（ホタカイネン、アルト・パーシリンナ、ヤリ・テルヴォ、ハンヌ・ライッティラ、ペトリ・タンミネンなど）をまとめて（内容的には実際かなり異なるものであっても）、一つの文学的現象とみなすことも、もちろんできるだろう。しかし、ひとことで語れるようなフィンランド文学の定義というのは、無意味であり不可能でさえあるのだ。

待望久しい「フィンランドの大きな物語」やさまざまな時代を解釈する作品は執筆されるものの（出版されたばかりのヤルッコ・トンッティ［Jarkko Tontti］の特定の世代の経験に焦点をあてた小説『同窓会』［*Luokkakokous*, Otava 刊］など）、全国民にとってこれらの作品は、もはや共有されるものでも、大切なものでもない。それぞれの世代は、作品から自分たちのストーリーを読み取るだろうが、作品が全国民を一つに結びつけることはないし、その必要もないのである。諸外国の人々にとって、小国が文学上の共通性を求め、国民を一つに結びつける物語を渇望している有様とは、奇異に思えるかもしれない。

わずか二〇年ほど前には、フィンランド人読者はほぼ一つにまとまっていた。文学は、実に、全国民の文学として語ることができた。だがいまや、一つにまとまった読者層というものは存在せず、一つの文学というものもなくなっている。その結果、作家が古典作家としてのステータスを獲得することと、また、文学の殿堂入りを果たすことは、以前よりも困難になった。

それでも、文学のこの統一性のなさや多様性こそが、文学界を面白くしてくれるものなのである。フィンランドでは、年間出版小説数の少なさにもかかわらず、面白い作家が次々と登場している。大きなフィンランドでは、フィンランドの物語を切望している人々は、失望して文学の情けない現状に不満を並べるかもしれないが、多様な文学というのは、読者にとってはひたすら幸せなことなのである。

（ヘイッキ・ヴァルカマ・髙瀬愛訳）

25

フィンランド民族叙事詩『カレワラ』の誕生と一九世紀フィンランド文学

★翻訳文学の隆盛とフィンランド民族文化の模索★

『カレワラ』（*Kalevala*）は、一八三五年に医師エリアス・ロンルートがカレリア地方を中心に、口承で歌われてきた叙事詩を採取し、編纂したもの（一八四九年に新版が発刊）で、フィンランドを代表する文化の一つである。

『カレワラ』は、つばめが乙女の膝に生んだ卵が割れて世界が創造された場面から始まり、生まれた時から老人であったヴァイナモイネン、そして鍛冶師イルマリネン、荒くれ者のレンミンカイネンなど個性豊かな人物たちがくり広げる壮大な物語である。かつて六世紀にわたるスウェーデン支配の下にあり、一八〇九年にロシア帝国に割譲された後もスウェーデン文化の影響が色濃く残っていたフィンランドにおいて、フィンランド語で書かれた『カレワラ』はフィンランド民族文化の象徴的存在となったといわれているが、同じ一九世紀期に創成期を迎えたフィンランド文学の中でどのように位置づけられるのであろうか。

一九世紀に活躍した知識人アードルフ・イヴァル・アルヴィドソンの有名な言葉に、「われわれはもはやスウェーデン人ではない、しかしロシア人ではありえない。だからフィンランド人でいこう」があるが、この言葉に示されているように、フィンランドの知識人たちは、スウェーデン統治時代末期に芽生えていた思想、つまり自分たちは何者であるかという問いに真剣に向き合うようになった。ロシア帝国統治下に置かれたフィンランドでは、スウェーデン統治時代後半に知識人の間ですでに芽生えていた詩への関心を引き継ぎ、詩の採集や編纂が行われていた。この傾向は、ドイツで発生した民族ロマン主義の影響、とくにドイツの哲学者ヘルダーが唱えた「一言語一民族」思想や、民族文化は下層階級の間に存在する口承伝統において明確化されるという思想によるものであった。

このような思想の下、「トゥルク・ロマン主義」と呼ばれる文化運動がオーボ王立アカデミーの知識人、大学生を中心に盛り上がった。一八二七年にトゥルクで大火災が発生したのを機に大学がヘルシンキに移され、ヘルシンキは首都となったが、そこに「トゥルク・ロマン主義」を受け継いだ「ヘルシンキ・ロマン主義」と呼ばれた運動が花開き、フィンランドの民族叙事詩の採集および研究を行うことでフィンランド独自の文化を追求した。たとえば、フォン・ベッカーが一八二一年に『カレワラ』の登場人物の一人であるヴァイナモイネンに関する詩を採取したり、一八一七年には、カール・アクセル・ゴッドルンドがはじめて古代フィンランド叙事詩という概念を明らかにし、翌年に詩集を出版したりするなど、フィンランド人知識人が詩を中心としたフィンランド民族文化の形成に携わっていったのである。『カレワラ』はこのような思想潮流を受けて編纂されたものであった。

六世紀にわたるスウェーデン統治時代によって、スウェーデン語が公用語になっていたフィンランドにおいて、『カレワラ』は「農民の言葉」であるフィンランド語で書かれた。実は『カレワラ』は発表当初、フィンランド語推進運動の旗手であるJ・W・スネルマンから「素朴すぎる」と批判されたように、フィンランド知識人の間で好意的な反響はあまり得られなかった。しかし、一八三一年に設立され、ロンルートの詩の採集旅行に助成金を与えたフィンランド文学協会は『カレワラ』の翻訳に助成金を出し、積極的に海外への普及を行った。たとえば、スウェーデン語版は一八四一年に、フランス語版は一八四五年に、ドイツ語版は一八五二年に出版された。その成果もあり、ドイツのグリム童話の編者として知られているヤーコプ・グリムといったヨーロッパの知識人が『カレワラ』を絶賛し、その高い評価がフィンランドに「逆輸入」されたこともあり、徐々に『カレワラ』の国内での評価が高まっていった。

一方で、スウェーデン語で書かれた詩や文学によるフィンランド民族意識の形成が着実に行われていた。その代表的な作家にサクリス・トペリウス、ユーハン・リューネバリらが挙げられる。たとえば、一八四八年にフィンランド人一兵士の視点から戦争を描いた詩『旗手ストールの物語』を発表したリューネバリは、一八七五年には『わが祖国に関する本』など多くの著作や詩を記し、フィンランド民族意識の形成に貢献した。また、リューネバリが書いた「我が祖国」は、一八四八年五月一三日の「花の日」に公的にはじめて歌われ、フィンランド独立後、国歌となった。リューネバリやトペリウスなどのスウェーデン語詩や文学作品は、フィンランドの学校で歴史や地理の時間に読まれるようになり、作品に描かれているフィンランドの理想的な景観が、教育の場を通じてフィンランド人の間に広められ、フィンランド・アイデンティティの形成に一役買うのであるが、フィンランド語文学の登場はなお一八七〇年代まで待たなければならなかった。しかも、ようやく一八七〇年にアレクシス・キヴィが初のフィンランド語文学である『七人兄弟』を発表したものの、正当に評価されたのはキヴィの死後になってからであった。

その理由として、文化の担い手であったフィンランド人知識人のほとんどがスウェーデン語を母語としていたからであり、フィンランド語での創作が困難であったどころか、フィンランド語を読むのさえ苦労したからであった。しかし、アレクサンドル二世の「自由化」の時代に入り、一八六三年にはフィンランド語をスウェーデン語と同等の地位と認める言語令が発布されるなど法的な制度が整えられたことや、スネルマン率いるフィンランド語推進運動の勢いが増すなかで、スウェーデン語を母語とする知識人がフィンランド語への「言語転換」を試みるなど、知識人の意識自体が変化していったこと、一八七〇年代後半にフィンランドで出版社が次々と創設されるといったように、フィンランド語文学のための環境が整備されたことなどの条件が整いだしたため、フィンランド語文学が徐々に登場し始め、フィンランド語文学の数自体もスウェーデン語文学に追いついてきた。この状況に加え、言語や政治による社会的な分割が明確になったことで、スウェー

1832年に開催されたフィンランド文学協会の会議風景。G.Paaer 作。フィンランド文学協会は、フィンランド文学の興隆に重要な役割を果たした。
出典：Irma Sulknen, *Suomalaisen Kirjallisuuden Seura 1831-1892* , SKS, 2004.

デン語作家とフィンランド語作家はそれぞれ別々の文学サークルを結成する動きを見せた。しかし、双方の文学とも、諸外国の文学で流行していたその時々の手法を自分たちの創作に取り入れることで自分たちの文学を発展させていった。当初、北欧文学やフランス、ドイツなどヨーロッパ文学の影響を受け、海外で流行していたダーウィニズムなどの潮流、一八八〇年代にはリアリズムがフィンランド文学に取り入れられた。

長きスウェーデン統治の影響を受けたフィンランドでは、スウェーデンにおける翻訳文学の伝統がロシア統治下においても引き継がれ、外国語文学のフィンランド語への翻訳がさかんに行われた。一八七〇年代には、フィンランド文学界を先導するフィンランド文学協会も、模範的とされる外国文学の翻訳に重点を置くようになった。パーヴォ・カヤンデルによる一連のシェイクスピア作品の翻訳（たとえば、一八七九年の『ハムレット』のフィンランド語版出版）は、現在においても有名である。一部の知識人の間では、フィンランド文学を形成するために文学の「正典」であるシェイクスピア作品をフィンランド語に翻訳することが重要であるという考えが存在しており、一八三五年の『カレワラ』出版以前にはシェイクスピアの『マクベス』を模倣し、フィンランドに舞台を置き換えた『王の城』という作品が出版されるほどであった。

また、前述したトペリウスがスウェーデン語で記した『自然の本』のフィンランド語版が一八九〇年までに十万冊も売れるといったように、フィンランド内で発行されたスウェーデン語で書かれた本がフィンランド語に翻訳されることで、フィンランド語の書物が飛躍的に増えていった。

フィンランド語に翻訳された書物は、主にヨーロッパ大陸における文学であったが、イプセンの演劇が一八八〇年にヘルシンキで上演されるなど、演劇などの分野において北欧文学の影響も大きかった。

ロシア文学の影響も少なくなかった。なかでも、アレクサンドル・ヤーネフェルト一家が仲介者となって、ドストエフスキーやトルストイの作品がフィンランド語に翻訳され、フィンランド人作家たちに影響を与えた。また、ヤーネフェルト一家が設けた文学サロンや、フィンランド初の「女性」作家で新聞記者であったミーナ・カントが自宅に設けた文学サロンを通じて作家同士の交流が行われ、そこでの文学談義がフィンランド文学の発展に寄与した。

また、すでに言語的類似点や地理的接点から、エストニア文学への関心がフィンランド人知識人の間で芽生えていた。たとえば、一八八五年には知識人アールクヴィストがエストニア文学を紹介している。民俗学者であり、詩人でもあったユリウス・クローンもエストニアの詩に関心を抱き、カレワラとの関係を研究していた。クローンの娘で作家であるアイノ・カラスは、エストニア文学をフィンランドに紹介するだけではなく、エストニアの文学サークルとも交流していたことで有名である。

一八九〇年前後には、パリへ旅行したユハニ・アホを始めとする作家がパリやウィーンといったヨーロッパで流行していた新ロマン主義の影響を受けた作品を発表するなど、象徴主義やデカダンスといった北欧やヨーロッパ文学界でその時々に流行した文学潮流がフィンランドの文学界に持ち込まれ、個々の作家の作品に昇華されていくことでフィンランド文学が発展していった。その後、フィンランド文学はフィンランドの農民や庶民の生活、自然や季節を作品のテーマとするだけではなく、「ロシア化」政策の影響やストライキ、独立、内戦などの社会情勢の混乱を経験するなかで、それらの事件を反映した社会派文学やプロレタリア文学が登場するなど、外国の文学潮流に影響を受けつつ

「アイノ神話」アクセリ・ガッレン＝カッレラ作、1891年、アテネウム美術館所蔵。
［撮影：石野裕子］

もフィンランド独自のテーマを題材とする文学作品を生み出していったのである。

その一方で、一九世紀中葉に花開いた民族ロマン主義の影響は、一九世紀後半に入っても続いており、カレリアへの熱狂的な関心はとどまることはなく、「ロシア化」政策が施行された状況にもかかわらず、一八八〇年代半ばから一九〇〇年代初めにその頂点を迎え、絵画や文学などの芸術の世界において、いわゆる「カレリアニズム」と呼ばれる風潮が生み出された。国民的詩人エイノ・レイノが後に「フィンランドのルネッサンス」と名づけたカレリアニズムの中で、『カレワラ』はフィンランド民族文化の象徴とされ、フィンランド民族文化の揺籃の地と信じられたカレリア地方（特にロシア領カレリア）に学生や芸術家たちが詩の採集や作品作りのために、あたかも「巡礼」のように訪れるのが流行した。

『カレワラ』そのものは難解なためあまり読まれなかったが、その内容が物語に綴られ、教科書や絵本となり、学校教育の場で用いられるようになった。また、ガッレン＝カッレラが描いた『カレワラ』の一連の絵画のように「視覚化」されたり、ジャン・シベリウスのカレワラをテーマとした交響曲などによって音楽で表現されたりして、一般民衆に普及していった。

その後、二〇世紀に入るとカレリアニズムは終焉し、ブームは過ぎるが、それ以降も『カレワラ』はロシアの影響もスウェーデンの影響も受けていない「純粋な」フィンランド民族文化の象徴としてフィンランド人の間で認識され、「フィンランドらしさ」を代弁する文化となった。

独立以降は、カレリアニズムの痕跡は『カレワラ』の発祥地であり、フィンランド民族文化の揺籃の地とされたロシア領カレリアをめぐる政治の場に、プロパガンダとしても利用されていったのである。諸外国の文化の影響を受けつつ発展していったフィンランド文学の歴史から見ると、このような『カレワラ』認識は「民族文化」の形成過程の事例として興味深いものであろう。

（石野裕子）

＊参考文献

森本覚丹訳『フィンランド国民的叙事詩カレワラ』上下、講談社学術文庫、一九八三年。

リョンロット編、小泉保訳『カレワラ』上下、岩波書店、一九七六年。

カイ・ライティネン著、小泉保訳『図説　フィンランドの文学　叙事詩「カレワラ」から現代文学まで』大修館書店、一九九三年。

キルスティ・マキネン著、荒牧和子訳『カレワラ物語――フィンランドの国民叙事詩』春風社、二〇〇五年。

石野裕子『「大フィンランド」思想の誕生と変遷――叙事詩カレワラと知識人』岩波書店、二〇一二年。

26

戦争と文学

★ ヴァイノ・リンナと大岡昇平 ★

フィンランドは、二〇世紀になって四つの戦争を体験している。その一つは、一九一八年の内戦であり、ロシア軍の存在や、内戦の延長のようなかたちをとったロシア領カレリア（東カレリア）への義勇軍派遣も含めて「独立戦争」とも呼ばれていた。後の三つは第二次世界大戦中に起きたものであって、冬戦争、継続戦争という二つの対ソ連戦争、およびソ連との休戦条約によってフィンランドが義務づけられた共戦国ナチス・ドイツに対する戦争である。こうした戦争体験は、多かれ少なかれ独立達成後のフィンランドの文学作品の題材になっている。

一九一八年の内戦を扱った作品で著名なのは、ノーベル賞受賞作家シッランパー（Frans Emil Sillanpää 一八八八－一九六四年）の『聖貧』（*Hurskas kurjuus* 一九一九年。聖惨という訳もある。E・F・シランパア、柳沢恭雄訳、実業之日本社、一九四〇年刊）と、『夭逝』（*Nuorena nukkunut* 一九三一年。翻訳では『少女シリヤ』阿部知二訳、中央公論社、一九四〇年刊）である。前者は、貧農の息子が赤衛隊側に引き込まれ、ひたすら誠実に革命の大義を追い続けたばかりに勝者の白衛隊側に冤罪で処刑されるという悲惨な筋であるし、後者は、貧農一家が土地も失って絶えていくなかで、最後に残された少女シリヤが肺結核で夭逝していく物語を、内戦を背景にたんたんと語っている。フィンランドの内戦といえば、白衛隊とそれが奉じたブルジョワ側の史観が巷間を支配していたのが両大戦間期であったが、シッランパーはブルジョワ側の勝利は肯定しながらも、白衛隊側が敗者に対して行った復讐や残虐行為は非難してやまなかった。そうした立場は、当時の左翼側からも支持されるものではなかったが、文学界では、大きな時代状況の流れをフィンランドの自然に事寄せながら、そこにあまりにも素直に生きた不幸な弱者たちの営みを書き留めようとした点を評価されてきた。

そして、残る三つの戦争の中で、継続戦争は、ヴァイノ・リンナ（Väinö Linna 一九二〇－一九二年）による『無名兵士』（*Tuntematon sotilas* 一九五四年。無名戦士という訳もある）を生み出した。冬戦争と継続戦争という二つの対ソ戦争にたいするフィンランド文学の取り組みは同じではない、というフィンランドの文学研究者による興味深い指摘がある。冬戦争は詩を生み出し、継続戦争は小説を生み出した、というのである。冬戦争は、傀儡政権を建ててソ連がフィンランド共和国の存在を脅かすかたちで仕掛けてきた戦争であって、フィンランド人は民族としての生存をかけてとにかく戦うしかなかった。そうした劇的状況下では、詩によるしかフィンランド人の自己表現の手立てはなかったという。ところが、継続戦争は、三年有余も続いたうえ、戦争目的にも疑わしいところがあり、冬戦争の折のような団結は明らかに欠いており、前線の兵士たちのさまざまな人間模様が、従軍したリンナの目にも戦記文学への創作意欲を湧かせるに充分であった。リンナもまた貧しい家に育ち、高等教育も受けてはいなかったが、召集されてきたさまざまな人間の集団を、戦後に赤裸々な筆致で活写することで、敗戦国フィンランドの、厭戦気分も混じった国民感情に訴えるところがあり、作家リンナが誕生することになった。

ところで、こうした戦争の試練は、フィンランドの国民とくに知識層の中に、独立以来の自国の歴史にたいする旧来の見方を問いなおす契機ともなり、リンナは、ついに内戦の歴史を見なおす三部作の長編小説に取り組むにいたった。『ここ北極星の下で』(*Täällä Pohjantähden alla I-III* 一九五九―六二年)がそれであるが、この作品ではリンナは大胆に赤衛隊側に心情的な契機を認めている。そして、作家リンナの登場は、第二次世界大戦直後のフィンランドを支配し、さらに一九六〇年代から七〇年代にわたって復活した「第二共和政」時代と呼ばれる風潮の中で生じたものであった。

さてわが国においても、第二次世界大戦後には、戦後民主主義の風潮の中で戦後派(アプレゲール)作家といわれる人々が登場し、従軍体験を踏まえて数多くのいわゆる戦記文学を生み出したが、その一人である大岡昇平は、フィンランド文学研究家の高橋静男の仲介でリンナと親交を深めた。さまざまな戦記文学の中でも、『俘虜記』や『レイテ戦記』を世に問うて写実的な手法で非戦を訴えた大岡の作風は、リンナと通うところが多く、両者の交流は、文学のうえでの日フィン交流の重要な足跡を、高橋静男の仲介活動とともども残したといえるであろう。両者の交流がたまさかのものではないことは、実際の交流が始まる一〇年以上も前に、フィンランドに留学した編者に、ヘルシンキ大学の政治史専攻の学生が大岡昇平にたいする並々ならない関心を語って編者を驚かせた記憶を語れば充分であろう。

それにしても、内戦にせよ対ソ戦争にせよ、自国の戦争体験にたいするフィンランドの作家たちのこだわり方を見ると、いや、それはもっと深いところでフィンランド国民の関心の持ち方に通じているにちがいないが、どこかフィンランドが戦争のまともな当事者ではなく、国際関係の大きな状況というものがあって、そこに独特なかたちで関わっていった、あるいは巻き込まれていった事実を、端的に示しているように思えてならない。すでに内戦にしてからが、ロシアおよびロシア革命との隣接という事実なしにはわれわれが知っているような経過は辿らなかったであろうという印象を編者は免れないし、第二次世界大戦中の対ソ戦争にしても、隣国ソ連という要因を除いては考えられない。その点は、文字どおりの戦争当事者であった日本国民の戦争体験とは本質的に異なるところである、と思えてならない。フィンランドの戦争文学について、文学の世界に通じない編者が自分なりにいえるのは、この点かと思う。

（百瀬宏）

＊参考文献

大岡昇平「フィンランドの旅」「フィンランドの思い出」『大岡昇平全集　第二〇巻』筑摩書房、一九九五年。

27

トーベ・ヤンソンの世界

★ 描くことと書くこと ★

トーベ・ヤンソン（一九一四－二〇〇一年）にはさまざまな顔がある。はやくから画家としてデビューし、「ムーミン・シリーズ」で世界的な児童文学作家となり、第二次大戦前後には政治諷刺画で反戦・反独裁のスローガンの一端をになない、新聞連載漫画「ムーミン」では多くのおとなの読者を獲得した。一九七〇年に最後のムーミン物語を書きあげると、その後は中短篇小説や随想の執筆に専念した。言語的には少数派のスウェーデン語系フィンランド人で、日常および作品で使用する言語はスウェーデン語である。特筆すべきは、これほど多岐にわたる領域において、その創作活動がすべて独自の境地をきりひらいていることだろうか。

両親ともに芸術家の家庭に育ち、ヘルシンキ市内のアトリエと、フィンランド湾沖の小さな島を行き来して、生涯のほとんどをすごした。一〇代なかばで母シグネの出身校である技芸学校に通うために、ストックホルムの叔父宅に寄宿した三年弱をのぞくと、数カ月単位の留学や旅行はあるが、意外に外国での生活は長くない。港と坂の街ヘルシンキを愛し、少女時代に家族と夏をすごしたペッリンゲ地方の島々や、さらに沖合に位置するクルーヴハル島を愛した。

若き画学生のヤンソンは、カフェで仲間との芸術談議に花を咲かせ、ギャラリーに足を運んでは互いの作品を批評しあった。しばしば自宅に友人たちを招いてパーティをした父ヴィクトルをみて育ったので、気のおけない仲間うちのばか騒ぎも嫌いではない。市内の集合住宅に住まう都会っ子だが、同時に、春や夏には漁師小屋を借り住まいとし、森にキノコを探しにいき、釣った魚をナイフでさばき、手こぎボートをあやつる野生児でもあった。個性的な両親からうけつがれた自由な資質が、街と島という二重の場においてさらに強められて、独自のゆたかな創造性を生みだしたといえよう。

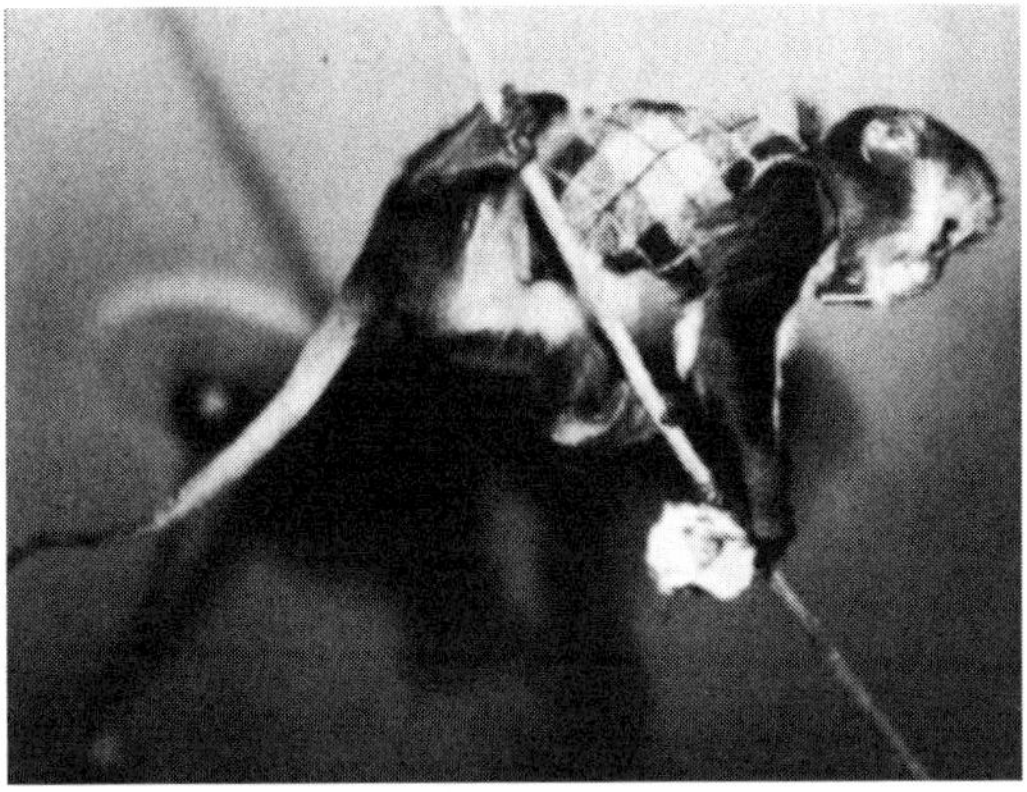

父ヴィクトル・ヤンソンのかわいがっていた猿のポポリーノが、短篇「猿」のモデルと思われる。
出典：トーベ・ヤンソン著、冨原眞弓訳『彫刻家の娘』講談社、1991年。

ヤンソンの多彩な創作活動はそれぞれ境界を接しあい、ふとした弾みに越境しあい、影響を与えあっているので、どれか一つを他から完全に切り離すことはできない。ヤンソン自身は「どこに通じているかわからないが、ひきよせられてしまう脇道というのは、たくさんある」と語っている。ときには「脇道」が主筋にもなる。予測がつかないのが人生で、だからこそ人生は生きるにあたいする。内乱や戦争や戦後の混乱をとおして、つねに創作の意欲を失わなかったヤンソンは、このことを実感として知っている。

戦時中に気分が滅入って、あざやかな色彩の絵が描けなくなったときは、ひとまず絵筆をおいて、「気晴らしに」子どものための物語を書いた。これが戦後まもない一九四五年、『小さなトロールと大きな洪水』として出版される。刊行時はさほど話題にもならなかったこの小さな冊子が、やがて北欧児童文学の革新性を象徴するメルクマール的作品として、同年出版のアストリッド・リンドグレンの『長靴下のピッピ』と並び称されるようになるとは、作者自身もふくめ、当時はだれも予想していなかったかもしれない。

とはいえトーベ・ヤンソンにとって、絵と文の相関性は「脇道」や「気晴らし」で語れるほど周縁的なものではない。聖書や神話のお話をしてくれた母シグネの影響なのか、娘のトーベもまた、クラスメートや遊び仲間、親戚の子どもたちを相手に、即興で物語をつむぎだす天性の語り部だった。とくに、年少の子どもたちに怖い話をして、半泣きにさせるのが得意だった。子どもは怖がりながら愉しんでいる。迫りくる彗星やら、噴火する火山やら、家を押しながす洪水やらが、つぎつぎとムーミン谷を襲うのは、最後のハッピーエンドの歓びをひきたてるための伏線なのかもしれない。

描くことと語ることが切り離せない以上、油絵やフレスコ画がその背後に物語性をたたえるのも、物語がはっきりと視覚的な表象を呼びおこすのも、当然である。後期の挿絵のない「おとなむけの」小説や随筆でもそうだ。「猿」という短篇がある。老いた彫刻家が飼っている猿が、紐からするりと逃げだしてしまう。「猿は一瞬じっと動かなかったが、彫刻家の手を振りほどき、その身体を踏み台にして樹によじのぼる。幹にしがみついたまま、灰色の野鼠のように動かない。怯えた顔で。寒くて震えている」。彫刻家はただみつめている、「いちばん高い枝に黒い果実のようにぶらさがる」猿を。風の冷たさに震える南国生まれの猿と、時流にとり残されたと感じる老彫刻家が、まるで二枚の素描のように重ねられ、一つの心象風景をつくりだす。

この特性をもっとも効果的に生かせる媒体は、なんといっても児童文学と連載漫画だろう。そこでは絵と文の緊密な連携が、決定的な因子となりうる。挿絵のない、あるいは他の画家が挿絵をつけたムーミン物語など、とうてい考えられない。ヤンソンの文と絵があるからこそ、児童書にせよ漫画にせよ、魅力を二〇〇%発揮できるのだ。

なぜこんな目に…
わたしたち なにか
悪いことをした?

年間通しての新聞連載漫画では冬眠しない（できない）ムーミンたち。スケート・カイトに挑戦中。
出典：トーベ・ヤンソン／ラルス・ヤンソン著、冨原眞弓訳『ムーミン・コミックス』第8巻、筑摩書房、2001年。

ムーミン谷には中身だけでなく外見もかなり個性的なキャラクターたちが出入りするのだが、あの挿絵があるおかげで、文中に体系的な説明はほとんどない。いや、必要ないというべきか。したがって、読者に明かされる文字情報は多くはない。ムーミンたちの外見については、鼻づらが大きい、肌が白い、脚がみじかい、といった程度だ。日本で圧倒的な人気をほこるスナフキンも例外ではなく、容貌にたいする具体的な記述はない。ひるがえって、属性への描写はこと欠かない。パパのシルクハット、ママのハンドバッグ、スナフキンの古ぼけた帽子やハーモニカ、フィリフヨンカの鈴のついた尖り帽子、ヘムルのスカート、スノークの女の子のアンクレット、など。そして作者は、これらの属性に言及することによって、各キャラクターの特徴をさりげなく浮きあがらせる。

ヤンソンがすぐれた連載漫画家でもあることは、日本では近年まであまり知られていなかった。いまや古典となったムーミン物語の作者として、あるいはTVアニメ「ムーミン」の原作者として、一般にはひろく認知されていた。ひるがえってヨーロッパでのヤンソンの知名度は、まずはこの連載漫画に多くを負っている。一九五四年九月に始まったロンドンの夕刊紙『イヴニング・ニューズ』（*Evening News*）は、北欧生まれのキャラクター「ムーミン」を大々的に売りだし、たちまち「ムーミン」は世界じゅうの新聞に転載される人気漫画となる。

掲載にあたって新聞社はヤンソンに明確な要望をだした。政治ネタ、下ネタ、王室批判、これは三大禁じ手である。トイレのなかで創作のインスピレーションを得たパパが、忘れないうちにとトイレットペーパーに書きつけたエピソードは、「下品」とのことで却下された。もしかすると、ヤンソン自身の経験を反映したエピソードだったのかもしれない。契約期間の七年ものあいだ、寝ても覚めても連載漫画のネタ探しに躍起だったのだから。さらに、おとなが仕事帰りに読む夕刊紙なので、おとなの読者を対象にすることも求められた。三大タブーにふれることなく、夕方にリラックスして読める、肩肘のはらない、良質の娯楽を提供せよということだ。おとなの読者を意識して創作をすすめる工夫は、のちに小説や随想で生かされることになる。

最後に、諷刺雑誌『ガルム』(GARM) に言及したい。これもまた、おとなの読者を対象とする媒体だ。ただし『イヴニング・ニューズ』と異なり、「オピニオン・リーダー」的な使命を自任する政治雑誌である。首都圏にくらすスウェーデン語系フィンランド人の思想的・文化的中枢となるべく、当代一流の詩人・作家・画家が集結して創刊号を世に問うたのは、一九二三年のクリスマスである。一九三〇年代の反スウェーデンをかかげる純正フィン主義者の攻撃にも、第二次大戦時の当局による検閲にも、フィンランド国内の親ナチス派や親スターリン派のいやがらせにも、戦中戦後の想像を絶する物資不足にもめげず、一九五三年のクリスマス号まで実に三〇年間も刊行をつづけた。これほど息の長い諷刺雑誌はフィンランドでは数少ない。この『ガルム』にヤンソンは挿絵や諷刺画を描きつづけた。四〇年代以降は、ほぼ毎回のように『ガルム』の表紙を飾った。名実ともに『ガルム』の代表的画家といえる。

政治諷刺にユーモアは不可欠だ。政情不安な時期にはなおさらに。たんなるスパイス以上のものだ。生命線といってもよい。さもなければ、すぐに当局や権力者の逆鱗にふれて、廃刊に追いこまれてしまうからだ。パロディやアイロニーも有効な武器だ。腕のいい諷刺画家は、尖りすぎもせず丸くなりすぎもしないペン先を按配する。描きすぎないこと、語りすぎないこと、なによりも説明しすぎないこと。抑制された筆先から心にとどくメッセージが迸《ほとばし》りでる。作者が投げかけた謎を自分の才覚で読みとく。読者にとって、これにまさる歓びはないだろう。

(冨原眞弓)

28

ムーミン・ファンの想い

★ファンはキャンバスに何を描くか★

「ムーミン・ファンの想い」を代弁するなどという大任を仰せつかってしまったが、いったいどのように始めるべきであろうか。ムーミンについて浅薄な知識を披露しようものなら、お叱りを受けそうである。なにしろ、ムーミンの作品世界は実に不思議な広がりを持っているのであるから。

たとえば、物語のムーミン、連載漫画のムーミン、テレビアニメのムーミン、パペットアニメの……。

そう、マグカップに描かれたムーミンでもいい。あなたが語るムーミンと、私が語るムーミンは、どちらもムーミンだけれども、違うムーミンかもしれない。ムーミンの世界はパラレルワールドなのだ。

作者の故トーベ・ヤンソンは、スウェーデン語系フィンランド人であり、ムーミン物語はスウェーデン語によって書かれている。連載漫画は、英国の夕刊紙『イヴニング・ニューズ』（*Evening News*）に掲載された。これには英語の得意なトーベの弟ラルスが大いに協力し、共作を経て連載を引き継いだ。日本では一九六九年と一九九〇年の二度、テレビアニメが放映された。パペットアニメが作られたのはポーランドである。

第28章
ムーミン・ファンの想い

こうして生まれたムーミンたちは、同じムーミンでありながら、それぞれ少しずつ異なった個性を持って作品世界を形成している。その世界にいち早く魅せられた日本において、ムーミン・ファンは密かな情熱を秘めて息づいている。

すでに誕生から六〇年以上経ったというのに、いまだにカバだと思われているこの姿に愛着を持った時、あなたはムーミン・ファンへの一歩を踏み出している。そしてある日、何気なく見ていたアニメ専門チャンネルで、偶然再会する。原作の物語に忠実な、一九九〇年放映の再放送である。あなたは物語にも興味をもつかもしれない。図書館で手にとって読み始めるが、どうしても手元に置きたくなり、全巻買い揃えてしまう。

さあ、ここまでくれば、さらなる深みへと進むのは時間の問題である。あなたは『ムーミン』と名のつく本を次々と読破し、ムーミンに対して一家言持つようになる。物語の最終巻『ムーミン谷の十一月』が余韻を残しつつ終えたからといって、肩を落としている場合ではない。

雪どけを待って休暇を取り、あなたはタンペレのムーミン谷を目指す。そこで静かにトーベの原画に見入り、トーベが仲間とともに制作したミニチュアのムーミン屋敷や、物語の名場面に感嘆するのである。ミュージアム・ショップはさながら迷宮である。どのようにして誘惑を逃れてホテルに戻ったか定かではなく、荷物の山に呆然とするばかりである。

北欧に短い夏が訪れたら、ただちにムーミンたちに会いに行こう。ナーンタリのムーミン・ワールドである。この素朴なテーマパークは、充分な知識を備えたあなただけが楽しめる世界だ。澄んだ空気の中、木々も海も美しく輝き、新鮮なミルクから作られたソフトクリームを手に歩くのも楽しい。

普段はハードボイルドなミイも、孤高の魂を持つスナフキンも、ここではあなたを笑顔で迎えてくれる。お馴染みの登場人物たちに「ヘイ！」と声をかけよう。しかしこの世界は、レストランでザリガニの姿を見かける頃には、再び眠りについてしまうのである。

「ムーミン・ファン」とは、まさにこのような深みに沈みゆく方々のことであろう。だが、その深みには底がなく、フィンランドの湖沼から多島海を抜け、スウェーデンを経てノルウェーのソグネフィヨルド最深部に達するが如きである。私はムーミンパパに成り代わり、この冒険へと旅立った。読者諸氏の覚悟のほどはいかがであろう？

秋の深まりとともに読書熱が高まったなら、連載漫画を一気に読み進むのも悪くないであろう。残念ながら、『イヴニング・ニューズ』は廃刊となり、現在は連載漫画の原稿は失われている。私は掲載時の姿を求めて、大英図書館を訪れた。郊外の分館「新聞図書館」に通い、マイクロフィルムの中でおよそ二〇年の時を過ごした。

北欧の冬は、ムーミンたちの冬眠を尻目に、冷たい風の吹きすさぶ中、スウェーデンの首都ストックホルムをさまよった。トーベが子供時代にお気に入りだった作家の本を、ドロットニング通りの古本屋で探し求めた。冷えた身体を温めたくなり、ユールゴーデンの「ユニバッケン」に向かった。ここは、リンドグレーンを中心とした児童文学作家の博物館である。スウェーデンの作家に関する展示とともに、ムーミン屋敷を見ることができる。好奇心も手伝って屋敷に足を踏み入れてみたものの、子供たちにとっては招かざる客であったようだ。

春はトーベの足跡をたどり、ヘルシンキの街を気の向くままに歩きたい。エスプラナーディ通りか

ムーミン・ワールドで子どもたちに語りかけるスナフキン。［撮影：北川美由季］

らカイサニエミ公園まで、父ヴィクトルの彫刻を見て回った。

中央駅近くの郵便博物館では、母シグネのデザインした切手が展示されていた。職員はトーベを知っていてもシグネのことは知らなかった。

ヘルシンキ大学図書館は、有名な『ガルム』(GARM)誌や、トーベの「デビュー作」の掲載誌を収蔵している。しかしその「デビュー作」とは、実際には絵の上手な少女が読者欄に投稿したイラストにすぎない。

中央駅の花屋でピンクのバラを買い、ヤンソン家の墓地を訪ねた。墓碑は、父ヴィクトル作の「ボールの上の少年」で飾られ、その下では父と母シグネ、弟ラルス、そしてトーベが眠っている。

そして、夏。八月九日には、トーベと自分の誕生日を祝う。ふと、今はなきホノルルのムーミンショップのことを思い出した。フィンランド人の店主が、ハワイ大学ではムーミンを学んでいる学生がいると言っていた。トーベが聞いたら驚いたであろ

ヤンソン一家が眠る墓地［撮影：北川美由季］

うか。

　このように季節は巡り、私は旅を続ける。作品世界と同様、現実世界もパラレルワールドのようである。

　そんな筆者ではあるが、ムーミン・ファンだと思ったことは一度もない。そういえば、「スナフキン」や「ちびのミイ」を自認するファンはいても、自らを「ムーミン」になぞらえる方にはお目にかかったことがない。どういうわけであろう。ムーミン・ファンとは、その谷の住人のように、いささか風変わりな人たちなのかもしれない。

（北川美由季）

29

フィンランドのジャーナリズム

★ その歴史と知恵 ★

フィンランドは、二〇〇五年、二〇〇六年と二年連続して、NGO「国境なき記者団」により、世界で最も質の高いメディアを擁する国の一つに選ばれた。「当局からの圧力や検閲がなく、安全に取材できる」といった報道の自由度の面で、最も条件が整っているというのが選出の理由である。

人口五二〇万人のフィンランドには、二二〇の新聞、三二〇を数える一般雑誌、二一〇〇の専門誌があり、五つのチャンネルを持つ全国ネットの国営テレビ放送局と二つの民間放送局、さらに、およそ七〇の民間ラジオ局があり、国民のインターネット普及率も六五％に達している。フィンランド人は新聞の購読にきわめて熱心な国民と言われている。新聞の販売量は人口一〇〇〇人あたり五〇〇部を超え、EU・ヨーロッパ連合加盟国の中では、第一位、世界では、日本、ノルウェーに次いで世界第三位に位置し、そのメディア環境は世界的にも高い水準にある。

フィンランドにおける最初の新聞は、スウェーデン統治時代の一七七一年、西部の都市トゥルクでスウェーデン語で発行された。フィンランド語の新聞は、その四年後の一七七五年に登場している。フィンランド語の新聞が定期的に発行されるようになるのは一八四四年からで、現在、発行されている二二〇紙のうち二九紙が日刊紙で、総発行部数は三三〇万部に及んでいる。

現在、フィンランドの新聞は主に三つの大きなメディア・グループに集約されている。最大企業は北欧最大のメディア企業「Sanoma－WSOY」で、最大の全国紙「ヘルシンギン・サノマット＝Helsingin Sanomat」（四五万五〇〇〇部）と、これも最大の夕刊紙「イルタ・サノマット＝Ilta Sanomat」（二一万九〇〇〇部）を筆頭に他に四つの日刊紙を擁している。上記の二紙だけでフィンランド全体の日刊紙の発行部数の三分の一を占める。「Sanoma－WSOY」に次ぐメディア企業が「Alma Media Group」、そして三番手に続くのは国営企業体である。こうした企業は一九八〇年代に入り、従来の新聞発行という企業形態を多角化させており、現在、その事業はオンライン・サービスや携帯電話サービスといった分野にまで及んでいる。

フィンランドの新聞の特徴は、日本と同様に宅配制度が維持されている点である。全体の九割近くが宅配によって読まれており、フィンランド人の多くは、毎朝自宅に届く新聞に目を通してから仕事に出るという。新聞と共に雑誌の発行も盛んだ。現在その数は、週刊誌、専門誌を合わせておよそ二五〇〇に上っており、その中から、フィンランドを代表するニュース週刊誌「スオメン・クヴァレヒティ＝Suomen Kuvalehti」（一〇万三〇〇〇部）の名前をあげておきたい。

さらに、現代の主要なメディアであるテレビ、そしてラジオについて触れておくと、フィンランドのテレビ放送は一九五七年から始まっている。現在、公共放送を担うＹＬＥ（ＹＬＥ＝Yleisradio OY）と呼ばれるフィンランド放送協会と二つの民放が、フィンランド全国をカバーしている。ＹＬＥは、

フィンランドの新聞スタンド。［撮影：Jani Tiainen］

ＹＬＥ ＴＶ１（主にニュース、ドキュメンタリー番組など）やＹＬＥ ＴＶ２（スポーツや子供番組）など五つのチャンネルを持ち、民間放送はＭＴＶ３とＣｈａｎｎｅｌ ４（Ruutunelonen）である。フィンランドのテレビ放送は長い間、ＹＬＥの独占状態であったが、一九九〇年代に入り状況は大きく変化した。当初、民放のＭＴＶ３は放送時間をＹＬＥからリースする形で放送を続けてきたが、一九九三年の法改正でＭＴＶは独立し、さらに一九九七年には、二番目の民放Ｃｈａｎｎｅｌ ４が放送を開始した。こうした一連の動きは、フィンランドの経済改革に伴うもので、これによって、フィンランド国内外の企業がラジオやテレビの放送事業に本格的に参入できるようになった。通常の地上波放送に加えて、フィンランドの全家庭の半数がケーブルテレビや衛星放送を利用している。

　さらに注目したいのはデジタル放送の動きである。従来のアナログ放送よりも多くの情報量を送信できることから、多チャンネル化やハイビジョン化、視聴者との双方向での情報のやり取りなど、今後の発展が期待されている。世界各国が放送のデジタル化に力を入れるなかで、フィンランドは、二〇〇七年八月三一日、すべてのテレビチャンネルのデジタル化をすでに完了させている。

ラジオは、ＹＬＥ ＯＹの前身であるＹＬＥが一九二六年にラジオ放送を始めた。現在、全国ネットのフィンランド語放送が四局、スウェーデン語放送が二局あるほか、北部のラップランドを対象としたサーミ語の地方局もある。民放ラジオ局については、一九八〇年代に放送ライセンスが開放されて以来、全国におよそ七〇局を数えている。

冒頭で紹介したように、自由で透明性の高いフィンランドのメディアに、フィンランド政府など公的な機関はどのように関わっているのだろうか。どの国でも放送事業は、政府の許認可を受けることになるが、フィンランドの場合、ラジオやテレビの運営ライセンスを与えるのは交通・通信省である。最大の放送局であるＹＬＥについては、二〇〇五年に改正された「ＹＬＥに関する法律」に基づいて運営されている。それによれば、ＹＬＥの最高意思決定機関は国会で選出された二一人の委員による「管理委員会」である。また、倫理基準に関しては、放送各社は一六歳を基準に番組の視聴が適当かどうかを判断している。一六歳以上の視聴が適当と認めた場合は、午後九時以降に放送することになり、新聞などの番組欄であらかじめ知らせることになっている。新聞・雑誌では、一九六八年に作られた「マスコミ委員会」が読者からの不満に対応するほか、ジャーナリストの倫理全般について点検し、アドバイスする機能を持つ。この委員会はフィンランドのジャーナリストの自主的な組織で、メディア企業、ジャーナリスト、一般市民などで構成されている。

ノキア社に代表される通信企業が国の重要な産業になっているように、フィンランドはコンピューターや携帯電話などを通じた一人あたりの銀行取引が世界で最も多いネット社会でもある。こうしたことからインターネットとジャーナリズムの関係にも注目が集まっている。現在、一七〇の新聞・雑誌をインターネット上で読むことができる。さらに、経済のグローバル化はフィンランドのメディアの世界にも影響を与えている。フィンランドの法律では、国外の企業も含め、メディア企業に対する自由な投資や買収を行うことができる。すでに触れたように、現在フィンランドの新聞は主に三つの大きなグループの傘下に入っているが、今後も新聞社やテレビ局の買収や合併といった可能性がある。放送をめぐるこれまでの規制が変化し、ラジオやテレビのデジタル化が進み、多チャンネル時代が到来するなかで、より多くの番組ソフトなどが必要となり、これまで以上の投資も求められている。それだけに、フィンランドのメディアが今後も合併や買収の対象になる事態も予想される。

最後に、歴史的側面について一言触れておきたい。第二次世界大戦後、長く続いた冷戦の時代まで、フィンランドは隣の大国ソ連との友好関係の維持に腐心してきた。戦後フィンランドは、ソ連と友好・協力・相互援助条約を結び、大国間の紛争に巻き込まれないことを鮮明にする中立主義を採用した。こうした選択は、東欧諸国のような共産党主導の体制に組み込まれることを避けるために、またソ連を自国の内政に干渉させないためのものでもあった。

隣国ソ連との友好維持が戦後を通じてフィンランド外交の最大の課題であり、対ソ外交はフィンランドにとって、死活的であり、かつ微妙な問題でもあった。冷戦期を知るフィンランドの関係者の述懐によれば、当時、政府はたしかにソ連との関係に非常に苦労し、新聞社の編集幹部に対してはフィンランドの置かれた微妙な立場への理解を求めるよう働きかけがあったという。ソ連は、隣国に反ソ傾向を持つ国家が登場することに過剰なまでに神経質だった。そうしたソ連と一〇〇〇キロ以上の国境を持つフィンランドでは、ジャーナリズムもまた、自国の地政学的な宿命に配慮せざるをえない環境にあったとも言えよう。

このような状況の中で、フィンランドのジャーナリストの多くは、ソ連を不必要に刺激しない配慮は必要だという政府の主張に理解を示しながらも、自立した自由な言論活動の質を守るために、「どこまで報道するか」というギリギリの判断を迫られる経験をしてきた。つまり、フィンランドのジャーナリズムは、国の存立と民主主義の根幹を成す報道の自由をどう共存させるかという、非常に重いテーマと長期間取り組んできたのである。

こうした歴史的経緯もあり、フィンランドのジャーナリズムにはある種の「自己規制」があると国外から批判を受けたこともあった。たしかに、当時、フィンランドの国内メディアの一部には、ソ連に迎合するような記事を書く傾向があったという指摘もあり、時に指摘されたそうした傾向は、フィンランド国外のいわゆる「フィンランド化」論者を勢いづけることにもなったのは事実である。

しかし、ここに興味深いエピソードがある。反体制作家ソルジェニーツィンの『収容所列島』が世界中で反響を呼んだ時、ソ連当局は当然国内での発行を許可せず、それを好ましくない反ソ的書物と見なした。フィンランド政府は、この本を自国で印刷・出版することは認めなかったが、隣国スウェーデンで発行されたフィンランド語版が、首都ヘルシンキの書店に平積みになっていたという。この例は、ソ連に干渉の機会を与えず、言論の自由を守るために、まさに知恵を絞った結果だろう。政府もジャーナリズムも、共に自由な体制と報道を維持していくために、それぞれの立場で努力してきたとも言えるだろう。

冷戦の終結、ソ連の崩壊、そして、EU・ヨーロッパ連合への加盟と、フィンランドを取り巻く政治環境は激変した。ご紹介した過去の時代の話は、フィンランド国内でももはや歴史のエピソードになっており、今やフィンランドは、自らのこうした過去をどう評価すべきかという新たな課題に取り組む段階に入っている。今日、高い自立性と批判性、透明性を評価されるフィンランドのジャーナリズムは、新たな一歩を歩み始めたのである。

（長崎泰裕）

30

フィンランドの音楽

★ 展望 ★

二〇〇七年はジャン・シベリウスの没五〇年にあたるが、今なおシベリウスは世界に知られたフィンランドを代表する作曲家である。しかしこの五〇年にフィンランドの音楽状況は著しく変わった。まずシベリウスの作品そのものについていえば、かつては〝トゥオネラの白鳥〟を含む「レンミンカイネン組曲」「フィンランディア」「交響曲一番」「交響曲二番」など、比較的初期あるいは民族ロマン主義的傾向の強いものがよく聴かれたが、多くのシベリウス交響曲全集やその他の作品がレコードで容易に聴かれるようになったため、シベリウスの中期、後期の管弦楽、室内楽、歌曲、ピアノ曲などが演奏され、鑑賞され、この作曲家の全体像がなじみ深いものになった。

この五〇年間にフィンランドでは人口の少ないわりには驚くべき多くの作曲家、指揮者、演奏家が輩出し、国際的に活躍するようになった。有識者は誰でも認めるように、フィンランドは今日非常に進んだ一流の音楽国で、シベリウスの時代には影の薄かったオペラの分野でも国際的に注目されている。

もともと大国ロシアとスウェーデンの間にはさまれた北辺の小国で、大規模な音楽活動など望むべくもなかったのだが、どうしてユニークな音楽国になったのか？　フィノ・ウゴル語に属するフィンランド語の背景には、自然を征服する対象とせず畏敬し共存する精神、感覚があるのではないかと筆者は思う。それが世界の文明の主流をなすインド・ヨーロッパ語系（ゲルマン、ラテン、スラヴを含む）、弱肉強食の世界（日本も日々その掟のもとに従わされている）とは異なる英知と感覚を発揮して音楽にも深い哲学が反映しているのではないか？　強さと優しさはフィンランドの音楽の底を流れるものである。

ここでフィンランドの音楽についてその歴史的発展に沿ってあらましを見ておこう。

ヨーロッパの北辺で

中世以降、ルネッサンス、バロック時代もフィンランドにはヨーロッパ中央に比べ見るべきものはなかった。ただ西方（ローマ）教会と東方（ビサンティン）教会から聖歌がもたらされ、一三世紀半ばトゥルクとヴィープリに僧院が建てられ、一六世紀遅く聖歌集ピエ・カンツィオーネスが出版された。一六世紀半ばすぎトゥルク城ではラッスス、ジョスカン・デ・プレなどルネッサンス、バロック初期の音楽が流行した。

首都トゥルクを中心に

一八世紀にトゥルク大学に常設の一〇－一五人の室内楽団ができた。一七九〇年トゥルク音楽協会（後のトゥルク・フィル）が創設され、ハイドン、モーツァルトなど古典派音楽が演奏された。この時代、音楽は上流階級のものだった。一八世紀から一九世紀にかけてＣ・Ｌ・リタンデル、Ｆ・Ｅ・リタンデル兄弟がハイドン、モーツァルト、ベートーヴェン風の作曲をした。B・H・クルーセルはすぐれたクラリネット奏者で作曲家としてもヨーロッパ中央で名声を得た。

ジャン・シベリウス。
［提供：フィンランド大使館］

ロマン派

ロシアの自治大公国時代、ドイツからF・パシウスが来てフィンランド音楽の父となった。フィンランドのロマン派は大規模なものより小品を好んだ。大学では一九世紀初め合唱が盛んになった。一八八二年にM・ヴェゲリウスがヘルシンキ音楽学校（現シベリウス・アカデミー）、R・カヤヌスがヘルシンキ音楽協会（現ヘルシンキ・フィル）を創設した。

フィンランド音楽の勃興

一九世紀後半から二〇世紀初頭はフィンランド芸術の黄金期でロシアの圧迫を跳ね返す運動が激しくなった。シベリウスの「フィンランディア」はその象徴である。後期ロマン主義と民族ロマン主義は融合していた。S・パルムグレン、E・メラルティン、I・ハンニカイネンには印象派の要素があり、シベリウスとL・マデトヤにはより均整のとれた古典的傾向があった。ほかにO・メリカント、T・クーラ、A・ラウニス、A・ヤーネフェルトが目立っている。

民族叙事詩『カレワラ』は多くの作曲家に霊感を与え、民俗音楽（カレワラ朗誦の五拍子、民俗楽器カンテレの音楽、フィドラーの舞曲、サーミの歌唱伝統ヨイク）は直接、間接影響を与えた。

一九二〇年代のモダニズムと第二次世界大戦

一九二〇年代のモダニズムにアーレ・メリカントとウーノ・クラミがあり、印象主義で表現主義のＶ・ライティオなどがいる。第二次世界大戦はフィンランドにソ連と二度の戦争とドイツ軍放逐の戦いを強いた。一九四〇年代以後は民族主義への回帰と新古典的なＹ・キルピネンの、多くのドイツ語の詩を含む七九〇曲の歌曲によって記憶される。

戦後の繁栄

平和を回復したフィンランドに三人の大家が現れた。Ｅ・ベルイマンはロマン主義、新古典主義を経てシェーンベルクによって一九二一年に発表された十二音技法（オクターヴに含まれる十二の半音のすべてを均等に扱い、無調を組織化する技法）による作品を一九五二年にフィンランドで初めて発表した後、より自由な技法に到達した。Ｅ・エングルンドはストラヴィンスキー、バルトークの影響の下に作曲した後、ソナタ、フーガなどの伝統形式による新古典的作風によって確固たる地位を築いた。ヨーナス・コッコネンは新古典主義、ゆるやかな十二音主義、新ロマン主義と作風は変化するが、緻密な構成で一貫する交響曲作家として押しも押されもせぬ大家である（三人とも故人になった）。二〇世紀中葉から後半へ、主なものをあげてもフィンランドには、Ａ・ソンニネン、Ｊ・トロネン、Ｎ・

E・フォウグステット、S・モノネン、P・ライテイオ、そしてU・メリライネン、P・ヘイニネン、K・リュドマン、H・O・ドンネル、O・リンデマン等々、多くの作曲家が輩出し、個性的で多産な音楽国となった。

オペラ・ブーム

一九六〇年代の転換期は無調のE・サルメンハーラ、T・マッティネン、H・ヴェッスマン、そしてJ・リンヤマらの合唱音楽の新しい波へと連動する。

一九六七年、復活したサヴォリンナ・オペラ祭でアーレ・メリカントのオペラ「ユハ」(一九二二年作曲、六三年ラハティで初演)の記念すべき成功はフィンランドオペラ・ブームの先駆けとなった。A・サッリネンの「騎馬兵卒」「赤い線」、コッコネンの「最後の誘惑」、E・ベルイマンの「歌う樹」、ヨルマ・パヌラやA・アルミラがイルマヨキ音楽祭のために作曲した民族オペラ、E・ラウタヴァーラの「トマス」などはフィンランド音楽の熱を海外にも波及させた。またオペラ・ブームと並んでフィンランド各地で盛んに催されるそれぞれにテーマを持った音楽祭は、国民の音楽熱を高めるのに著しく貢献している。

モダニストの後の輝く星

E・ラウタヴァーラ、指揮者としてもおなじみのL・セーゲルスタム、日本でもよく知られるP・H・ノルドグレン、K・アホ、H・ヘイニオらは独自の語法でフィンランドの音楽を豊かにする輝く星だ。

一九七〇年代、八〇年代、そして……

一九七〇年代のモダニスト（J・セルミラ、E・ヨキネンなど）、一九八〇年代の新しい波（カイヤ・サーリアホ、人気指揮者でもあるエサ＝ペッカ・サロネンなど）、そして広がる地平はいまJ・コスキネン、オッリ・ムストネンら三〇人以上の若手たちの活躍を待っている。

こうして見てくると、この五〇年、フィンランドではほぼ西欧の最近半世紀と同じような流れのなかで音楽の創作活動と演奏活動が行われ、想像以上に聴衆が育っているのがわかる。作曲家としても知られるヨルマ＝パヌラは一九七三年から一九九三年までシベリウス・アカデミーで指揮科の教授時代にオスモ・ヴァンスカ、ユッカ＝ペッカ・サラステ、エサ＝ペッカ・サロネンなどすぐれた国際的指揮者を育てた。パヌラは今では都会を離れて暮らしながら国際的活動を続けている。彼の趣味は哲学書を読むことで「音楽は哲学の一部」だという。このあたりにフィンランドの音楽を解くカギが潜んでいるように筆者は感じている。やはり田舎に暮らしている作曲家のP・H・ノルドグレンの音楽は〝生命の深み〟と評されているが、七〇年代初期に一年間日本にいた。当時彼がスウェーデン語で書いた音楽エッセイを訳したことがあるが、そのなかで「音楽はコミュニケーションである」といっていたのをよく覚えている。同じ言葉をパヌラもいっている。

（大束省三）

＊参考文献
Kimmo Korhonen, *Inventing Finnish Music*, Finnish Music Information Centre, 2007（2nd.ed.）
www.fimic.fi/inventing

31

フィンランドの美術

★ 概観と代表的な作品 ★

フィンランドを一度でも訪れたことがある人は、正面入口の両脇におかっぱ頭の男性像が聳え立つ重厚なヘルシンキ駅（エリエル・サーリネン〔一八七三－一九五〇年〕設計、一九〇四－一九一四年）をくぐりぬけ、その向かい側に建つ華麗な歴史主義建築のアテネウム美術館で、アクセリ・ガッレン＝カッレラ（一八六五－一九三一）の「アイノ神話」（一八九一年）を目にしたことがあるにちがいない。現代美術に関心のある人であれば、駅の反対側に建つスティーヴン・ホール設計によるキアスマ現代美術館へも足を運んでいるかもしれない。さらに時間のある旅行者は、ヘルシンキ市美術館やアモス・アンダーソン美術館へ足をのばしていることだろう。フィンランドの美術は、これらの美術館が所蔵する作品が生み出された一九世紀以降、活発な展開を見せているといっても過言ではない。本来であれば、これらの作品が生み出された一九世紀以降の作品に絞って紹介をするべきなのかもしれないが、フィンランド美術史の全貌を紹介する文献が少ないという事情から、ここでは、過去八〇〇年余のフィンランドにおける美術の歴史を概観しつつ、代表的な作品を紹介したいと思う。

中世――スウェーデン統治時代初期

他のヨーロッパ諸国と同様に、フィンランドの中世美術は、キリスト教とともに存在し、発展した。しかし残念なことに、中世に創られた美術品はほとんど残存せず、現存するものは、断片を含む七五の石造教会と城砦数点、壁画約四〇点、そして原型を留めていない八〇〇余の木造彫刻の断片を数える程度にすぎない。

フィンランド最古の教会はオーランド諸島にあり、一三世紀後半に建立された。高い塔を持つバシリカ建築のオーボ（トゥルク）大聖堂も一三世紀に建設されている。

一三世紀後半になると、オーボ、タヴァステフース（ハメーンリンナ）、ヴィーヴォリ（ヴィープリ）といった主要都市に、石造の城砦が建設された。今日では夏に開催されるサヴォンリンナ・オペラ祭で有名な「オラヴィンリンナ」（オラヴィ城）は、エリック・アクセルソン・トットによって一四七五年から八三年にかけて建設されたものである。ヘルシンキ近郊にあり今日でも多くの観光客が訪れるボルゴ（ポルヴォー）の教会は、一五世紀にドイツのロストックから来た職人によって建てられたもので、破風のレンガ装飾と三身廊からなる内部が特徴的だ。

宗教改革と中央集権的王権の発展の時代――スウェーデン統治時代中期

マルティン・ルターによる一五一七年の宗教改革の余波は、一二〇年代にスウェーデンに到達し、国教は、カトリックからプロテスタントに改宗された。当然、当時スウェーデンの一部であったフィンランドも、この影響から免れていない。

「イルマタル」ロベルト・ヴィルヘルム・エクマン作、油彩、1860年。アテネウム美術館蔵。
［提供：The Central Art Archives　撮影：Hannu Aaltonen］

グスタヴ・ヴァーサ王（在位一五二三－六〇年）の時代には、フィンランドは経済的に目覚しい発展を遂げ、対ロシアへの要塞都市として、四六年にエーケネース（タンミサーリ）、五〇年にはヘルシングフォルス（ヘルシンキ）が開拓された。だが、芸術の分野においてはほとんど進展はなく、他のヨーロッパ諸国で興った美術の潮流がフィンランドに到達する経路は、この時期においてもまだ確立されておらず、イタリアのルネッサンスの影響は、一三〇年近くの時差を経て一五三〇－七〇年代頃、オーボ（トゥルク）城に到来した。

近世――スウェーデン統治時代後期

一八世紀になると、鉱業、金属産業、農業、林業といった産業が発達し、経済的な余裕が生まれたことから、フィンランド各地に多くの木造教会が建設された。これらの教会は、地元の職人によって建設され、内部が十字形をしているという共通した特徴が見られる。

一八世紀後半には、グスタヴ三世が、芸術の擁護者として、現在のストックホルム国立美術館の前身となる王立美術館を設立し、若い芸術家たちにローマやパリへの奨学金を提供する等、芸術を積極的に支援した。一七七三年には、ストックホルムに美術アカデミーが設立され、フランス美術の動向がスウェーデンにまで到達する経路が確立した。さらには、ストックホルムの画家ギルドの支部として、オーボ（トゥルク）で画家のギルドが組織された。

フィンランド大公国時代――一八〇九－一九一七年

一八〇九年、フィンランドはロシア領となり、一八一二年には、首都がオーボ（トゥルク）から、よりサンクトペテルブルクに近いヘルシンキへ遷都した。プロシア人建築家カール・ルートヴィッヒ・エンゲル（一七七八－一八四〇）によって多くの建物が設計され、元老院広場にある元老院（セナーテイ）、大聖堂やヘルシンキ大学等、新古典主義建築が特徴的な新しい首都が誕生した。

ロシア領となったことで、フィンランドではナショナリズムの意識が徐々に高揚し、芸術の分野に強い刺激を与えた。一国として存在するには必要不可欠であると考えられた独自の言語、歴史、文学、芸術といった知的・文化的基盤が急速に構築され、それに伴い美術も著しい発展を見せた。なかでも、一八四九年にエリアス・リョンルート（一八〇二－八四）が地方に残る口承伝説を編纂したフィンランドの民族叙事詩『カレワラ』は、フィンランド人の歴史観に多大な影響力を及ぼした。一九世紀前半の絵画の主題において、雄大で理想的な自然を描いたヴェルネル・ホルムベリ（一八三〇－六〇）

「傷ついた天使」フーゴ・シンベリ作、油彩、1903年、アテネウム美術館蔵。
［提供：The Central Art Archives　撮影：Hannu Aaltonen］

の「キュロスコスキ急流」（一八五四）に見られるようなデュッセルドルフ派風の絵画が主流であったが、一八五〇年代頃から『カレワラ』が圧倒的な存在感を示し、現在に至るまで、くり返し描かれ続けている。

興味深いことに最初に『カレワラ』を視覚化したのは、一八五〇―六〇年代の、画家R・W・エクマン（一八〇八―七三）やJ・Z・ブラックスタディウス（一八一六―一九一八）、彫刻家C・L・シェーストランド（一八二八―一九〇六）などスウェーデン系フィンランド人、もしくはスウェーデン人作家たちである。七〇年代以降になると、『カレワラ』の世界、すなわちフィンランド人のルーツを探しに多くの画家、建築家がカレリア地方へ赴いた。この「カレリアニズム」と呼ばれる動きは、九〇年代にまで流行し、画家アクセリ・ガッレン＝カッレラも八九年に新婚旅行でカレリア地方を旅している。彼は『カレワラ』の主人公である老人ヴァイナモイネンからの一方的な気持ちに応えられずに自殺する若い女性アイノを主題にした「アイノ神話」（一八九一）や、ヴァイナモイネンが鍛冶のイルマリネン、レンミンカイネンとともに、持つ者に幸福をもたらす神秘的な人工物であるサンポを、ポホヨラの老婆が寝ている隙に盗み出し、それに気がついた老婆が懸命にそれを取り返そうとする緊迫した戦いの場面を描いた「サンポの防衛」（一八九六年、トゥルク美術館蔵）など、『カレワラ』をテーマにしたシリーズを制作し、一躍国民的画家として人気を博した。余談になるが、当時、オーストリア・ハンガリー帝国から独立への気運が高まっていたハンガリーにおいて、同じ非ヨーロッパ系でアジア出自のウラル語系の言語を話す数少ない同族として、フィンランドへの関心は非常に高く、フィンランドの建築や美術が積極的に紹介され、芸術家同士の交流も盛んであった。とくにカッレラの絵画はハンガリーで絶大な人気を博し、彼は実際に同地へ赴いてもいる。

美術におけるガッレン＝カッレラ、音楽におけるジャン・シベリウス（一八六五―一九五七）、建築におけるサーリネンらの国際的な活躍に見られるように、一九世紀後半のフィンランドでは、ナショナリズムをよりどころにした芸術活動が精力的に展開された。ガッレン＝カッレラの師であり、フィンランドにいち早くパリの美術の動向を紹介したアルベルト・エーデルフェルト（一八五四―一九〇五）をはじめ、カッレラと同世代のエーロ・ヤーネフェルト（一八六三―一九三七）、ヘレネ・シェルフベック（一八六二―一九四六）、ペッカ・ハロネン（一八六五―一九三三）、ガッレン＝カッレラの教え子でもあったフーゴ・シンベリ（一八七三―一九一七）など、現在でもフィンランドを代表する傑出した画家たちがこの時代に多く誕生した。

二〇世紀以降の動向――フィンランド共和国誕生以降

ナショナリズムの気運に乗って開花した叙情的なナショナル・ロマンティシズムは、ロシアからの独立を果たした頃には、すっかり時代遅れのものとなり、一転して、対象物を冷徹な客観的視線で捉えようとした新即物主義の影響を受けた作品が登場した。しかし、再びすぐに戦争が始まり、第二次世界大戦の終戦を迎えるまで、芸術活動は活発に展開されることはなかった。

戦後になると、新しい美術の動向がフィンランドへも共時的に紹介され、一九五〇年代は抽象的な作品が、一九六〇年代になると抽象表現主義の影響を受けた作品が制作された。六〇年代後半には、「ハプニング」や「ポップアート」も盛んになる。フィンランドのポップアートの代表的な作品とも言える、ハッロ・コスキネン（一九四五―）の豚が磔刑されているコミカルな作品（一九六九）を目にしたことがある人は少なくないだろう。同じ頃、ユハニ・ハッリ（一九三九―二〇〇三）によって制作された対照的な雰囲気をもつ作品――ひろってきた物（ファウンド・オブジェ）を箱に配置して静謐感のある禁欲的な作品へと昇華させた――も有名だ。

一九七〇年代には、オウティ・ヘイスカネン（一九三七―）はハンヌ・ヴァイサネン（一九五一―）らとともにベッリーニン・アカテミアやレコード・シンガーズというグループを結成し、映画の制作や「ハプニング」等、絵画、彫刻などといった従来の美術の枠組みを超えた活動を行い、多くの作家にインスピレーションを与えた。

一九八〇年代以降、ジェンダーやアイデンティティ、アーティストの自己探求等を主題とした作品が多く制作されている。マーリア・ヴィルッカラ（一九五四―）は言葉や空間をテーマにコンセプチュアルなインスタレーション作品やパフォーマンスを展開している。彼女の作品は、国際的な評価も高く、日本では、越後妻有トリエンナーレ（二〇〇三、〇六年）や横浜トリエンナーレ（二〇〇五年）において展示された。

一九九八年には、キアスマ現代美術館が設立され、その充実した活動から、国際的な現代美術の拠点として世界的に注目を集めている。九〇年代以降、絵画では、死や性、暴力性をテーマに挑発的な絵画作品を展開しているテーム・マキ（一九六七－）ら、新しい世代の作家たちが登場しているが、中でもここで特記しておきたいのは、映像作家や写真家の世界的な活躍である。すでに数々の国際展に出品し、二〇〇二年にはロンドンのテート・モダンでも個展を開催した、ジェンダーやアイデンティティを問いかける創作活動を展開するエイヤ＝リーサ・アハティラ（一九五九－）を筆頭に、フィンランドから多くの優れた映像作家が輩出されている。写真では、フィンランド北部の農村に住む男性の肖像を撮影するエスコ・マンニック（一九五九－）、セルフ・ポートレートを撮り続けるエリナ・ブロテルス（一九七二－）らの作品は、世界各地の展覧会に出品されている。ここ最近では、ヘルシンキ芸術デザイン大学（Taideteollinen Korkeakoulu 通称Ta·iK）出身の写真家たちの作品から構成された「ヘルシンキ・スクール」という名の展覧会は評判をよび、世界各地を巡回した。

デザインとIT、そして教育を誇るフィンランドから、どのような新しい芸術表現が発信されていくのか――今後の動きから目が離せない。

（本橋弥生）

32

フィンランドの建築

★ 現代まで受け継がれる「自然」との絆 ★

フィンランドは建築文化の国である。なかでも二〇世紀以降の近代建築の質の高さは、世界中の注目を集めてきた。ユーロ導入以前の五〇マルッカ紙幣の絵柄となっていた建築家A・アールト（一八九八－一九七六年）の一連の作品群は、その象徴だといってよい。

フィンランド建築の価値を高めたものは何だったのか？アールト作品を評価する際に用いられることがある「北欧モダニズム」という語が、そのヒントとなろう。つまり、二〇世紀の世界共通基準であった「モダニズム」の範疇にありながらそれに留まらず、「北欧性」あるいは「フィンランド性」も身にまとった建築を実現させて、豊かな成果を挙げてきたのがこの国の建築だったのである。

自然との一体化は、時代を超えたフィンランド建築の大きな特徴である。この国は、各時代にヨーロッパの建築構法や様式を取り入れつつ、同時に寒冷な気候風土の中でそれを適宜変容させることで、建築を大地に根づかせてきた。その際、木や石といった自然の素材が積極的に利用されるが、とくに「木」は重要である。ヨーロッパで一般に石やレンガ（時代が下ってからは鉄やコンクリート）で作られる部分が、フィンランドではしばしば木に置き換えられた。風土に適応した建設素材として、あるいは建築の個性を主張するためにも、木は広く活用されてきた。

まず、古い教会建築の例を追ってみよう。中世フィンランドの教会は、ヨーロッパ風ゴシック様式に従うトゥルク大聖堂を唯一の例外として、他のほとんどは花崗岩を適当な大きさに割って積み上げ、大きな切妻屋根を架けただけの、単純だが力強い姿を持っている。ハットゥラの教会（一三二〇－五〇年頃）、ホッロラの教会（一四八〇年頃）、ロホヤの教会（一五世紀前半）などでは、内部壁面が一六世紀ごろのフレスコ画で埋め尽くされ、稚拙なタッチながら情熱をもって描かれたキリストの物語が、見る者に強い力で訴えかける。

ペタヤヴェシの教会。［撮影：伊藤大介］

ところが近世に入ると石造が捨てられ、木造教会が一般的になるのがフィンランドの大きな特徴である。どこまでも続く森と湖の風景の中に埋もれるように、現地の棟梁たちの手で多くの木造教会が残された。北部のトルニオ（一六八六年）やキーミンキ（一七六〇年）、内陸部のケウルー（一七五六－五九年）やペタヤヴェシ（一七六三－六五年／世界遺産指定一九九四年）などにある教会は、棟梁たちがまだ遠い存在だったヨーロッパのルネサンスやバロックの建築様式に憧れつつ、長年培った土着の木造構法を駆使してまとめあげたユ

新古典主義によるヘルシンキ中心部。[撮影：伊藤大介]

ニークな姿をもつ。たとえるなら、文明開化のころの日本で、地方の大工が見よう見まねで学校建築などを洋風に仕立て上げた、いわゆる「擬洋風」の建築に近いのである。

次に、近代の都市内公共建築に目を向けよう。一九世紀前半に、新古典主義様式の建築がヨーロッパ中央からフィンランドへともたらされ、新しい宗主国ロシアによって首都に指名されたばかりのヘルシンキの町づくりに用いられた。ベルリン建築アカデミー出身のドイツ人建築家C・L・エンゲル（一七七八－一八四〇年）が全体の都市計画を立案し、約三〇の主要公共建築も手がけ、うち一七は現存する。都市中枢をなすセナーティ広場付近の大聖堂（一八三〇－五二年）、大学本館（一八二八－三二年）と図書館（一八三六－四五年）、セナーティ（政庁舎、一八一八－二八年）、マーケット広場に面した市庁舎（一八二七－三三年）などが彼の作品である。建物正面に大きな列柱（オーダー）を際立たせ、レンガ壁を明色系のスタッコで塗って仕上げた姿は整った美しさを感じさせ、「北欧の白い都市」あるいは「バルト海の白い乙女」などと呼ばれることもあるヘルシンキの顔となっている。ドイツなどの正統的な新古典主義建築と比べても遜色がなく、フィンランド建築史上に出現したもっとも純ヨーロッパ的な建築遺産といえよう。

一九世紀末から二〇世紀初頭の北欧各国では、ナショナル・ロマンティシズムの文化運動が展開された。民族のルーツを探求し、伝統的生活やそれを支えた自然環境を再評価して、その延長上に新しい北欧社会のあり方が模索された。建築もヨーロッパの単純な模倣による近代化路線は疑問視され、むしろ民族のアイデンティティ表現が優先されることになる。フィンランドでこの建築運動を担ったのは、建築家エリエル・サーリネン（一八七三―一九五〇年）であった。彼が設計に加わった国立博物館（一九〇二―一〇年）やヘルシンキ駅（一九〇四―一四年）では、中世以降見捨てられていた花崗岩がふたたび外壁に生かされ、近代的都市ヘルシンキにフィンランドらしい匂いを付け加える役割を果たしている。

マイレア邸内部。［撮影：伊藤大介］

二〇世紀を迎える頃から、住宅分野でもフィンランドらしい建築が登場してくる。アトリエ兼用住居「ヴィトレスク」（一九〇二―〇四年）は、前述した建築家サーリネンと彼の建築家仲間がそれぞれの家族生活と設計活動を両立させるために、ヘルシンキ近郊の森に作り上げた生活の場である。恵まれた住環境であるだけでなく、あえて都市を離れたライフスタイル自体に強い主張が込められていよう。そして、この自然を求めて森に向かった建築家たちの行動の次に、今度は一般市民のために都市

セビリア万博フィンランド館。［撮影：伊藤大介］

の中に自然を持ち込もうとするヘルシンキ・カピュラ地区の住宅地（一九二〇―二五年）が出現することになる。二〇世紀の都市内にあえてログハウスの構法で住宅群が作られ、並木道や家庭菜園とともに配置された結果、そこには豊かな「自然」の暮らしがもたらされたのである。

一九三〇年代からは、本章の冒頭でも言及した建築家アールトが台頭してくる。彼の代表作の一つ「マイレア邸」（一九三八―三九年）は、まさに世界のモダニズム住宅の最高傑作の一つとしての地位を不動のものとしている。モダニズムと聞いて一般に思い浮かべる「鉄とガラスとコンクリートの箱」という建築イメージは、ここではまったくふさわしくない。住宅は森に埋もれるように立ち、自然石や木の組み合わせからなる玄関を中に入ると、柔らかく暖かみのある素材を用いて構成された居間が、自然に流れてゆくような空間のつながりを心地よく体験させてくれる。居間と中庭の境の木製サッシは枠ごと取り外せて、そうすれば居間は外部と直接つながり、住宅の外に広がる森と一体化してしまうのである。

最後に、「国籍」が重視される万国博覧会の会場建築から、最近の例を取り上げてみよう。セビリア万博フィンランド館（一九九二年、M・サナクセンアホ他）は、自然を象徴する湾曲した木造の「竜骨」

と、科学技術を象徴する鋼鉄製の「機械」と呼ばれる二つの箱が対置され、その間に「割れ目」と呼ばれる暗く深い谷間のような狭い通路が延びている。ここでの自然は完全に抽象化されることで、その分広い意味を担ってフィンランドという国の一端を表現している。対照的に、ハノーヴァー万博フィンランド館（二〇〇〇年、A＝M・シーカラ他）は、中央のガラス張りの大空間の中に、本国から直接運んだ白樺の木立が植えられている。それが実物の木立である分、自然を直接感じさせるともいえようが、一歩踏み込んで解釈するなら、ドイツの地に元来根づいていない仮想自然を現出させることで、IT化の進むフィンランドの現代を映し出しているとも捉えられるのである。

フィンランドの建築は、さまざまな形で「自然」と関わることで歴史を積み重ねてきた。中世や近世の建築が、風土と一体化しているのは当然ともいえよう。しかし近代になっても、この国のナショナル・ロマンティシズム建築やモダニズム建築は森との関係を強めてきた。建築を包み込む自然の影響力は、現代に近づけば克服され消えてゆくように思えて、実はそうではない。場合によってはむしろ意識的に扱われ、巧みに建築表現に利用される。この方向性は、二一世紀の今後も失われそうにない……。それが、北国フィンランドの建築なのである。

（伊藤大介）

参考文献

長谷川清之『フィンランドの木造民家』井上書院、一九八七年。
伊藤大介『アールトとフィンランド――北の風土と近代建築』丸善、一九九〇年。
日本フィンランド都市セミナー実行委員会編『ヘルシンキ――森と生きる都市』市ヶ谷出版社、一九九七年。

33

フィンランドのスポーツ

★ 実践者が語る ★

スポーツ協会

フィンランドにはフィンランド体育・スポーツ協会（SUOMEN LIIKUNTA JA URHEILU）というフィンランドにおけるスポーツ界全体を総括する組織がある。一九九三年に発足、一二六団体、一〇〇万人以上が加盟している。そのなかには、フィンランドオリンピック委員会、フィンランドパラリンピック委員会も含まれている。またフィンランドアイスホッケー協会やフィンランドバレーボール協会などの各スポーツ別の協会の他にも、フィンランド身体障害者スポーツ協会（SIU）やフィンランド知的障害者体育・スポーツ協会（SKLU）などもすべてこのフィンランド体育・スポーツ協会に加盟しているため、スポーツの種類や障害の有無にかかわらず、スポーツに関しての問い合わせ等はまずここにするとよい。

人気スポーツ

「フィンランドといえば、アイスホッケー。アイスホッケーといえば、フィンランド」と言っても良いぐらい、国技ともいえよう。アイスホッケーはもちろんプロリーグ（SM-liiga）が健在する。現在一四チームがプロリーグに参戦している。ヘルシンキやトゥルクなど、主要都市をはじめ、北はオウルにまで全国にわたってチームがある。シーズン中は各地のリンクを回り試合を行う。アイスホッケーファンの市民にとって、寒い冬、熱くなれるひと時である。その他にもフィンランド式野球（pesäpallo）という日本の野球とはちょっと違った野球（ピッチャーはバッターの横でボールを上に投げるように投球する）や、サッカーも人気のスポーツである。また、陸上もとても人気があり、二〇〇五年には世界陸上（ヘルシンキ大会）も開催された。フィンランドの有名なスポーツ選手では、サク・コイヴ（Saku Koivu アイスホッケー）、ヤンネ・アホネン（Janne Ahonen スキージャンプ）、ミカ・ハッキネン（Mika Häkkinen F1レーサー）などがいる。

ﾒpes palloｔ女子チームの試合風景。［撮影：中田綾子］

教員、指導員

フィンランドで体育教師の免許を取得するには修士課程を修了しなくてはいけない。取得可能な大学はユバスキュラ大学（Jyväskylän yliopisto）である。また、義務教育で体育指導する場合は、副専攻で体育選択すれば可能で、ユバスキュラ大学のほか、オウル大学（Oulun yliopisto）やトゥルク大学（Turun yliopisto）で取得できる。

地域の体育課やスポーツ施設、スポーツクラブ等で指導する場合は「体育指導員」（liikunnanohjaaja）という資格が必要になることが多い。この資格は専門大学ＡＭＫ（ammattikorkeakoulu、学士レベル）で体育を専攻すると取得可能である。体育科がある専門大学ＡＭＫは全国に五校ある。また、「体育指導員」の中にはアダプテッド体育（Soveltavanliikunnanohjaaja）（いわゆる障害者スポーツ）を専門とする指導員がいて、地域の体育課やスポーツ施設に勤務し障害がある方々にとっても身近なスポーツ環境を整えている。

クロスカントリースキー。[撮影：中田綾子]

子供とスポーツ——学校での体育、地域でのクラブ活動

フィンランドの学校には「部活動」はない。学校は授業を受ける場であり、授業が終わると生徒はすぐに下校する。では子供たちがスポーツに勤しむ場はどこにあるかというと、地域のクラブ活動である。アイスホッケー、サッカー、フィンランド式野球、陸上、体操、スキー（クロスカントリースキー、スキージャンプ、アルペン）、テニス、ダンス、リンゲッテ（ringette 女子専用の氷上競技、アイスホッケーに似ている）、ヤーパッロ（jääpallo 氷上競技、サッカーとアイスホッケーを混ぜたようなもの）、フロアーボール（salibandy）などなど、多様なスポーツの中か

ら好きなものを地域のクラブに入って活動する。地域のクラブであるため、部活動のように三年間で活動に区切りがつくこともなく、継続的に同じクラブで練習を積むことが可能である。地域のクラブにはそのスポーツの専門家がいて指導することが多い。また、小さい頃は季節によって違うスポーツを楽しみ、複数の競技を並行して行っている子供も多いという。

学校体育は、国で決められているカリキュラムは大まかな物で、詳細は各学校に任されている。その為、たとえば高校の授業では球技、氷上競技の他にも、アーチェリー、ボクシングなど変わった種目も体験できる。

生涯スポーツ

フィンランドには湖や森がいたるところにあり、自然の中でスポーツをするには恵まれた環境である。そのため、多くの国民は小さいころから、自然の中で活動する機会がたくさんある。そして、それらの活動が生活の一部となって続けられていくのである。そういった「生涯スポーツ」として、メジャーなのが、ノルディックウォーク（sauvakävely スキーのストックのようなものを持ちながら歩く）である。とにかくフィンランドにいると、こうして「歩く人」をよく見かけるのである。ノルディックウォークの良いところは、歩きながらストックをつくため、下半身のみでなく、上半身の運動にもなるということと、さらに、とくに高齢者の方にとってはストックが転倒防止（とくに冬場の路面においては）になるという点が上げられる。また、冬場においてはクロスカントリースキーも人気がある。近くの森にはいれば専用のコースがあり、また凍った湖の上を滑ることも可能だ。こうした自然の中で行うスポーツは経済的にもあまり費用がかからないため、気軽に楽しむことができ、また、時間や気候によって毎日のように景色が変わるため、飽きずに楽しく続けられるのである。友達と一緒に行えば運動しながらおしゃべりができるので、コミュニケーションの場としてもうまく活用できるのが利点だ。

フィンランド人の余暇の過ごし方には、老いも若きも多くの人がまめに図書館に通い読書にいそしみ、そして定期的によく運動しているという特徴があるようだ。その理由としては、「その他の娯楽が少ないから」と冗談まじりに言われたりするが、実は「よく学び、よく動く」ことは健康な心身を保つためには欠かせない基本的かつ非常に重要なことであり、その両方をしっかり実行しているフィンランドの人々を我々も少し見習うべきかもしれない……。

（中田綾子）

＊参考文献
フィンランド体育・スポーツ協会ウェブサイト http://www.slu.fi
フィンランドアイスホッケーリーグウェブサイト http://www.sm-liiga.fi
Opetushallitus ウェブサイト http://www.oph.fi
Opetushallitus, Opettajan verkkopalvelu ウェブサイト http://www.edu.fi
庄井良信、中嶋博編『フィンランドに学ぶ教育と学力』明石書店、二〇〇五年。
Opetushallitus, *Perusopetuksen opetussuunnitelman perusteet 2004*, Vammalan Kirjapaino Oy, 2004, p.248-250.

34

フィンランドの食文化

★ 皆さんは知っていますか？ ★

「フィンランドの食文化とは何？」はこのごろフィンランドで話題になっている。ことのきっかけは二〇〇五年、ＥＵ（ヨーロッパ連合）リーダーたちの、ある国際会議での会話だった。報道によると、フランスとイタリアの首脳は笑いながら大陸の一番まずい食事の国の思い出話をしていた。ロシアのリーダーも話の輪に入ったとか。「イギリスよりもフィンランドだ」という結論が出た。これはフィンランドで大きな反発をひき起こした。しかし多くのフィンランド人が心を痛めた一方で、フィンランド人は自分たちの食文化を探り始めたのだ。料理の専門家達はこの議論を大歓迎した。食事を通してフィンランドの生活文化を確かめる動きを有難く思ったのだ。

たしかに私たちフィンランド人が食べる食事は南ヨーロッパのグルメ国のようなものではない。食事を楽しむ文化は、今は多少あるとしても、古くない。北国の厳しい自然状況のなかで生活していた我らの先祖たちは生きるのに必死だった。冬が一年の半分を占める国では、食事を摂ることは単にエネルギー補給、生き残るためであった。食べ物は、そこにあった自然の幸、狩の獲物や湖、川の魚などだった。素朴だった。あたたかい南

ソーセージ。もっともフィンランドらしい食べ物かもしれません！
［提供：Aarni Koivisto］

の国よりはるかに少ない種類の食材で食文化を立ち上げなければいけないフィンランド人だった。

今のフィンランドの食卓

今のフィンランド人の食卓を見ると、「フィンランドらしい」食べ物以外にどこの国でも味わえるピザやパスタなどがめだっている。ホテル、レストランなどは、どこそこの国に行ってもフィンランドでも、同じような食事を出したりする。またファーストフード・チェーンはフィンランドまで到着した。フィンランドらしいものを食べられることはときには観光客らにとって一苦労のようだ。

しかし、一苦労をすることは無駄な作業ではない。「Suomalainen keittiö」（フィンランド料理）はシンプルでありながらも栄養バランスが良くて多彩で、そして気取らないと食文化の専門家たちさえ誉めるようだ。試食する価値がある、と。

一番伝統的なフィンランド料理はなにかと、すばやくいえるのはフィンランド人でも少ないにちがいないと思う。いうまでもなく、フィンランドの食文化には近隣諸国（それはあるとき支配国であった）スウェーデンやロシアの影響が大きい。北極圏に近い位置、東や西からの影響、それぞれの地方の名物、四季の変化などがフィンランドの食文化を形にした。フィンランド料理は、どこかの国のリーダーのように「まずい」という人がいれば、「エキゾチック」だという外国人もいることも事実である。我らフィンランド人にとっては、野菜が少ない、塩辛い、脂肪が多いとかコレストロールを考えていないなどといわれているなかでもそれは「アットホームな味」だ。

フィンランド料理の今までの歩み

上で述べたように、気候に反映して我らフィンランド人は昔から素朴で、できるなら栄養とカロリーたっぷりの食事を取ってきた。ここ何十年前までは、町のわずかな上流社会を除いて一般人はお塩や甘味料以外のスパイスさえあまり使わなかった。

大昔のフィンランドでは自然の幸以外に頼る食物はなかった。自然の中を探し歩き、口に入れてもよいものをすべて利用していた。栄養は四季や獲物の有無によって異なっていた。火を使えるようになるにつれて祖先たちは食べ物を焼くようになり、また土や灰の中で料理をし始めた。

狩人として移動を続けていた祖先たちはやがて今の地に定住するようになり、農業や家畜の飼育が発展していった。スウェーデン支配下になる一二世紀頃までにヤギや羊は大事な家畜になっていた。今もパンやおかゆなどに欠かせない大麦、小麦、ライ麦とオート麦はその以前から耕作されていた。今の主食であるジャガイモは一八世紀から食卓に入ったが、そのずっと以前はカブや青えんどうは大事な炭水化物の食材になっていた。

料理方法はだんだん増えた。長い冬のための食料品を確保するために、祖先たちは原料の保存方法も覚えた。発酵させたり、乾燥したり、燻製にしたりすれば長持ちするとわかったのだ。塩は高価で手に入りにくかったが徐々に料理にも保存にも使われるようになった。

フィンランド食文化に大きな発展を与えたのは「オーブン」だった。東の地方に住んでいた人びとは、スラブ人との交流からオーブンの作り方を習った。そして、オーブンを暖房にも料理にも使うようになった。今もフィンランド料理に欠かせない存在のパンやパイやオーブン焼き（グラタン類）は、このように登場したのだ。

いまは、乳製品なしでフィンランドの食卓を語れない。食事の時の欠かせない飲み物はやはり牛乳だ。しかし昔のフィンランドでは乳児と子牛しか新鮮な牛乳を飲ませてもらえなかった。腐りやすい牛乳をPiimäという酸っぱい飲み物に発酵させたり、バターやチーズに形を変えたりした。Piimäは外国人には人気はないが、フィンランドでいまもなお料理にもパンを焼く時も頻繁に使われる大事な材料だ。いろいろなヨーグルト類もフィンランドの食卓を豊かにしてくれる。

オーブン料理は東からの贈り物に対して「スープ料理」は西のスウェーデンから来たといわれている。中世のころ、西の地域ではスープはオープンファイアーの上にぶら下げられた大きな鉄のなべでつくられるようになった。湖の国フィンランドの食卓に自然に古代から魚があった。森の獲物の肉も大事な栄養源だった。家畜の肉の消費が本格的に始まったのは、人々の生活が豊かになり始めた一九世紀からだ。肉と魚の料理方法は、いずれも乾燥や燻製や塩漬けだった。ラップランド以外の地域では肉はサウナの中でゆっくりとスモークされたのだ。このコールドスモークのメソードは何週間もかかることがあったが、保存状態が優れていた。現在もスモークフィッシュはフィンランドの食卓になくてはならない品だ。

地方の特徴とは

フィンランドの食卓をリッチにしてくれるものは、それぞれの四季の美味しい食材、夏は木の実やきのこ、そして新鮮な湖の魚だ。狩の季節の秋のご馳走は鴨やヘラジカなどのほか地方色に富んだバライエテイだ。南や西の海岸沿いでは伝統的に魚料理が主流だった。森が深い中部フィンランドは「Riistaruoka」（獲物料理）で有名である。フィンランドの穀倉地帯と呼んでもよいオストロボトニア（オウルから南）地方は穀物の料理、そして北のラップランドはトナカイ料理の産地として名高い。

今は、これらの料理は全国どこでも食べられるようになっているが、まだ一品料理としてここではこれこそが有名だというものもある。「Karjalan piirakat」という。中身はマシュポテトかお米のかゆで、ライ麦の皮で包まれているカレリア風パイは今でも全国で人気があるが、もともとは東の地方の料理だった。今も東フィンランドではクリスマスハムと並んで欠かせないクリスマスのご馳走だ。同じく東のサヴォ地方ではもう一つの不思議な一品がある。それは「Kalakukko」というものだ。魚や豚肉が入っているライ麦のパン風パイである。オーブンの

フィンランドで一般的なカレリア風パイ。
［提供：清水秀紀］

“昔風バイキング”［提供：Aura Koivisto］

中でゆっくりとできあがるお肉の煮物もある。味付けはお塩、多少のブラックペッパーやローリエだけで、お肉そのものの味が豊かな「Karjalanpaisti」、カレリア風シチューというものだ。一方で、外国のお客様を驚かす、あの黒っぽくて甘いイースターのデザート「Mämmi」は南のハメ地方特産だ。これはもともと宗教的な食べ物だった。スウェーデン経由でカトリック教会がフィンランド地方に入り、復活祭の前に（徐酵祭のとき）食べるものとして生まれたものだ。ライ麦と麦芽糖が材料で、オーブンで焼くおかゆのようなものだ。

一年の行事の特別料理というと、余裕がなかったせいからか、フィンランドではクリスマスや復活祭以外はあまり育たなかった。クリスマス料理は手製のハムとジャガイモやカブのオーブン焼き、棒だらのホワイトソースあえ、そして「Rosolli」という冬野菜のサラダが有名だ。喜びあふれるお祭りが一方で、まだまだ寒さや暗さが続くという時、フィンランド人は昔から栄養をたっぷり補給したのだ。イースターには卵料理や羊料理は普通である。春祭りのメーデーと夏至祭に「Sima」自家製の発酵させたレモネードを飲む習慣がある。

外国のお客様をどんなフィンランド料理でもてなすか

一九九五年にフィンランドはEUに加盟した。それである問題が生じた。外国からの国際会議の参加者やその他の客らに、どんなご馳走を出すか、どんなものなら出しても恥ずかしくないかと話題になった。

スモークサーモン、トナカイのシチュー、カレリア風パイ、ライ麦のパン、木の実のデザートなどはもちろん登場し人気がある。民族アイデンティティはお料理にも表れることを理由に、オピニオンリーダーでもある有名シェフらが一歩深く入り込んだのだ。フィンランドにしか存在しない材料をフランス料理と結びつけたのだ。この「Uusi suomalainen keittiö」（新しいフィンランド料理）はフィンランドの森や湖のあらゆる幸――きのこ、木の実、ヘラジカ、獲物の鳥、トナカイ、魚卵、自家製チーズ、魚の塩漬けなど――を大切にする。フランスのシェフたちさえうらやましがるものがフィンランドにあるようだ。それはスパイスとして使っても良い、素晴らしい風味のKatajanmarja（セイヨウネズの実）、Kuusenkerkkä（トウヒの新芽）、クランベリーなどだ。

その他の課題

データやアンケートを見ると、フィンランド人は食料品を選ぶ時の基準が基本的に二つある。第一は、値段だ。長い間われわれは余裕がなかったからか、安いものを好む傾向がある。もう一つはクリーンで安心できる材料を選ぶのだ。「Luomu」（有機食品）の人気は上がる一方の状態がそれを物語っている。現在のフィンランドの畑の七％は有機農業方式で耕されている。

もう一方で、フィンランドは今世界でもトップクラスの機能性食品の発信地でもある。心臓や血管に関する病気が多いといわれているフィンランドで新しい研究が始まっている。それは健康によい効果がある食品を探すものだ。新しいものの開発もあるがいままでの研究でわかったことは、フィンランド人は昔から愛用していたライ麦やオート麦、森のベリー類や樹木には健康を促進する力があるということだ。フィンランド人はこれから今まで以上に自分たちの食文化に振り向いて、それを誇りに思うことであろう。

（橋本ライヤ）

＊参考文献

Editor Jussi Jä ppinen, *Maakunnan maut, Regional Recipes— The Taste of Central Finland*, kopijyvä kustannus, Jyvä skylä 2000.
Beatrice A.Ojakangas, *The Finnish Cookbook*, Crown Publishers 1964.
SITRA, *Ajankohtaista*, tiedotteita 2005.
Finfood/Luomu, tiedote, 4/2007.
Hannele Dufva, Pirkko Muikku-Werner, *Eija Aalto: Mä mmin ja makkaran maa, Kulttuuritietoa meille ja muille*, Jyvä skylä n yliopisto 1993.

コラム4

フィンランドの旅に思う
――タンペレを訪れて

北川美由季

ヘルシンキから特急列車で二時間弱、フィンランド第三の都市タンペレは、鉄道と水路の要衝であり、豊富な水資源に恵まれた街である。街の北に位置するナシ湖から、湖水が急流タンメルコスキに流れ込み、水位を一八メートル下げながら南のピュハ湖へと注いでいる。街を東西に二分するこの急流を動力源として、一九世紀初頭に紡績業が興されたのをきっかけに、タンペレはフィンランド最初の工業都市となる。街は「フィンランドのマンチェスター」と呼ばれるほどに発展した。このタンメルコスキの両岸に見えるフィンライソン、タンペラなどの工場跡が、現在もその面影を残している。

西岸には市立図書館があり、その地下にタンペレでもっとも有名な「ムーミン谷」がある。そこから南に数百メートル行くと、奇妙な光景を目にするであろう。タンペレ労働者会館の外壁には、レーニンの横顔のレリーフが掲げられ、フィンランド語・英語・ロシア語で「レーニン博物館」と表示されている。ここは世界で唯一の常設のレーニン博物館である。

展示の中心は、一九一七年秋、レーニンがヘルシンキに住んでいた時の部屋である。花束の添えられたレーニンの銅像や、赤い天幕の前に掲げられた演説するレーニンの油彩画もあるが、それ以外はポスターや新聞記事、文書資料のような細々とした展示物が多い。なかでもっとも目をひくのは、ガラスケースに収められたレーニンの訃報を伝えるロシア語の新聞記事であろう。目を閉じて横たわるレーニンを描いた細密なイラストが、黒い枠で縁取られている。

ロシア帝国の打倒を目指したレーニンは、

急流タンメルコスキ。中央奥にダムが見える。［撮影：北川美由季］

フィンランドの独立に深く関わっている。非合法新聞「イスクラ」（火花という意味）は、一九〇〇年一二月ドイツ社会民主主義者の秘密援助によりミュンヘンで創刊され、ロシアへと密輸されていた。レーニンは編集長時代、毎号フィンランドの独立問題に関する記事を書いていた。また、一九一七年レーニンの指導するボリシェヴィキは、十月革命によりケレンスキーの臨時政府を打倒する。一二月三一日、レーニンの署名により、ソビエト政府はフィンランドの独立を承認した。

興味深いエピソードが紹介されている。レーニンの本名はウラジーミル・イリッチ・ウリヤーノフだが、ウリヤーノフ家は、フィンランド語と同じフィン・ウゴル語派に属するモルドヴィン（のちにソ連のモルドヴィン共和国）の集落出身であった。もう一つ、工場ストライキのアジテーションで一八九五年に逮捕されたレーニンは、一八九七年から一九〇〇年の間シベリアに追放される。そこでの同室者は、フィンランド人の共産主義者オスカリ・エングベルイであった。

　政治家としての関わりと個人としての関わり。レーニン博物館がフィンランドに存在する所以《ゆえん》である。

　フィンランド独立から日の浅い一九一八年一月、首都ヘルシンキに革命政権が誕生する。対するスヴィンフッヴド政権は東ボスニアのヴァーサを本拠とした。内戦の始まりである。同年三月下旬から四月上旬にかけて、タンペレで赤衛軍と白衛軍が激突し市街戦となった。

タンペレ「レーニン博物館」
［撮影：北川美由季］

　内戦は白衛軍の勝利に終わった。これはフィンランドにおいては独立戦争と解釈されているが、新しい国家の誕生をめぐって自国民同士が互いに血を流した戦争であった。

　レーニン博物館が触れていない点もある。

　ソビエト政府は十月革命で権力を掌握した際、民族自決の原則を含む行動綱領を発表した。しかし、実際に独立したのは、フィンランドやポーランドなどロシア帝国への併合期間が短い地域にとどまり、民族自決の原則が徹底されたわけではなかった。

　また、ソビエト政府は、ロシアに続きヨーロッパ全土に革命が波及することを想定し、フィンランドの革命政権にも期待を託していた。

ベビー・レーニン・バッジ
［撮影：北川美由季］

フィンランド独立の結果は、レーニンやソビエト政府が希望していたものでは、なかったのである。

一九二二年一二月、ソビエト連邦が成立する。革命に尽力したレーニンは、一九二四年一月に死去する。その後のソ連とフィンランドの関係は良好ではなかった。

第二次世界大戦中の二度にわたる対ソ戦争を体験したのち、一九四六年一月、フィンランド国内の政治情勢の安定を受け、レーニン博物館は開館に到った。

その後フィンランドは小国の英知を奮ってソ連との友好をはかり、一九九一年のソ連崩壊後は、ヨーロッパの一員として現在に至る（本書の歴史の諸章参照）。

私がはじめてレーニン博物館を訪れたのは、ソ連崩壊から二年後の一九九三年春のことであった。ヘルシンキへの帰途に立ち寄ったハメンリンナでは、小雨の降る広場で蚤の市が開かれていた。使い古された日用品に混じって、イコンや琥珀が目につく。売り手はスラブ系の人であろう。「ベビー・レーニン・バッジ」という声に目を上げると、体格の良い中年女性が微笑んでいた。赤い星に縁取られた赤ん坊のレーニンである。私は当時の通貨マルッカを取り出し、彼女に手渡した。

二〇〇二年八月、二度目の訪問でも、思いがけないレーニンと出逢うことができた。ミュージアムショップで大きなバスケットから溢れそうにしていたのは、一本一ユーロの、真っ赤なレーニンのボールペンであった。その色はもちろんレーニンに依るものだが、実はタンペレもしばしば「赤い街」と称されている。

ここで、もう一つの疑問、レーニン博物館が首都ヘルシンキではなくタンペレに存在する理由が明らかになる。当時のフィンランド大公国はロシア帝国の一部であったが、ロシア本国と比較して取り締まりが弱かった。実は、レーニンはタンペレ以外にもいくつものフィンランドの都市を訪れており、なかでもヘルシンキでの滞在が多かった。前述のように、レーニン博物館の展示もヘルシンキの部屋である。ヘルシンキにはまた、レーニンの名を冠した公園「レーニンプイスト」も存在する。

一方、レーニン博物館は、次のように紹介する。一九〇五年一二月、現在の労働者会館で、ボリシェヴィキの会議が行われた。この会議で、レーニンはスターリンとはじめて出会った他、フィンランド独立運動の推進を市民代表団に誓った。このことから、後に労働者会館内にレーニン博物館が開設されたのである。

レーニン博物館は淡々と事実を語るが、このように考えてよいであろう。ヘルシンキの政府が白衛軍の流れを引くのに対して、内戦の趨勢を決めた決戦以降も、タンペレは「赤い」伝統を守り続けている。現在はハイテク都市のイメージを前面に押し出すタンペレであるが、過去も現在も、そしておそらくは未来においても、この街は産業と労働者の街であり続けるだろう。

これにはもう一つの証拠がある。携帯電話で有名なノキア社は、タンペレ近郊のノキア市からその名前をとっている。今や世界的な大企業だが、その歴史は一八六五年、このタンペレから始まったのであった。

フィンランドの映画監督
アキ・カウリスマキの世界

コラム5 石野裕子

北欧映画というと、二〇〇七年七月に死去したスウェーデンの映画監督の巨匠イングマール・ベルイマンや、二〇〇〇年にカンヌ国際映画祭でパルムドールを受賞し、アイスランド人歌手のビョークが主演したことで話題となった『ダンサー・イン・ザ・ダーク』のラース・フォン・トリアー監督らが筆頭に挙げられ、スウェーデン映画やデンマーク映画が世界的に有名である。それに較べて、フィンランド映画は影が薄い存在であるが、そのような中でもカウリスマキ兄弟はひときわ目を引く存在である。

兄弟で映画監督であるカウリスマキ兄弟には、ともにヨーロッパだけではなく、アメリカや日本にも多くのファンがいる。なかでも、弟アキ（一九五七年生まれ）の監督作品『過去のない男』（二〇〇二年）は、カンヌ国際映画祭でグランプリを受賞し、主演のカティ・オウティネンも主演女優賞を同時に受賞したことから一躍有名となった。アキ・カウリスマキの映画は例外があるものの、「カウリスマキ・ワールド」と呼ばれるほど、独自の世界観を醸し出している。筆者の独断で「カウリスマキ・ワールド」をまとめてみたい。

まず、主人公はたいてい不運な身の上である。『浮き雲』（一九九六年）は、レストランを首になったカティ・オウティネン演じる主人公と市電の運転手をリストラされた夫の話である。『過去のない男』では、ヘルシンキに着いた途端、暴漢に襲われ、記憶をなくした男が主人公である。『コントラクト・キラー』（一九九〇年）では、突然仕事を首になった主人公が、殺し屋に自分自身の殺人を頼むほど人生に絶望している。

また、登場人物は無口で不器用な設定となっている。『愛しのタチアナ』(一九九四年)では、二人のフィンランド人の男が、偶然旅の途中で知り合ったベラルーシとエストニア出身の「ロシア人」女性たちをヘルシンキの港まで見送ることになるが、道中、会話はほとんどない。

登場人物の大きな特徴として、酒(たいていは「コスケンコルヴァ」というフィンランド製の安い蒸留酒である)とタバコを手から離さないことも挙げられよう。

音楽は、日本の演歌を連想させるようなメロディーのフィンランドの歌謡曲や「フィンランド・タンゴ」が流れ、フィンランドの国民的楽器であるアコーディオンの演奏がふんだんに使用され、映画を盛り上げている。

『過去のない男』や『浮き雲』のように、不幸な中でも最後に希望の光を見出して結末を迎える映画もあるが、『マッチ工場の少女』(一九九〇年)や『白い花びら』(一九九八年)のように、絶望のまま終わる映画も少なくない。しかし一方で、陰気な中でも静かなユーモアがところどころに見られるのもカウリスマキ映画の特徴の一つである。

古典を題材とした作品も多い。フィンランドの国民的作家と呼ばれるユハニ・アホの小説『ユハ』を原作とした『白い花びら』、ドストエフスキー原作の『罪と罰』(一九八三年)、シェイクスピアの『ハムレット』を現代フィンランドに舞台を移した『ハムレット・ゴーズ・ビジネス』(一九八七年)などがこれまで製作されている。これらは白黒映画で撮られている。

その一方で、とんがった奇妙なリーゼント頭と、同様にとんがった靴がトレードマークの破天荒なバンド、レニングラード・カウボーイズの映画(『レニングラード・カウボーイズ・ゴー・アメリカ』(一九八九年)、『レニングラード・カウボーイズ、モーゼに会う』(一九九四年)や、旧ソ連の退役軍人が組織した赤軍合唱隊と一九九三年にヘルシンキで開催したレニングラード・カウボーイズのジョイントコンサートのドキュメンタリー『トータル・バラライカ・ショー』(一九九三年)も撮っている。

また、同じ俳優がくり返し出演しているのもカウリスマキ映画の特徴である。カンヌで主演女優賞を受賞したカティ・オウティネンは、カウリスマキ映画の常連である。その他にも、マッティ・ペッロンパー(一九九五年に死去)、マルック・ペルトラ、エリナ・サロといった個性的な俳優らが、カウリスマキ映画に長年にわたって出演している。映画スタッフの大半も同様に、長年にわたってカウリスマキ映画に携わっている。

二〇〇六年に公開され、話題を呼んだ日本映画『かもめ食堂』は、ヘルシンキで撮影された映画で、『過去のない男』で主人公を演じた俳優マルック・ペルトラが、主人公サチエ演じる小林聡美にコーヒーの呪文を教えるなぞの男マッティ役で出演している。

日本にはアキ・カウリスマキ映画のファンは意外に多いが、アキ自身も大の日本好きで、小津安二郎監督のファンでもある。『過去のない男』ではなぜか主人公が電車の中ですしを食べるシーンが登場し、バックミュージックには、日本のロックバンド、クレージーケンバンドの音楽が流れている奇妙なシーンもある。

また、アキは社会派であり、信念の強い人でもある。二〇〇二年一〇月に開催されたニューヨーク映画祭には、イラン人監督へのヴィザの発給を拒否した合衆国に抗議するため出席を取りやめている。二〇〇三年には、イラク戦争に抗議するためにアメリカのアカデミー授賞式を欠席している。

一方、兄のミカ(一九五五年生まれ)は国内

映画界で活躍した後、近年では、アメリカを舞台とした作品『Go! Go! L.A.!』（一九九九年）

アキ・カウリスマキ監督の『過去のない男』(2002年)。
カティ・オウティネン（左）とマルック・ペルトラ（右）。

やブラジル音楽のドキュメンタリー『モロ・ノ・ブラジル』（二〇〇二年）など、海外において活躍の場を広げている。

　さて、フィンランド映画の歴史において、アキはどのような位置づけがなされているのであろうか。映画史家の小松弘氏が、『北欧映画完全ガイド』で、フィンランド映画の歴史を一九六〇年代からふり返っているが、本章ではフィンランド人映画史家のサカリ・トイヴィアイネン氏とペーター・フォン・バーク氏の研究を参考に、独立以前に始まるフィンランド映画の歴史を簡略ながら概観したい。

　フィンランドの映画産業の歴史は意外と古く、最初のフィンランド長編映画が制作されたのは独立前の一九〇七年であった（ドキュメンタリーの短編映画は一九〇四年にすでに撮影されている）。独立以降の一九一九年には、初の映画会社であるフィンランド・フィルミ会社が設立され、一九三〇年代は映画がサイレントからトーキーに替わり、フィンランド映画の「黄金時代」と呼ばれるほど映画業界が活気づいた。たとえば、一九三〇年代終わりには一年で二〇本もの映画が制作され、一つの映画で実に当時の人口の一〇%にもなる四〇万もの観客が動員されるほどであった。

しかし、第二次世界大戦以降、他の娯楽の台頭、とくにテレビの影響力の増大によって、映画業界は世界的に危機を迎えるが、フィンランドもその例外ではなく、ハリウッド映画のフィンランド市場席巻とも重なって、一九五〇年代から一九六〇年代にかけてフィンランド映画業界は危機に直面した。一九六〇年代初頭に俳優のストライキが発生したものの、それは危機の主な要因ではないだろうとトイヴィアイネン氏は分析している。一九三〇年代に確立した映画制作状況、すなわち一部の大会社がフィンランド映画業界の利益を独占してきた状況が一九六〇年代になっても続いていたことが、映画業界が停滞した一つの理由であるといえるだろう。

この危機を打開するために、他の北欧諸国同様にフィンランドにおいても一九六九年に映画基金が発足し、国家が金銭的な補助を行うようになった（フィンランドおよび北欧諸国の映画基金に関しては、小松氏の著作を参照）。また、小さな制作会社や企業に属していない監督が映画を手がけるなどの変化が起こった。こうして新しく台頭した「一九六〇年世代」の監督は、フランス映画の影響を受けた「アヴァンギャルド」映画を発表するなどフィンランド映画界に新風を吹き込んだ。この「一九六〇年世代」が一九七〇年代にも活躍した後、一九七〇年代終わりから一九八〇年代にかけて再び新たな世代の監督が登場し、世代交代が生じた。

一九八〇年代は、児童向け映画、青春映画、コメディー映画に加えて、新たな分野であるホラー映画、また一九八九年に公開された『冬戦争』のような大作の戦争映画が制作されるなど、フィンランド映画業界がふたたび活気を取り戻したが、そのなかで新しい世代の監督の一人として名をはせ、世界的な評価を受けた数少ないフィンランド人監督がアキ・カウリスマキである。

ある面でシニカルすぎ、また「マニア」的な色彩が濃いともいえるアキ・カウリスマキの映画は、国外での高い評価とはうらはらに国内ではそれほど評価されていないといわれていたが、二〇〇二年の映画『過去のない男』はフィンランド国内でもヒットを記録し、二〇〇六年の『街の灯り』ではフィンランドの映画賞を受賞した。また、フィンランドの映画評論家は、早くからアキの映画を高く評価しており、フィンランド映画の歴史に一石を投じた人物としての評価は国内外において定まっている。

アキ・カウリスマキの映画には、ＥＵに加盟し「ヨーロッパ的」になった現代的なフィンランドの風景は見られない。成功者の影に隠れた弱い者たちが運命に翻弄され、それでも懸命に生きていく姿が、スクリーンを彩っている。筆者はそこにフィンランド人のペーソスを感じ、たまらなく魅力を感じるのである。

＊参考文献

ペーター・フォン・バーグ著、森下圭子訳『アキ・カウリスマキ』愛育社、二〇〇七年。
小松弘監修、渡辺芳子編『北欧映画完全ガイド』新宿書房、二〇〇五年。
Sakari Toiviainen, *Sata vuotta - sata elokuvaa*, Helsinki: SKS, 2007.
Peter von Bagh, *Suomalaisen elokuvan uusi kultainen kirja*, Helsinki: Otava, 2005.

Ⅳ

交流の歩みから

35

フィンランド観光の旅

★ こんな所にお勧めの場所が ★

北欧の一国、これがごく一般の日本人がフィンランドに抱くイメージであろう。地図上でここがフィンランドと正確に指し示せる人は少ないのではないだろうか。フィンランドが例外なわけではない。日本人にとっては、パズルのようなヨーロッパの国々はどこも同じようなものである。二〇〇七年、フィンランドで日本人により記録された宿泊数は一五万六〇四四泊で前年対比四・七％の増加である。一九九三年七万一八三六泊だったことを考えると二倍強で、順調な増加といってよいだろう。さらにデンマーク、スウェーデン、ノルウェーの北欧四カ国の中で比較すると、フィンランドが宿泊数で三三％のシェアで人気ナンバーワンのデスティネーションである。

一般的に日本人は北欧には良いイメージを持っているといわれるが、まずはフィンランドの人気の秘密を探ってみたい。まず、フィンランドには、はっきりとした四季がある。夏には白夜と沈まない太陽、冬には神秘的な太陽の昇らないカーモスの季節と、日本人にも大人気のオーロラが出現する。日本人旅行者宿泊数の月別推移を見ても、六月から八月の夏のピークシーズンと、一二月から三月の冬のピークシーズンがはっきりと見られる。意外なことだが、一国で季節により異なった旅行商品があり、二つのピークシーズンを持つ国は少ない。第二に、政治的にも経済的にも高いレベルで安定している。観光には関係がなさそうに聞こえるが、政治的に中立でテロ事件などと関わりがないことは安全というイメージにも繋がり非常に重要である。実際、フィンランドは日本より安全と感じることが多い。経済的な安定は健全な観光投資を生みだし、ノキアのような国際的な企業の出現でフィンランド関連の情報が多くなるというメリットもある。第三に、人である。事実、フィンランドを旅した日本人も、フィンランド人は親切で日本びいきと感じる人は多い。実際は、フィンランド人の人種にこだわりが少ないことがこの印象を生んでいると思われる。またフィンランド人と日本人にはいくつか共通項があり、相互理解しやすい。たとえば、フィンランド人は比較的寡黙で控えめである。これは両国とも多民族国家ではないこと、そして島国である、または島国的であることに関係しているという説がある。気の合う人と旅行するのは楽しいように、気の合う人の住む国を旅すると快適なはずだ。最後にフィンランドは森と湖の国、サ

バルト海クルーズ。［提供：Visit Finland］

ウナの国、ムーミン、サンタクロースの国といった普遍のイメージに加えて新しいイメージ作りに成功しているといえる。一九九〇年代中盤にはＩＴの国、キシリトールの故郷、オーロラの見える国、また近年では北欧デザインの雄、教育先進国といったイメージで話題を撒いてきた。いくつもの顔を持つことで新しい層の旅行者も増えてゆく。

次に日本人に人気のデスティネーション、商品をご紹介しよう。まずは当然ながら首都ヘルシンキである。ヘルシンキでの二〇〇七年、日本人宿泊者数は、九万四二二泊で総宿泊数の五七・九％を占める。「バルト海の乙女」と呼ばれるヘルシンキには、ランドマークである大聖堂、世界遺産スオメンリンナ要塞、デザインショップなどの密集したデザイン・ディストリクトなど数々の人気スポットがある。このヘルシンキとストックホルムを結ぶバルト海クルーズも非常に人気がある。ヘルシンキから一日で行ける古都ポルヴォー、ヌークシオ国立公園に代表される森のハイキング、アーティスト村フィスカルス、シベリウスの生誕地でもあるハメーンリンナも魅力的だ。古都トゥルクはストックホルムへのクルーズのもう一つの発着地になっている他トゥルク城などの見所も多い。また、トゥルクから車で一五分のナーンタリは大統領の夏の別荘もあるリゾート。北欧最大のスパ・ホテル、ナーンタリ・スパ・ホテルがあり年間三〇〇〇人を超す日本人が訪れる。以上が主に夏のシーズンのデスティネーションである。

冬になると多くの日本人はオーロラに誘われて北極圏、ラップランドのリゾートに滞在する。フィンランドは、日本からもっとも短時間で行けるオーロラ・デスティネーションだ。ラップランドの首都ロヴァニエミでサンタクロースに会うのは定番である。ヘルシンキからロヴァニエミまでの夜行列

フィンランドのオーロラ。［提供：Visit Finland］

車サンタクロース・エキスプレスも忘れられない。ロヴァニエミから多くの日本人はさらに北のリゾートで二、三泊をすごしながらオーロラを待つのである。ラップランドには数多くのリゾートがあるが、これらのリゾートは実はスキーホリデイの習慣を持つフィンランド人のために開発されたもので施設、アクティビティーも充実している。日本で代表的なデスティネーションとしてはサーリセルカ、レヴィ、ユッラスなどがある。

　それではどのような人がフィンランドに旅しているのであろうか、季節ごとに見てゆく。まずは夏（六月から八月）に多いのはパッケージツアーで北欧四カ国を八日から一二日で添乗員付きで回るツアーである。これに参加しているのは五〇代以上のいわゆる熟年のカップルである。商品の価格が高額であることもあり、若年層は比較的少ない。この層は夏の観光旅行者の約五〇%を占める、商品としての歴史も古く一九八〇年代からほぼ変化なく人気を誇っている。ただし、近年この層は個人旅行の増加により微減傾向にある。冬には一転して商品価格も安く、個人旅行型オーロラ・パッケージツアーが主流となる。二名から出発可能で添乗員も同行しない例が圧倒的に多い。マイナス二〇―三〇度のラップランドへの旅行を考えると若年旅行者が多いと思いがちだがフィンランド政府観光局の調査によると二〇歳代から六〇歳代まで旅行者はほぼ均等に分布している。オーロラ旅行商品は一九九三年から商品化され、オーロラの神秘さとスノーアクティビティーの充実、サンタクロースや砕氷船ツアーなどの商品の豊富さも手伝い、年々規模を拡大してきた。

夏の北欧ツアー、オーロラ・ツアーなど季節の特徴を生かした商品が主流だったフィンランドに、ここ数年また新しい旅行者が新しい旅行形態で加わろうとしている。二〇〇三年ころから北欧デザインが注目を集め始め、多くの女性誌が北欧デザイン特集を掲載するようになった。フィンランドもアルヴァル・アールトのみならずマリメッコ、イッタラなどが人気を集めるようになった。ヘルシンキ市内のデザインショップが紹介され、デザイン・ディストリクトもデザイン・フォーラム・フィンランドやヘルシンキ市観光局によりプロモーションされた。このころから個人旅行でヘルシンキを訪れる二〇歳代から四〇歳代の女性が散見されるようになり、個人旅行型パッケージツアーも販売された。この北欧デザイン人気を決定づけたのが二〇〇六年に公開された映画「かもめ食堂」である。現在ヘルシンキでは一人旅、または友人と二人で訪れる女性が増加している。この層の特徴は季節を問わないことだ、個人旅行が主であるため旅行者は休暇、予算に合わせて計画を立てることができる。フィンランドは季節を利用した商品が多いため春・秋は旅行者が少なく、旅行商品もなかったが、デザインツアーにより改善されつつある。

　また、個人旅行は宿泊ホテルのバラエティーを広げた。団体旅行が主流だった日本人旅行者は部屋数も多いチェーンホテルに泊まる例が多かったが、小規模の個人経営ホテルやデザイン・ホテル、アパートメント・ホテルやホステルまで趣向や予算でホテルを選ぶというように変化してきている。これはフィンランド旅行業界にとっても非常に好ましい状況である。旅行中の活動もバスでガイド付き観光する形から公共交通機関を使い、事前に現地ツアーを予約せず、予定も臨機応変に決める「街歩き型」に変化した。レストラン選びもしかりである。デザイン・ツアーは今やデザインを楽しむのみならずフィンランド人の生活スタイルを含めた街の雰囲気全体をたのしむ「ライフスタイル・ツアー」にまで成熟しつつある。

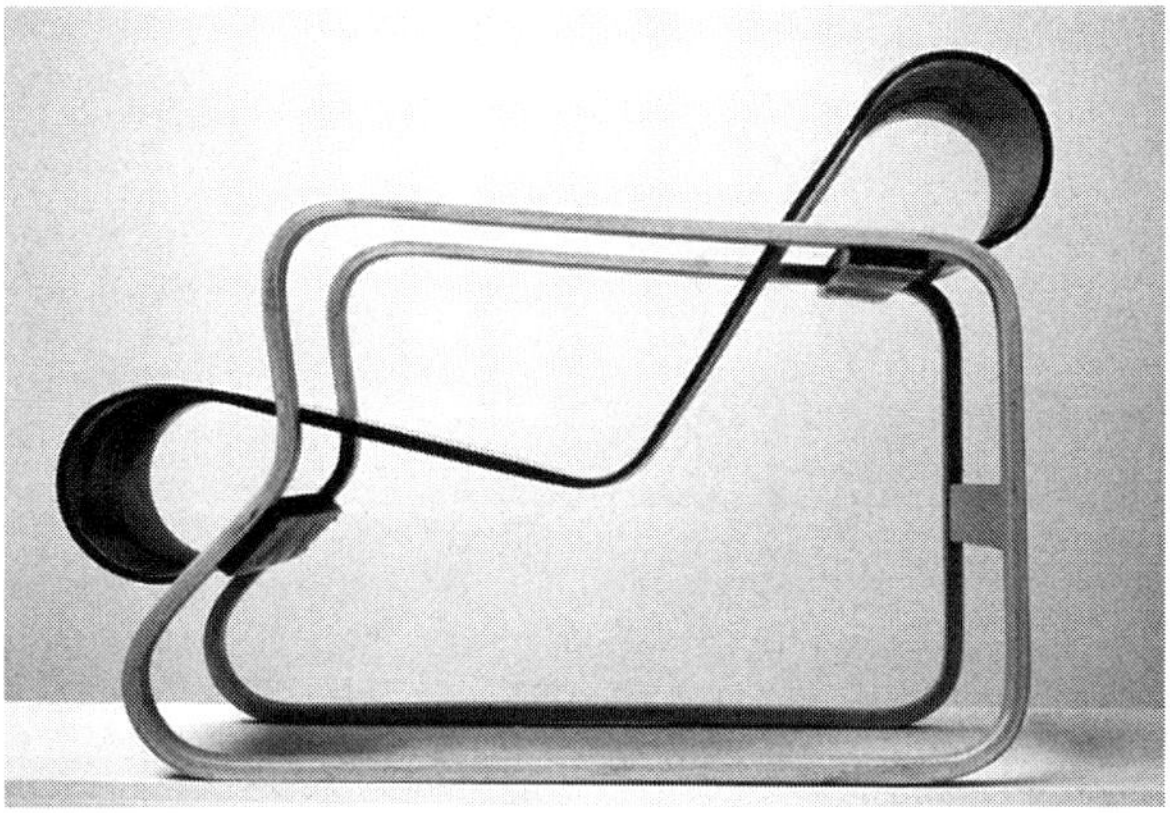

フィンランド・デザイン。［提供：Visit Finland］

　最後に、フィンランドのデスティネーションとしての今後の可能性について述べてみたい。現在日本からヘルシンキまでの直行便は夏季スケジュールで週一五便（成田四、名古屋四、大阪七）、ヨーロッパの航空会社中三番目の便数という驚くべき多さだ。フィンランド航空は現在ヨーロッパからアジアへのネットワーク作りを急速に進めており、今後も当分方針は変わらないだろう。ヘルシンキ・ヴァンター空港は他のヨーロッパへの乗り継ぎには絶好のロケーションであることもあり、便数の多さは必ずしも観光客数増加には繋がらないが、明らかなアドバンテージであることに変わりない。忘れてはならないのは、日本からヘルシンキへの所要時間はわずかに九時間三〇分だということだ。また、日本人の個人旅行化は今後ますます進んでいくと思われるが、親日的、安全、時刻に正確な交通機関、歩いても観光できるコンパクトな街が多いなど、フィンランドのデスティネーション特性は個人旅行には非常に都合が良い。旅行費用や物価の高さ、歴史の浅さ、厳しい自然条件などを差し引いてもフィンランドの日本市場における可能性は高いといえるだろう。本書を手にしている読者の皆様はフィンランドを旅したことがあるだろうか。手前味噌だがフィンランド政府観光局主催の「フィンランド・カフェ」はカフェという空間を利用してボーダレスにフィンランド文化をプロモーションしている。もし、旅したことがなければ是非フィンランド・カフェから始めてみてほしい。

（能登重好）

36

ラムステット公使とエスペラント仲間

――★ エスペラント仲間たちが支えた日フィン親善 ★――

一九二〇年二月、初代の駐日フィンランド公使のグスタフ・ヨン・ラムステットが東京に到着した。独立したばかりのフィンランドは、日本との外交を重視して、東洋言語の研究者であるラムステットに白羽の矢を立てたのである。外交官ではないからと固辞したが、大統領からの懇請を断りきれなかった彼は、ロンドンとスエズを経由して地球を半周する長い船旅ののち、日本に着任したのであった。

到着まもない彼の宿舎を二人の日本の青年が訪ねて来た。二人は世界共通語のエスペラント語を話すエスペランチストで、フィンランドのエスペラント協会の会長として著名なラムステットが到着したのを新聞で知ったからであった。

エスペラント語は、その三三年前の一八八七年に、ポーランドの眼科医でユダヤ人のザメンホフが作った新しい言語である。異なる文化を持つ人々が中立で公平な言語を使うことによって、平和に共存する世界をつくることが創案者ザメンホフの願いであった。国と国の間で戦争が続いているなかで、平和を求める人々の共感を得て、ヨーロッパを中心に普及しており、日本でもそれを学習する人が増え、普及する活動が始まっていた。

ラムステット。日本のエスペランチストに囲まれて。1926年10月18日、長崎で。
［提供：長崎エスペラント会］

日露戦争後の一九〇六年に日本エスペラント協会が生まれ、二葉亭四迷が書いたエスペラント語の教科書『世界語』が多くの人々に読まれていた。さらに第一次世界大戦後の一九一九年には、若い人たちが中心になって、現在も活動を続けている日本エスペラント学会が創立された。ラムステットが来日したのは、ちょうどその新しい活動が始まった頃であった。

ラムステットは若いころからのエスペランチストで、エスペランチストのネットワークを利用してヨーロッパ各地を旅行した経験からも、エスペラント語が諸民族の交流のために有用な言語であることを実感していた。異国での慣れない生活を始めたばかりのラムステットは、この世界共通語を話す二人の若者を喜んで迎えた。会話は、もちろんエスペラント語であった。

ラムステットは、さっそく東京のエスペランチストの月例会に仲間の一人として参加するなど、日本のエスペランチストとの交流を始めた。それは、同時にフィンランドを日本国民に知らせるという外交官の本来の仕事にも大いに役立つものであった。彼は、東京だけでなく、北は仙台から南は長崎まで、全国各地のエスペランチストの集まりに招かれた。さらに、各地の新聞社が主催する講演会でも、「フィンランドについて」「フィンランド文学について」など自国の紹介、さらに「戦後のヨーロッパ」など、第一次世界大戦後のヨーロッパについての話をエスペラント語で行った。通訳をしたのはもちろんエスペランチストであった。そのころ、日本のエスペランチストの間では、フィンランド・エスペラント協会の月刊機関誌 *Espenrata Finnlando*（エスペラントのフィンランド）を購読することがはやりになっていた。現在も日本エスペラント学会の図書室には、当時の *Espenrata Finnlando* の合本が何組も保管されている。

Esperanta Finnlando（フィンランド・エスペラント協会の機関誌）1920年４月号。
［提供：財団法人日本エスペラント学会図書室］

新しく生まれたばかりの、しかも遠く離れた北欧のフィンランドは、日本では、まだほとんど知られていない国であった。しかし、このような講演活動によって「森と湖」の美しい国として多くの人に知られるようになった。ラムステットは、他の国の外交官から、いったいどのようにしてそのようなことが可能になったのかと、非常に不思議がられたと回想している。

一九二六年には、もう一つの出会いがあった。東京国際倶楽部で開かれたラムステットの講演に、岩手県の花巻から来た一人の青年が出席していた。この講演は日本語で行われたものであるが、その青年の質問に答えて、ラムステットは「やっぱり著述はエスペラントによるのが一番ですね」と述べた。その青年、宮沢賢治は、ちょうどそのころエスペラント語の学習を始めていた。自分が書いた作品が認められないために、世界中の人々に読んでもらいたいと、エスペラント語での著作を考えていたからである。

ラムステットの言葉に勇気づけられた賢治は、後日、ラムステットを訪れて、自分の詩集『春と修羅』と童話集『注文の多い料理店』を贈った。それとともに、エスペラント語の学習に励み、花巻に帰ってからはエスペラント語での詩作も試みた。しかし、「世界の人にわかってもらうためにエスペラントで作品を書く」と決意した賢治であったが、その望みは早すぎる死によって実現することはなかった。現在は、「エスペラント詩稿」として約一〇編の習作が知られているだけである。そのとき賢治が贈った二冊の本は、現在もヘルシンキ大学のラムステット文庫にあり、その中の『注文の多い料理店』には、ラムステットの書き込みが残っているそうである。

ラムステットは、一九二九年に使命を終えて帰国したが、一九三九年にヘルシンキの自宅を訪れた八木日出雄（後に岡山大学学長、世界エスペラント協会会長）に対して、当時のことを回想して、懐かしんだということである。

（峰芳隆）

＊参考文献

グスタフ・ヨン・ラムステット著、坂井玲子訳『フィンランド初代公使滞日見聞録』日本フィンランド協会、一九八七年。

『フィンランド・テーブル』（日本フィンランド修好八〇年記念論集）日本フィンランド協会、二〇〇〇年。

ラムステッド「エスペラント語の旅」『改造』一九二二年八月号。

佐藤泰平「フィンランド初代駐日公使・ラムステットに賢治が贈った初版本」『宮沢賢治研究 Annual vol.2』宮沢賢治学会イーハトーブセンター、一九九二年。

八木日出雄「ラムステット博士を悼む」（初出：日本エスペラント学会機関誌 *La Revuo Orienta* 一九五一年二月号）八木日出雄記念誌『意あるところ道あり』日本エスペラント学会、二〇〇六年。

初芝武美『日本エスペラント運動史』日本エスペラント学会、一九九八年。

野島安太郎著、峰芳隆編『宮沢賢治とエスペラント』リベーロイ社、一九九六年。

小林司『ザメンホフ』原書房、二〇〇五年。

37

「神様の愛を日本に」

★フィンランドのルーテル教会の日本伝道の歴史★

海外伝道というのは、イエス様の勧め（「あなたがたは行って、すべての国民を弟子として、父と子と聖霊との御名によって彼らに洗礼を施し、あなたがたに命じておいたいっさいのことを守るように教えなさい」）に従って外国に福音を伝えることです。フィンランド国民の大部分は宗教改革の時から今に至るまでルター派です。

一八〇〇年代の半ばから、海外伝道を行いたいという考えがフィンランドで強まりました。いくつかの海外宣教団体が生まれ、その中のフィンランド・ルーテル福音協会（SLEY、スレウ）は、一八九九年に日本で海外伝道を始めることに決めました。日本は「教養豊かで気候や物価の点でも適当である国」と思われました。「日本は東で強い影響力をもつ国になるだろう」という予想もありました。SLEYには、日本についての知識はほとんどありませんでしたが、「イエス・キリストが十字架の死を通して世界のすべての人のために与えてくださった救いについては日本ではまだ知られていない」ということはわかっていました。

一九〇〇年一二月一三日に最初の宣教師たちは船で長崎に着きました。それは、ウェルルース牧師五人家族と一七歳の女性エステリ・クルヴィネンでした。彼らはすでに日本にいたアメ

宣教師で小学校教諭のイェンニ・アイロ氏によって設立された飯田ルーテル幼稚園。

リカ人の宣教師と一緒に働き始めました。そのうちフィンランド人は自分の伝道ができる場所を探し始めました。そして長野県の諏訪地方で適当な場所を見つけました。気候も湖や白樺の景色も懐かしいフィンランドを思わせました。下諏訪で家を買って、一九〇五年の夏にそこで伝道を始めました。

宣教師の数も次第に増え始めました。第二次世界大戦まで、フィンランドから二七人の宣教師が日本に送られました。長野県の飯田、東京の池袋や大岡山や札幌などに教会がつくられました。宣教師の中には学校や幼稚園の先生もいたので、教会に付属する幼稚園がつくられました。飯田ルーテル幼稚園は一九一二年、札幌芽生え幼稚園は一九三七年、大岡山ルーテル幼稚園は一九四〇年につくられました。これらの幼稚園はいまでも活動しています。

戦時中に教会の働きは難しくなって、大部分の宣教師はフィンランドに帰国しなければなりませんでした。一九四八年に最初の宣教師は日本に戻ってき

宣教師ターヴィ・ミンッキネン（左）、長女エーヴァ（中）とターヴィの日本語の先生。（1960年、諏訪）

ました。一部の教会は廃墟になっていました。会員の一部は消えてしまっていました。それでもすこしずつ伝道の仕事は進められていきました。フィンランドの伝道の結果生まれた諸教会は、一九四九年に自分の地区として他のルーテル教会と一緒になり、一九五九年には完全に日本福音ルーテル教会の一部になりました。

生まれてまもない若い教会にとって、いろんな面で速やかに独立することが大切です。日本でも、宣教師たちは教会やその組織の責任を日本人の手に委ねようとしました。このために、日本人たちを伝道師や牧師として教育しはじめました。教会は、経済的にも自立して福音をこれからも伝え続けることを目標としました。日本人クリスチャンたちは、本当に早く積極的に教会の責任をとるようになりました。

それほど豊かでもないフィンランドから、日本に宣教師を送ってそこでつくられた教会を支えることがどうしてできたのでしょうか？　最初からSLEYの中には日本伝道への熱意が高かったのです。国中に「日本伝道手芸の会」がつくられました。そこで定期的に集まって手芸をつくり、日本のためにお祈りしました。できた物をバザーで売って日本伝道のためにお金を集めました。多くの地方では「日本伝道フェスティヴァル」が開催されました。そこで神様の御言葉とともに日本のニュースを聞いて、日本伝道のために献金しました。こうした手芸の会や伝道集会はいまでも続いています。

子供たちもまた、自分のできることで日本の子供伝道を支えたかったです。特別な「コケモモの日」に森でブルーベリーやリンゴンベリーを摘んで、それで得たお金を日本で幼稚園をつくるためなどにささげました。子供たちにも自分の「日本伝道手芸の会」がありました。

宣教師たちの主な伝道の方法は、次のようなものです。

一、教会の仕事（礼拝、教会学校、洗礼準備会、婦人会、青年会、英語やフィンランド語の勉強会、料理の会など）
二、幼稚園の働き
三、出版事業（ルター派の書物や雑誌の出版）
四、諏訪地方の絹工場で働く若い女子のための伝道（伝道初期）

フィンランドの日本伝道百年の間に、日本からも何人かのクリスチャンがSLEYの奨学生としてフィンランドに来て、キリスト教、音楽、社会福祉などを学びました。

SLEYの他にも日本に宣教師を送ったフィンランドのルーテル宣教団体は、フィンランド・ルーテル宣教会（一九六八年より）、フィンランド・ルーテル海外伝道会（一九七四年より）です。

これからの日本伝道

今の日本に七つのルーテル教会があります。フィンランド人は、日本のルーテル教会の伝道を助けて支えたいと思っています。とくに、新しい人に神様の愛を伝えるための方法を日本の教会の人たちと一緒に模索しています。その一つはインターネットを利用した教会の働きです。
日本の国や人々のために祈って献金している人は、今もフィンランドにたくさんいます。一〇〇年以上にわたる日本とフィンランドの交流を通して、私たちはお互いにたくさん学んできました。相手の文化や考え方を知り、いろんなことを分かち合うことができました。これからも協力し合いましょう。

（高木アンナ・カイサ）

＊参考文献

Kataja, Vappu, “Japanin-lä hetyksen kahdeksan vuosikymmenta kentan nä kö kulmasta”, *Kotimatkalla Suomen luterilaisen, evankeliumiyhdistyksen vuosikirja.*（Toim.）Koskenniemi, Lauri. s.53-59. 1980.
Koskenniemi, Lauri, “Evankeliumi Japaniin 1896/1939”, *Suomen Luterilainen Evankeliumiyhdistyksen lä hetystyö n kotimainen toiminta 1896-1939*, Jyvä skylä : SLEY-Kirjat Oy, 1992.
Turunen, Virpi Tobira 4. *Japani Kristukselle.* Saarijä rvi : SLEY-Kirjat Oy, 1982.

38

在日フィンランド人第二世代のアイデンティティ

★ 言語を中心として ★

故国フィンランドを離れ、海外に移住するフィンランド人は少なくない。一九四五–九七年の間に、北欧諸国とりわけスウェーデンには五〇万人以上が、またカナダやアメリカ、オーストラリアにもそれぞれ二万人ほどが移住した。ドイツ、英国、スペインなど北欧以外のヨーロッパ諸国にも移民がみられるなど、世界各地へのフィンランド移民は広範囲にわたっている。アジアには、大きなフィンランド移民の波はなかったものの、日本にも小規模ながら在日フィンランド人グループが存在している。二〇〇六年に外国人登録をしている在日フィンランド人の数は五六〇人だが、人口比からみると、この数字はけっして少なくない。

在日フィンランド人をその滞日目的で大別すると、まず在日公館や企業などの駐在員をはじめ、留学生および研究者、宣教師、また日本人と結婚している配偶者ならびに、それぞれの家族があげられる。駐在員と留学生は一般に短期滞在が前提となるが、宣教師の場合は期限つきとはいえ、仕事の性質上、日本語を習得し積極的に地域社会に溶け込んで活動することが求められる。日本語の習得には時間がかかるため、日本に赴任する宣教師の滞在期間は普通一〇年近くになり、日本での生活実態も短期居住者とはおのずと違った内容になる。他方、日本人と結婚し日本に居住しているフィンランド人は、子どもがいる場合はなおさら、日本社会に丸ごと組み込まれ、その風俗習慣などに従って生活することが要求される。彼らは、故国に帰って暮す場合も、また日本に留まる場合も、日本人と結婚している状態が続く限り、日本との絆が切れることはない。

一方、滞日期間が比較的長いとはいえ、宣教師の場合も「いずれ故国に帰る」ことが大前提となっており、日本で育ったその子どもたちも、いずれ日本を離れフィンランドに帰国することになる。したがって彼らと日本との関係には、たとえば自分の親や配偶者が日本人であるというような「必然的な」結びつきはない。その結果、帰国後の彼らと日本とのつながりは、彼ら自身が自由に選び取ることができるものであり、逆にいえば日本との関係を維持するのにある種の努力が必要になるのである。

この日本で育った第二世代の在日フィンランド人は、彼らが少年少女期に体験した日本との関わり方を、帰国後にも維持していくのか、あるいは喪失してしまうのか。こうした日本との関係における彼らのアイデンティティについて、とくにその言語に重点を置いて調査した。方法は、調査票にもとづくインタビュー形式によった。

まず、彼らのアイデンティティを理解するうえで必要となる、彼らの日本での生活についてだが、個々の差はあるものの、おおむね以下のようになる。日本で誕生もしくは幼児のうちに来日したものは、まず日本の保育園か幼稚園に通園する。七歳になると、滋賀県にある寄宿制の日本フィンランド学校（略称JASUKO、現在は英語、フィンランド語、日本語によるインターナショナルスクールとなっている）でフィンランド語による教育を受ける。なかには、すでに六歳の時やＪＡＳＵＫＯの夏休みに、近所の日本の小学校に通学した経験をもつものもいる。ＪＡＳＵＫＯでは、フィンランドで高校三年生のときに受ける高校卒業試験（大学受験資格となる）が実施されないため、小学校・中学校そして高校二年生までの教育を受けることになる。そして遅くとも高校二年修了時までには、一人または家族とともに帰国して、フィンランドで高校卒業試験を受験することになる。日本滞在中、三年に一回ほどは、長期休暇でフィンランドに一時帰国するほか、夏休みは家族旅行のほか、長野県・野尻湖などにある外国人村で過ごす場合が多い。

アイデンティティとは、自己および他者との関係における自分についての認識である。その構成要素の中でも、「言語」は重要な位置を占めており、人はまず、日本語を話すもの＝日本人、関西弁を話すもの＝関西人というように、その使用言語によってグループ分けをされてしまう。また、ある社会において民族的アイデンティティもしくは帰属意識を持てるか否かは、その言語能力にかかっている部分が大きい。その社会の中で通用する言語を話せないものは、あくまでも外部の人間になるからである。

自己を表現し、実現する言語である母語は、アイデンティティが最も明確に現れる部分である。母語の定義はさまざまで、（一）第一（習得）

母語の根拠（数字は%）

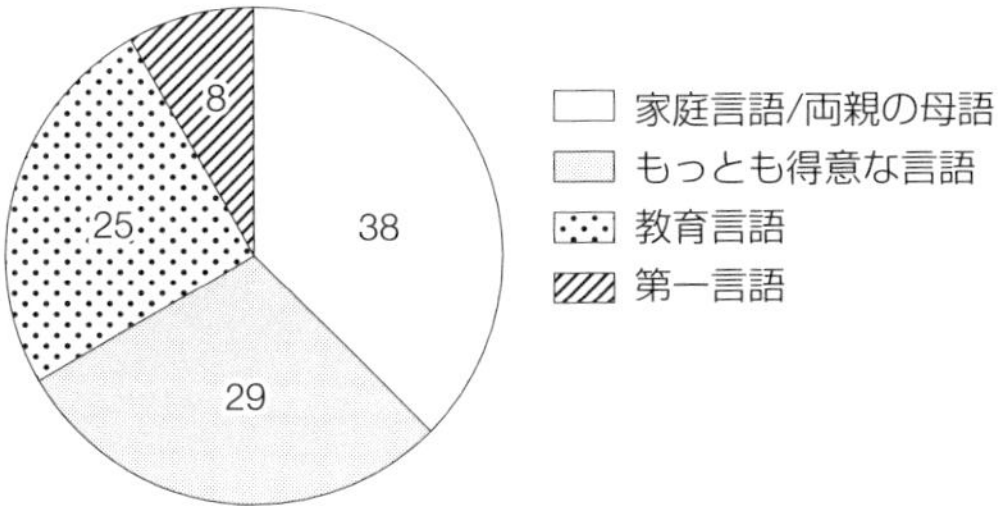

地元・ふるさとはどこか（数字は%）

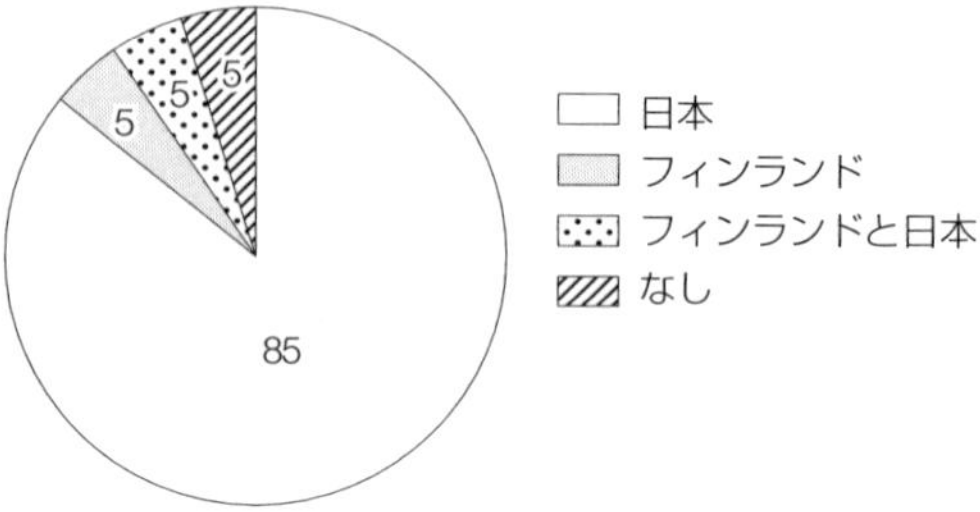

言語、（二）最も得意な言語、（三）使用頻度の高い言語、（四）自分が一体化できる言語などがあるが、いずれも単独では有効な定義とはいえない。第一言語が、生涯、最も得意な言語であり続けるとは限らないし、自分の住む社会での言語と家庭内での言語が異なる場合、使用頻度の高さだけで母語を決定することはできない。（一）と（四）の組み合わせが、比較的有効とされるが、言語と一体化し、それを自分の言語として認めるには、当然、一定の言語能力が必要となる。

在日フィンランド人第二世代の母語は、フィンランド語である。調査結果ではその根拠としていくつかの理由があげられたが、家庭言語もしくは両親の母語だからというのが最大の理由だった。二番目には、フィンランド帰国後の学生生活や職業生活の結果、最も得意な言語であるからという理由があげられた

彼らの家庭での言語およびＪＡＳＵＫＯでの教育言語はフィンランド語だったが、日本での保育園や幼稚園の通園時代に、他者と接触する際の第一言語は日本語だった。さらに、ＪＡＳＵＫＯでの休み時間に友達同士で話す場合や、家庭でも両親とはフィンランド語でも、兄弟姉妹間では日本語を使用する頻度が高く、学校外の友達はすべて日本人だったため、彼らにとって、日本語は身近で自然、かつ愛着のある言語となった。

さらに、今でも数を数えるときは日本語を使用するものが全体の三分の一おり、また日本語とフィ

ンランド語の語彙や表現方法の違いから、フィンランド語では表現したいことを全部表現することができない（日本語でも同様であるが）と感じているものもいた。一方、日本語能力については、聞き話すことにはまったく不自由はないものの、漢字の習熟度が人によって異なるので、読み書き能力には各自差があり、また成人してからは日本で生活していない場合が多いため、大人としての日本語の語彙を身につけていないと認識しているものもいた。

彼らにとっては、フィンランド語の地位は、家庭での言語であり、かつ最も得意な言語の故に母語として認識されているが、他方、心情的に身近で、一体化しやすい言語は、むしろ日本語であるともいえる。

アイデンティティには言語以外の要素としては、場所・地域によってもたらされる帰属意識がある。祖国、生まれ故郷など、個人に安心感を与え、自分が帰る場所として認識している場所である。在日フィンランド人の第二世代にとって、地元または「ふるさと」はどこなのかと質問すると、約八五％が日本だと答えている。あえて質問の際に「ふるさと」という日本語の単語を使ったせいもあるだろうが、子どもの頃の思い出がたくさんつまっていて、「なつかしい」気持ちになり、泣きたくさえなるような場所は、すべて日本にあるという。ＪＡＳＵＫＯや自宅付近、夏休みを過ごした避暑地などが「ふるさと」であり、今でも日本に行くことは、彼らにとって「日本に帰ること」な

どちらの国がより身近か（数字は%）

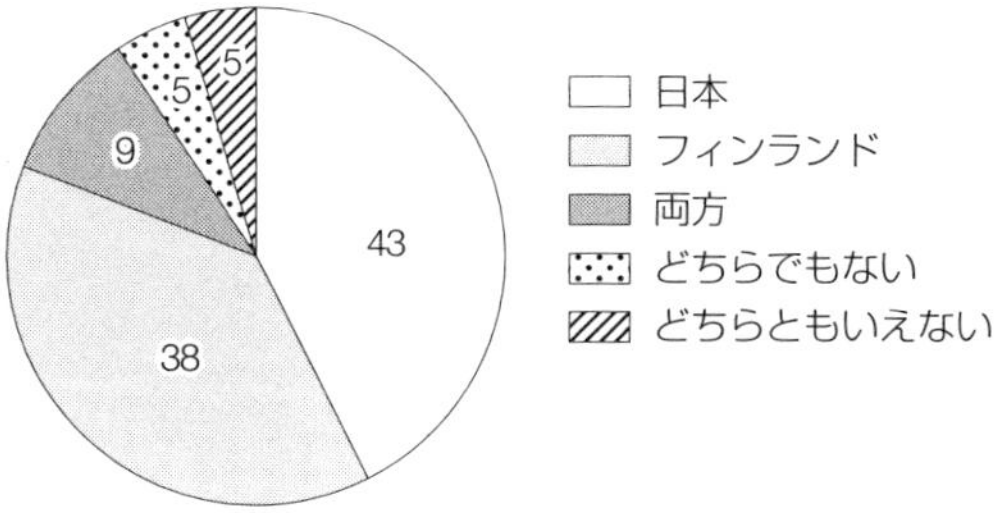

函館でのおもちつき。［撮影：Erkki Puhalainen］

のである。

また、フィンランドと日本のどちらの国をより身近に感じるかについては、フィンランドと答えたものの方が多かったが、そのうち半数は「現在は」という条件つきであった。インタビュー時には、彼らはすでに何年もフィンランドに住み慣れており、自分の家族がいる場所、自分の学校や職場がある場所として、フィンランドが身近に感じられたのである。

住みたい国はどちらの国かという質問に対しては、外国人（の大人）として日本で暮らすより、フィンランドのほうが楽であるということ、また教育環境や仕事環境が日本より恵まれているという理由からフィンランドを選ぶものが多かった。なかにはフィンランドに住んで日本を頻繁に訪れるのを理想とするもの、また、どちらかを選ぶことはできないから、どちらでもない国に住んでいたいという回答もあった。

一般にアイデンティティとは、自分と同様の環境や人生経験を持つ人々の中にいる限り、特別気に留めたり考えたりする機会がないものである。自分と異なる条件を持って生まれ、異なる環境に育っているものの中に入って初めて、自己のアイデンティティを問うことになる。在日フィンランド人の第二世代にとっては、子どもとして日本で生活しているうちは、自分がフィンランド人であるという

JASUKOでの春のパーティー。［撮影：Erkki Puhalainen］

アイデンティティをもちにくく、成長するにつれて回りの日本人との違いに気づくようになる。もしくは、フィンランド帰国後に、まったく異なる文化の「フィンランド人」たちと接することによって、自己のアイデンティティについて考えるようになる。

自分を何国人と思っているかという問いかけに、過半数がフィンランド人だと答えたものの、多くは「現在は」とか「フィンランド人とは思ってはいるけれど……」という注釈つきで、なかには国籍がフィンランドだからという理由による回答もあった。子どもとして日本にいたときには、自分では日本人だと思っていても、成長するにつれ「外人扱い」されることにより、比較的外国人の少ない日本社会の中で「日本人」としては扱われにくいことに気づくのである。

フィンランド帰国後の第二世代は、まずフィンラ

ンド生活への適応という大きな壁にぶつかる。フィンランドへの「帰国」ということ自体、彼らにとっては「未知の国への出発」に近かった。彼らはフィンランドで同年代のフィンランド人との価値観や風習の違いにとまどい、新しい社会のルールを覚えてゆく。彼らがとくに衝撃を受けたものとしてあげたのは、フィンランド人の考え方やそのふるまいであった。他者への気配りや、全体との調和が重んじられる日本社会に比べると、個人主義の傾向が強いフィンランドでは、人々の行動様式もまったく異なる。人々の口数が少ないことや、サービス業に携わる人々の無愛想さも不思議に思えた。また、回りに人が少なく、自然が多いという環境の違いに驚いたものもいた。

また帰国後、本人は「日本人の気持ちを持ったフィンランド人」と思っていても、それは外観からはわからないため、回りからは、ごく普通のフィンランド人として行動し、ふるまうことを期待されてしまう。生来の目に見える外的アイデンティティ（髪や目、肌の色など）と、外にあらわれない内的アイデンティティ（本人の意識によるもの）が一致していない場合、内的アイデンティティについては、積極的に自ら示していかなければ、他者には理解してもらえない。

在日フィンランド人の第二世代の場合は、たとえば在スウェーデンのフィンランド人の場合とは異なり、外見が大きな意味をもつのである。日本では、フィンランド人という外見は、日本人ではないという意味を持ち、社会に溶け込むことをむずかしくするが、フィンランドにおいては、逆にその外観からは、社会に溶け込んだ自国人としてのふるまいが要求されることになる。

フィンランド人として、フィンランド社会に溶け込むのは不可能だが、日本人になることもできないというアンビバレンスのなかで、彼らは、日本人でもありフィンランド人でもない、あるいは日本人でもフィンランド人でもある、そういう存在としての自分について、つらい思いをしながら、時間をかけて認識していくのである。

日本での生活は、彼らにとって人生の一部であり、そしてアイデンティティを構成する最大のファクターとなっている。彼らは、フィンランドで生まれ育ったフィンランド人とは異なる自分という存在を認めて受け入れているのである。人によってそれぞれ方法は異なるが、彼らは日本とのつながりを何らかの形で保とうと努め、また、そのアイデンティティを守っているといえる。留学生として、企業の駐在員として、または宣教師として日本に赴任してきたり、あるいは、翻訳・通訳者やコーディネーターとして、直接的または間接的に日本に関わり続ける。

彼らは、フィンランド人に近い日本人なのか、日本人化したフィンランド人なのか。この種の問いかけ自体に意味はなく、彼らの存在そのものが、彼らのアイデンティティを体現しているというべきである。彼らは、日本での生活経験が、自分という人間とその人生を豊かにしてくれたと語り、そのアイデンティティを誇りにしている。そうした彼らの姿勢は、「ハーフ」（＝半分）という俗称を批判して自らを「二倍」と呼び、仲間同士集って、フィンランドで日本関係のイベントを開催している「日本人とフィンランド人の両親を持つこどもたち」の意思と重なりあうところがあるように思う。

（髙瀬愛）

39

さまざまな地域間の交流

★ 一人のフィンランド人の目から見た概観 ★

フィン・日間の文化交流の特徴は、地方が演じている役割であろう。

東京はけっして日本全体を代弁しないが、それはヘルシンキとフィンランドについて見ても同じである。首都圏というものは、国の中心という役割を演じているおかげで、ごく自然に、とてつもない特権をもってしまっているが、実は国の一部分にしかすぎない。首都は中央政府を抱える見返りに財政のうえで特権的地位を享受し、文化的、政治的、経済的な資源や便宜にまで及ぶありとあらゆる種類のものを保障されている。

残念なことに、人が首都と地方について語る時、何か首都が高い地位にあるかのように見下げた言い方をすることがしばしばある。日本語に至っては、首都との行き来を表現するのに「上京」という言葉さえある始末だ。

こういう態度もある程度は理解できるし、それなりの理由もある。首都圏は、ほかの多くの地方都市に比べてずっと物も豊富だし、便利だからである。だが、こと文化の営みについて語ろうとするならば、地方とそこに住む人々の役割を軽視してはならない。これが肝要なことだと、私は考えている。

素敵なコンサート・ホールや博物館があって、地方の人々が文化的な催しを楽しむことができる、という点では、日本は素晴らしい例に事欠かない。しかもこの種の施設が、たとえばフィンランドの文化を東京以外で紹介する格好の場になっているのである。ほんのいくつかの例を挙げるだけでも、二〇〇七年にはフィンランドからやってきたラジオ・シンフォニーオーケストラが東京以外の七つの都市を演奏して回ったし、数年前には、「神話が息づく自然の国の旅」と銘打って、フィンランド芸術展が山口市、館林市、仙台市を回ったことがある。おまけに、どちらの場合も地方のメディアがどっさり取り上げて、フィンランドに関する知識をイヤが上にも広めたのである。

ローカル・メディアもまた、地方に住む人々にフィンランドのことを伝えるキー・ポジションにある。フィンランドは、幸いなことに、日本では総じて大変評判がいい地位にある。

加えて、近年、とりわけ教育、デザイン、観光旅行といった分野でフィンランドにたいする関心が増してきたように思われる。日本のローカル・メディアの役割は、実に看過できないものになっている。新聞、雑誌、テレビ局のジャーナリストが大勢フィンランドにやってきて、いろいろな話題を取り上げているが、彼らの多くがローカル・メディアの派遣なのである。

友好協会という資源

私は、日本＝フィンランド関係において、友好協会が大変重要な役割を果たしていると考えている。友好協会は、北海道から九州にいたる日本全域で活動しており、草の根レベルでのフィンランドに関する知識を高め、諸地域の人々にフィンランドに関したことで活動できる機会を与えるという貴重な仕事に従事しているのである。友好協会は、フィン・日間の理解と相互関係を向上させていく仕事をしており、これは高い評価を受けている。

二〇〇七年という時点で、日本には、北は北海道フィンランド協会から南は九州フィンランド協会にいたるまで、フィンランド関連の一四の友好協会が存在しているが、それらの中でもっとも古いのが、東京に拠点を置く日本・フィンランド協会と北海道フィンランド協会であり、ともに一九七六年に設立されている。また一番新しいのが、山口日本・フィンランド協会であって、二〇〇四年の初めから非常に積極的な活動をしている。

これらの協会の活動の仕方はさまざまであって、定期的に月例講演会を開いているものもあれば、フィンランドのデザインとか日常生活といった特定のテーマにしぼってイベントを企画しているものもあるし、かと思えば、いろいろな分野の専門家を講師として招いて、フィンランドについて今日的な情報を提供するフィンランド・デーのようなイベントを毎年開いている協会もある。フィンランド大使館の役割は、これらの協会を激励し、フィンランドの現況に関わる資料を送付したり、時には大使館のスタッフが行事に参加して講演を行ったりすることである。ただし、これらの協会は独自の活動をしているのであって、大使館の手先では毛頭ないのだから、この点はくれぐれも銘記してほしい。

フィンランド大使館は、これらの協会の仕事に感謝しているし、活動が一層発展してほしいと願ってもいる。ただ、どの協会にも共通したカナメの問題として成員の年齢構成ということがある。大抵の場合、これらの協会の成員は、比較的高齢であって、若い会員を引っ張りこめるかどうかが協会の将来にとってゆゆしい問題になっている。

その他の活動グループ

友好協会のほかにも、日本には、フィンランド関連の多くの団体がある。ペサパッロ（フィンランド式の野球）からカンテレ、建築から学会にいたるまでの、またこれに限らない実にさまざまな事柄に特化した団体が、幅広く存在している。これらの会に所属すると、特定の事柄について多くの情報を手に入れることができるし、同好の人たちに出会い、関心を分かち合うこともできる。フィンランドと日本の間には、現在のところ、少なくとも三つの姉妹都市が生まれている。ラウマ市と青森県の深浦町、ユヴァスキュラ市と埼玉県の新座市、カラヨキ市と島根県の多伎町がそうである。姉妹都市のほかにも、友好関係を結んだ都市や町があるが、こちらの場合には、その活動が、たとえばオウルンサロ市と北海道の端野町のように、音楽祭を組織するといった、特定の事柄に集中している場合もある。

くどいようだが、この種の活動は、草の根レベルで普通の人々が地球規模の問題について展望を広げていく機会を提供しているのである。たとえば、ユヴァスキュラと新座の両市は中学校のレベルで生徒の交換を行ってきた。フィン・日両国が行ってきた相互訪問は、学童たちに、外国を訪れその国の人々と会うという忘れえない経験を味あわせてきたのだと、私は信じている。

以上に述べたように、日本とフィンランドの文化交流にとって、地方が果たす役割はきわめて重要なものであると、私は思う。地域にこそ、両国間の関係を拡大し、活性化させていく大きな秘められた力がある。熱心な人々がいて、大変重要な貢献をしてくれている。

また、文化交流が、首都圏以外にも貴重な観衆がいるのだという認識の下にこそ進展し、成果を生む、という点が大事である。

（リーサ・カルヴィネン）

40

フィンランドと私の「出会い」

★ 文通から始まった27年間の交流 ★

「もし外国にペンパル（＝文通相手）ができたら、将来その人のところに遊びに行くことができるかもしれんよ」――私が子どもの頃に母から聞いたこの言葉が、ずっと私の頭に残っていた。この母の言葉が私とフィンランドとの「出会い」をつくってくれることになった。

父が高校の世界史の教員だった影響もあって、私は子どものころから外国にとても興味があった。英語への関心もその一つで、小学生の頃から中学になったら英語を勉強できることが楽しみだった。英語ができるようになって、外国にペンパルを見つけて文通したいと思っていた。当時毎週購読していた英字新聞に、時折、日本人との文通を希望する「ペンパル募集」が掲載されており、それを見て適当な相手がいないかどうか探した。高校一年生のときだったと思うが、そのペンパル欄に掲載されていたフィンランドの同年齢の女の子に思いきって手紙を出してみた。それが私とフィンランドとの最初の「出会い」である。

数ある外国の中からどうしてフィンランドの相手を選んだのか、特段これといった理由はなかった。でも、アメリカ、イギリス、フランスといった日本でポピュラーな欧米の国よりも、

第40章
フィンランドと私の「出会い」

それほどよく知らない北欧の国、それにちょうど同性の同じ年の相手ということで、何となく関心を引いたのだと思う。

最初の手紙を投函してしばらくしてから、一通の外国郵便が届いた。フィンランドからの手紙だったが、差出人の名前には記憶がなかった。開封してみると、それは、私が最初に手紙を送ったエリナ・ラサネンの友人、ラウラ・ライサネンからの手紙であった。エリナには、ペンパル募集の案内をみて、日本からたくさんの手紙が届いたらしい。エリナは親切にも、私の手紙を友人のラウラに渡してくれ、そのラウラが私に返事を書いてくれたのである。

それから私とラウラとの文通が始まった。お互いの日常生活や学校生活のことなどを知らせ合った。実際に会うことはできなくても、手紙のやりとりを重ねるにつれて、お互いに対する「親しみ」はどんどん増していった。そして、もし外国に行けるなら、フィンランドに行ってみたいと思うようになった。

私が大学に進学して成人式を迎える年、両親が着物の振袖か海外旅行か、どちらか好きなほうを成人のお祝いにすると言ってくれた。私は迷わず「海外旅行」を選んだ。そして、一九八六年六月二五日、私は成田空港からイギリスとフィンランドへと一人旅立った。ロンドン－ヘルシンキのチケットは、イギリスにいる知人に手配してもらうことにし、成田－ロンドンのチケットは大学にある旅行代理店で買った。当時はまだアンカレッジ経由のフライトで、往復でちょうど三〇万円だったことを記憶している。

同じ年の四月には、当時はまだソビエト連邦の一共和国だったウクライナのチェルノブイリ原子力発電所の事故が起こって大きな騒ぎになっていた。フィンランドはウクライナからそう遠くないので、この事故の影響は大丈夫かなど、ラウラへの手紙に書いた記憶がある。でも今思うと、旅行に際しては事故の影響のことなどあまり気にならなかった。

一九八六年六月三〇日、フィンランドに初めて降り立った。空港からヘルシンキ中央駅に移動し、ラウラの住むクオピオまでの列車のチケットを買った。午後八時半の出発時間までの駅での待ち時間と列車の中で、私はとても強く印象に残る経験をした。

ずいぶん久しぶりにこの旅行のアルバムを引っ張り出してみた。最初の記念すべき旅行だったので、写真だけでなく当時の感想などもあわせて整理している。この日のページには、「駅では英語表示の少なさに戸惑った。年配の人だと英語が通じない。列車の時間までにソフトクリームとハンバーガーを買った。言葉が通じないので、買うのに一苦労。メニューをみても何が何だかさっぱりわからない」と記している。実際にフィンランドに行ってみるまで、フィンランド語については詳しい知識がなかったし、もっと英語の表記があるだろうと思っていた。フィンランド語が英語や他のヨーロッパの言語との類似性がほとんどないこと、また、まったく言葉が通じないということがどういう状況であ

クオピオ市庁舎とマーケット広場。［撮影：河村千鶴子］

るかを痛感した。

いよいよクオピオ行きの列車に乗り、出発してまもなく、一人のおじさんが私に何かフィンランド語で言い始めた。フィンランド語はわからないと言っても、かなり長い時間どんどんまくし立てられて、呆然としてしまった。他の乗客も皆、私のほうをじっと見ている。どうしようかと困り果てていたところ、やっと若い兵士が英語で説明してくれた。私が座っていた席は、そのおじさんの予約席だったらしいのだ。近くにいた女の人が、気の毒がって自分の隣に座るように勧めてくれた。その人は英語ができたので、彼女と話をすることで少しは気がまぎれたが、クオピオに着くまでは、本当に心細い思いをした。

ラウラ（後右）と家族。［撮影：河村千鶴子］

フィンランド到着初日のこのような印象深い経験もあって、私はフィンランド語にとても関心を持つようになった。実際の行動が伴っているかは別として、この独特な言葉を勉強してみたいという思いは今でも私の中に存在している。

午後八時半にヘルシンキを出発した列車は、翌日の午前三時四五分にやっとクオピオに着いた。ラウラへの事前の連絡は、手紙のやりとりとイギリスから一度電話をしただけで、実際に何時の列車に乗るかなどは一切知らせていなかった。しかし、この早朝の時間にもかかわらず、ラウラとお母さんがちゃんと駅に迎えに来てくれていた。それまでの心細さなど吹っ飛んで、プラットフォームで感動の対面だった。

それからフィンランドで過ごした八日間は、それこそ見るものすべてが新鮮だった。ラウラの家族のホスピタリティーとフィンランドの豊かな自然と落ち着いた雰囲気とがあいまって、私はフィンランドが大好きになった。この最初のフィンランド旅行の後、これまでに数回フィンランドを旅行した。ラウラの素敵な結婚式にも出席させてもらった。一九九六年の新年はクオピオで迎えた。寒さの厳しい冬も、夏とは違ったまた別の美しさと楽しみ方があることを体験できた。一九九七年八月、イギリスのダイアナ妃がパリで事故死したというニュースを聞いたのは、エスポーに住んでいるラウラの弟さん宅だった。

フィンランド訪問を重ねていくうち、ラウラとその家族だけでなく、最初に私が手紙を書いたエリナ・ラサネンやその家族・親友たちとも親しくなっていった。最近の交流といえば、年に一、二回、近況を知らせるメールをやりとりするぐらいなのであるが、親しさが減っていくことはないような気がする。

二〇〇五年の一二月、一泊だけヘルシンキに滞在する機会があった。五年ぶり、ユーロ導入後はじめてのフィンランド訪問であった。短い滞在であったが、私はヘルシンキの街で大きな変化を目にした。それは、欧米の有名ファッションブランドの進出である。それまでのフィンランドには、ヘルシンキ一番のデパートでさえも日本で人気のある欧米のファッションブランドのショップは一つもなかった。それがデパートも街の通りも、有名ブランドのショップが一挙に増えていた。

このブランドショップの進出には本当に驚いた。これがEUの経済統合の影響なのかと実感した。この変化はフィンランドが以前に比べれば随分「おしゃれ」になったことの証明なのかもしれないが、それと同時に、昔の「素朴さ」が失われてしまったような感じもして、少し複雑な気持ちになった。

最初の手紙を出してから今年でもう二七年――もうこんなに昔のことになってしまったのか、と改めて歳月の流れを感じる。ふり返ってみると、この二〇年近くの間に日本でフィンランドに「出会う」機会は随分増えた。数年来の「北欧デザイン」の人気上昇で、マリメッコ、アラビア、イーッタラなど、少し前まで日本では無名に近かったフィンランド・ブランドの商品が、地方都市である広島でも店頭に並ぶようになった。また、フィンランドは今や子どもの学力世界一の国として、すっかり有名になった。しかし、この間いいことばかりあったわけではない。ソ連の崩壊によりフィンランドが深刻な経済的困難に直面したことは、ラウラの手紙からもうかがい知ることができた。人口五二〇万人足らずの小国が、こうした困難を克服し、今やEUの一員として確固たる地位を築いていることに、私は敬意を表したい。

私はフィンランドと「出会う」ことができて大変幸運だったと思う。これから先も、どんな新しい「出会い」があるのか楽しみである。


（河村千鶴子）

41

日本でフィンランドを語る

★ 思い出と現在 ★

外国に住みつくと、自分では好むと好まざるとにかかわらず、自分が生まれた国の代表になるものだ。新しく住みついた国や社会の人々に、生まれ故郷の話をする義務と役目があるともっている。それは光栄なことであると同時に難しいことでもある。相手が聞きたいことと、自分が話したいこと、そして伝えなければいけないことは異なる場合がよくあるからだ。

私は日本に来て三〇年以上経った。来日する前にフィンランドのことをすらすらと伝える練習をできたつもりだった。大学では外交官の教育と教師の勉強を同時にしていたのだ。そんなわけで現在日本で大学の教壇に立つ傍ら、「民間外交官」にもなったのだ。来日してすぐにこの民間外交官の仕事は楽しいなかでも大変な事が多い義務だとわかった。なんと幅の広い仕事の内容だとも思った。それは自分の生き方が故郷の評判に強く反映することに気がついたのだ。

日本でフィンランドを語り始めたころ

「フィンランド人でよかった！」「フィンランドで生まれて本当に宝くじが当たったようだ！」などと、最近われわれフィン

第41章
日本でフィンランドを語る

ランド人は良く口にする。それは、教育を受けるチャンスや福祉、医療などの社会サービスに自分たちの国に対しての誇りを持ち満足しているからだと思う。

最初のころから、私は日本に来てフィンランド人でよかった、と思った。まだまだ日本ーフィンランド間の交流が薄い時代だったのに多くの日本の人々から我が母国に親しみや興味を持つ雰囲気を感じたのだ。とにかく「私はフィンランドから来た」というと、反応がよかった。「見えないドア」まで開いた気がした。でもそれは、あまり知られていない不思議な国の感じだったのだとも思う。遠いフィンランドは、エキゾチックな地にみえたかもしれない。おそらく親しみとは、よく知られていない一方、フィンランドに対して悪いイメージがなかったから生まれたのだろう。実をいうとよくフィンランドをフィリピンとまちがわれたり、また北欧の最も有名な国スウェーデンとも勘違いされていたのだ！

フィンランドのことといえば、私が来日した一九七四年当時日本で知られていたのはサウナ、シベリウス、ヘルシンキ・オリンピック、ノルディック・スキーくらいだった。サンタさんの本格的な登場はもう少し後だったと記憶している。ムーミンは一九六〇年代の終わりころからテレビで上映されていたが、それはフィンランド生まれのキャラクターだと知っている人は少なかった。フィンランドの映画、インテリアグッズなどの日本上陸はもっともっと後だった。私はフィンランドを語る責任がとても重いと思った。

やがて同志ができた。ラップランドの「コルヴァトゥントゥリ」という山の中に住んでいる、あの伝説の主人公「Joulupukki」（サンタさん）はクリスマスの前に日本の子供たちや、子供心を持っている大人にも喜びを与えるために来日するようになった。これはフィンランド航空（フィンエアー）が一九八三年からヘルシンキ―東京間で往復し始めてから本格的にスタートしたのだ。フィンエアーはなんと日本とヨーロッパを九時間三〇分で結ぶ最短最速エアーラインなのだ。ちなみにサンタクロースのオフィシャルエアラインとなっていることも面白い。ときには、自分もサンタさんのお手伝いさん「Tonttu」の姿で地元の子供会や福祉施設に登場しなければいけないことになった。その仕事は、フィンランドのどこの学校も教えてくれなかったのに！　国を語ることはこんなことまでやらなければいけないか、と恥しさに耳まで赤くなった。しかしやってみたら実は私自身まで大きな喜びを得たのだ。サンタさんのことは、ともかく、やりがいのある義務だった。

フィンランドからやって来たサンタさん。
［提供：フィンランド航空 www.finnair.co.jp］

一九七〇年代初めころから、すでにフィンランド語の講座が東海大学北欧文学科（現在の北欧学科）で始まっていた。また、一九七八年の文化協定により、日本とフィンランドとの文化交流が正式に国のレベルで行うようになった。友好団体の活動も徐々に活発化した。現在、日本全国に一四の主なフィンランド協会があり、その他の友好機関も多数ある。姉妹都市、姉妹校、姉妹施設も加えると、多くの人や組織が日本でフィンランドの知識を広める作業と努力をしているのだ。沢山の味方が増えたことは、私のような民間外交官にとって喜ばしいことだ。肩の荷がとても軽くなった。

今、日本でふるさとを語る

時とともにフィンランドに関する新聞記事やテレビ番組も増えた。いつのころからか、日本とフィンランドの間の交流が増し、日本で小さなフィンランドブームが起きた。世紀が変わった頃、東京のある語学学校でフィンランド語はなんと英語についで人気講座になっていたのだ。このニュースは新聞などでも報道された。またフィンランドへの白夜やオーロラーツアーが人気をよんだ。フィンランドは日増しに日本にとって近い国となったのだ。多くの日本人の目が、我らフィンランド人とその生活や文化に向いたのだ。原稿依頼やいろいろな所への出番も増え、あ、いそがしい！　と嬉しい叫びの毎日になった。

人と人との交流はやはり一番だ

私自身日本では、まずは一人のフィンランド女性として、次に主婦、母親、仕事の人間とボランティアとして生活している。いうまでもなく、それぞれの枠を通して自分なりにフィンランドを語っている。マスメディア、文学、観光、芸術などの力は、国と国の交流に大変大きな影響を与えることまちがいない。しかし日本に住んでいる一人の外国人として、さらに言いたいことは、人と人のコミュニケーション、人間がもう一人の人間に実際を語ることほど強いものはない、ということである。

在日フィンランド大使館のデータによると、今およそ六〇〇人のフィンランド人が日本で暮らしている。その人たちは皆それぞれの立場で、フィンランドを語っている。

ここで、日本でフィンランドを語るもっとも重要なグループを紹介せずにいられない。そのグループとは在日フィンランド人の会、「スオミ会」という。一九七三年以来東京を中心に活動をしている。会の発足は日本人と結婚したフィンランド女性をサポートするための集まりだった。それはルーズで、会費のない、正式な団体ではないにもかかわらず、多くの人の助けをし、また交流・助け合いの場にもなった。現在、日本に滞在しているフィンランド人はさまざまな職業、ビジネスマン、たとえばノキアの技術者であったり、学生やその他の理由で日本に来ている人たちだ。しかし、スオミ会ができた一九七〇年代は、フィンランドに旅した日本人青年と結婚したフィンランド女性が会員の主流だった。彼女たちが日本の社会になれるには、本当に大変で辛いおもいをしてきたのだ。

しかし、日本の社会に入った女性たち（たまには男性もいる）は日本の社会に貴重な役割を果たしてきた。保守的な日本の家族制度のなかで国際化の貢献をしたのだ。フィンランド人の生き方、生活観を自分の家族を通して学校や近所に伝えた。またその日本人－フィンランド人の結婚の中で生まれた子どもたちも大事な役割を果たした。主に一九七〇年代、八〇年代に生まれたその子供たちは多彩な才能を持ち、今日本で色々な分野で活躍している。そしてお母さんやお父さんから学んだことを自分の周りの人たちに伝えているのだ。何よりも強い「草の根の運動」だと思う。これはフィンランドにとってはもちろんのこと、大いに日本の国際化のためにも役立っていると思う。

私は日本に住んでいるフィンランド人の一人として、日本でフィンランドを語る役目は自分にとってなによりの特典だとも思う。それは自分の成長にも繋がる活動だと考えているこの頃なのである。これからも残された日々、フィンランド人の同志たちとともに、この大事な仕事に取り組んでいきたいと思う。

（橋本ライヤ）

42

日本における『カレワラ』の受容

★「平和的」叙事詩としての『カレワラ』★

フィンランドの文化といえば、今ではムーミンやサンタクロースがその筆頭に挙げられるが、『カレワラ』（*Kalevala*）を忘れてはいけないだろう。

一八三五年に発表された『カレワラ』（一八四九年に新しく編纂されたものが現在『カレワラ』として出版されている）は、現在、世界で六〇もの言語に翻訳され、世界的に知られている叙事詩であるが、とくに日本において愛されてきた叙事詩である。しかし、叙事詩というオリジナルの形よりも、絵や音楽などからの印象の方が大きいかもしれない。

フィンランドを代表する作曲家ジャン・シベリウスが『カレワラ』から発想を得て作曲し、『カレワラ』の登場人物の名を冠したクッレルヴォ交響曲やレンミンカイネン組曲といった音楽から、同じく一九世紀フィンランドを代表する画家アクセリ・ガッレン＝カッレラが描いた壮大かつ印象深いカレワラの絵のシリーズから『カレワラ』を知った人も多いのではないだろうか。

日本で初めて『カレワラ』を翻訳した音楽評論家で文学者であった森本覚丹も、シベリウスの音楽を研究していくなかで、

1935年3月1日に東京のフィンランド公使館で催されたカレワラ百年祭。一番前に座っている列の左から二番目が森本覚丹。
出典：森本覚丹訳『フィンランド国民的叙事詩カレワラ』日本書荘、1937年。

『カレワラ』に関心を抱いた。森本は、自身の論文においてシベリウスの音楽の影響をフィンランドの自然、フィンランドの歴史から受けたと述べているが、さらに「シベリウスは『カレワラ』の子である」と述べているように、シベリウスと『カレワラ』の深い関係を指摘している。このようにシベリウスの音楽の背景への関心から『カレワラ』に興味を抱いた森本は、一九三七年に『カレワラ』の日本語訳が出版される十数年前から翻訳をしていたといわれている。森本の翻訳本は、フィンランド政府の出版費助成を受け、はじめは豪華版として一五〇部限定で出版されたが、その後岩波文庫から出版された。一九七六年には言語学者である小泉保が新訳を出版している。

しかし、森本の翻訳本が出版される以前にも、文学者や民俗学者が個別に『カレワラ』に関心を抱いていた。たとえば、小泉八雲ことラフカディオ・ハーンは一九〇三年に「フィンランド叙事詩の英文学への影響について」という題目で東京帝国大学の英文学の講義を行い、『カレワラ』を紹介している。また、民俗学者の松村武雄は、一九二九年の『芬蘭神話伝説集』で『カレワラ』のあらすじを全編にわたって紹介している。初代フィンランド駐日公使ラムステットと交流があった民俗学者の柳田國男も、一九三五年三月にはカレワラ出版百周年記念祭に合わせた形で「フィンランドの学問」という講演を行っている。

アイヌ民俗学の先駆者である金田一京助も、『ユーカラ』をギリシャ神話の『イリヤード』やインドの『ラーマヤーナ』、そしてフィンランド神話の『カレワラ』に続く第四の叙事詩だと思い出の中で述べている（ただし、この一九五四年『学究生活の思い出』で語られた回想記では『カレワラ』が登場するが、その後の本での回想記では、『カレワラ』については割愛されている）。

以上のように、日本では民俗学的な関心や音楽の背景への関心から『カレワラ』が受容されていったが、興味深い点は『カレワラ』を平和的な世界を描いている叙事詩だという認識が多くの受容者に共通してあったことである。平和的な叙事詩として認識されていった理由として、農民、漁師といった登場人物が、他の貴族主義的な叙事詩とは異なるという点、剣ではなく呪文で戦うといった点が挙げられよう。また、大の大人が声を挙げて泣くといった場面も他の叙事詩の英雄たちとは異なって「人間的」であると指摘されてきた。

このような『カレワラ』観は戦後も継承されていった。第二次世界大戦期に同盟通信特派員としてストックホルムに駐在し、フィンランドを訪れた斎藤正躬は、一九五一年の『独立への苦悶』でフィンランド史を叙述しているなかで、最後にフィンランドの独立に関してこう締めくくっている。

「みずからの独立と、平和とを、誰の手にもよらずみずから守る精神、フィンランドがこの精神を捨てない限り、『カレワラの平和境』は、長く独立を楽しむことができるであろう」。

また、羽仁五郎も一九四六年の「神話学の課題」において、松村武雄の「フィンランド宗教神話の研究の覚書」に描かれている『カレワラ』解釈を取り上げて、貴族主義の著しい欠如と家系を誇るということがないという『カレワラ』の二つの特徴を挙げ、「日本の神話は政治的神話形成の特殊なる例として、フィンランド神話等と対照的なる極限的の段階を考えるに最も教訓的であるとゆうこともできよう」と述べ、戦前の日本神話の政治利用について批判を行っている。

しかし、実際に『カレワラ』を読んでみると、それほど「平和的」な叙事詩ではないことが読者にはすぐにわかるであろう。たしかに『カレワラ』には呪文で戦う場面があるものの、兄弟殺し、復讐、近親相姦といったように世界の叙事詩や神話で展開されている共通のテーマが多く語られており、けっして「平和的」な叙事詩とはいえない。また、『カレワラ』の編者であるロンルートは、一八四九年の『カレワラ』を再編纂する時に、より「フィンランドらしさ」を強調するために剣を用いた戦いの場面を歌で戦う場面へと変更したといわれており、『カレワラ』自体が編者の手によって「平和的」に変更されていたという事情もある。

それでは、なぜ日本において平和的な叙事詩として『カレワラ』は受容されてきたのであろうか。それは、『カレワラ』を受容する日本人側の問題意識がそこに反映されてきたからではないだろうか。森本や松村は戦時中の日本神話が置かれた状況と比較して、斎藤は、サンフランシスコ講和条約を目前にした日本と独立フィンランドの状況を重ね合わせて『カレワラ』を読んだのではないだろうか。このように、受け手側の意識が強く『カレワラ』を受容する際に反映されてきたと考えられるのではないだろうか。

遠い「異国」の文化が受容される時に受け手側の意識が大きな影響力を持つことは、枚挙にいとまがない。それを考えると、『カレワラ』受容においても日本人がその時代ごとに求めていた「フィンランド像」を反映していたと考えてもおかしくないであろう。

（石野裕子）

＊参考文献

『ラフカディオ・ハーン著作集』第一三巻、恒文社、一九八七年。

松村武雄編『フィンランドの神話伝説』世界神話伝説大系三一、名著普及会、一九八〇年（初版『芬蘭神話伝説』近代社、一九二九年）。

斎藤正躬『独立への苦悶』岩波新書、一九五一年。

石野裕子「『カレワラ』に見るフィンランド性の形成」岡澤憲芙、村井誠人編『北欧世界のことばと文化』成文堂、二〇〇七年。

43

マンネルヘイムのアジア旅行

★ 将軍の新しい顔 ★

フィンランドの国民的英雄

西暦二〇〇〇年初頭にフィンランドで行われた世論調査によると、あらゆる時代を通じて一番の偉人はフィンランドの元帥、カール・グスタヴ・マンネルヘイム男爵（一八六七―一九五一）であった。マンネルヘイムは、一九一七年のフィンランドの独立に続く内戦で勝利をおさめた白衛隊の司令官として、ついで一九一八―一九年には国の摂政として、活動した。フィンランド軍司令官としてのマンネルヘイムの有能さは、のちにソ連が始めた冬戦争（一九三九―四〇年）とそれに続いた継続戦争（一九四一―四四年）でも欠かせないものであった。戦争で負けたとはいえ、フィンランドはソ連軍による占領は免れたのであり、マンネルヘイムはフィンランドの独立を救った、というのが、大方の見方である。

マンネルヘイムは、フィンランドが独立する以前すでに三〇年間も、ロシア帝国陸軍で軍務に服していた。後には志をもった職業軍人として知られるようになったマンネルヘイムも、当初フィンランドのハミナにあった士官学校に入学したものの、素行不良のかどで退学処分になったことがある。しかし、彼は、ふたたび軍人を目指してロシアの首都サンクト・ペテルブルクにあったニコラーエフ騎兵隊学校に入学し、卒業後ロシア皇帝の近衛隊に所属した。ところが栄達の地位にも不都合はあるもので、戦争を体験することはなく、マンネルヘイムには、生涯「戦さの経験のない軍人」で終わりかねない心配があった。

日露戦争の前線で――一九〇四－〇五年

ところが、一九〇四年一一月、マンネルヘイムは、マンチュリ（満州里）を目指してシベリア鉄道の客となった。日露戦争の戦場行きを志願して許されたのである。フィンランドに住む彼の家族は、この若い大尉がロシアのために対日戦争の戦いに赴くことに反対であった。フィンランド大公国の宗主国であったロシアは、とりわけフィンランドが受けた弾圧政策のゆえに、当時のフィンランドでは憎まれていたのである。これに反して明治期の日本はフィンランドで大体において敬意を抱かれていた。というのは、アドルフ・エーリク・ノルデンショルドというマンネルヘイムの叔父にあたる探検家が、四半世紀以前に北東航路沿いに日本へと航海して、広く世界的な注目を浴びたからである。

マンネルヘイムがマンチュリから留守宅に送った手紙には、ロシアが勝つ見込みはない、といい、部隊の戦闘技術も士気も満足のいくものではないし、指揮官の間には内輪もめがあるし、総じてロシア政府は慢心し「たかがじきに済んでしまう植民地戦争に過ぎない」とばかり過小評価している、と書いてある。マンネルヘイムによると、日本の戦闘技術はロシア軍より優れていた。ロシア軍が芸のない陣地戦に馴れてしまっているのにたいし、地形を利用した日本軍のゲリラ的戦術は、「大砲さえ隠してしまう」始末で、マンネルヘイムにとって印象深かった。マンネルヘイムは、自らは日露戦争にはあまり加わらず、せいぜいがところいくつかの激しい戦闘を体験し、その一つで彼がヨーロッパから連れてきた愛馬が足元で撃たれた、という程度だったようである。東郷提督が率いる艦隊が一九〇五年五月にロシアの派遣したバルチック艦隊を撃滅したことを、マンネルヘイムは日本が「素晴らしい」戦果を収めた、と評している。「ロシアの三艦隊の撃滅、一級基地（旅順）の占領、三大会戦（奉天）と三小会戦での勝利、サハリン占領、そして一年半にわたる戦争の間ただの一回も負けたことなし」。マンネルヘイムは、日本の軍事的成功の背後に国民の支援があった、という。「日本人は、世界に、敬意を表すべき団結と犠牲の覚悟を示した」といい、日本人は「素晴らしい兵士だ」といっている。だが、一方で、マンネルヘイムは、日、露の両交戦国がその父祖の地に入り込んできて戦闘をした、中国人、モンゴル人、その他の現地民族にたいして、暖かい心遣いを示してもいる。マンネルヘイムのその後の人生行路を考えてみると、日露戦争は、この上ない戦闘体験を与えてくれたばかりでなく、彼の世界観にアジアという新たな次元を付け加えたのであった。

中央アジアと華北横断の旅――一九〇六－〇八年

日露戦争のおりに、マンネルヘイムは、モンゴルに向けて四〇〇キロにわたる騎馬旅行をしている。そこで旅ごころに誘われた彼は、上司に戦争が終わった暁に一年間のモンゴル視察旅行をしたいと申し出た。だが、その申し出を、マンネルヘイムは、戦場から帰還すると忘れてしまった。

ところが、一九〇六年三月になると、マンネルヘイムは、サンクト・ペテルブルクに置かれたロシア軍参謀本部に呼び出され、フランスのシナ学の研究者ポール・ペリオが率いる考古学調査隊に加わる気があるかと尋ねられた。調査隊は、中央アジアから中国の辺境地方を経由して北京まで旅をすることになっていた。マンネルヘイムの旅の名目は研究者ということであったが、その実は、中国の地域とそこで進んでいる改革と軍事事情について、ロシア軍の立場から観察することが任務であった。

清朝の役人たちとマンネルヘイム（中央）、1907年。ヘルシンキ・文化美術館所蔵。

その話を聞くなり思わずマンネルヘイムは、「文明世界からまったく隔絶したところに」たっぷり二年間もいることになるんですか、と問い返したが、「異国情緒に溢れたアジアのいまだ知られぬ地方を訪ねたいという願望が、ちょうど日本と戦争をやっていた当時と同じように、私の想像を掻き立てた」ので、承諾したのであった。

　マンネルヘイムの旅は諜報活動であったが、異郷の民とその文化をフィンランドに紹介できるのだという思いが彼を駆り立てた。マンネルヘイムは、自分を研究者だとは思っていなかったが、それでも旅行に備えて、それまでに出ている調査研究の旅行記や考古学、民族学の入門書を読んだ。彼は、叔父の人類学者のエルランド・ノルデンショルドはもちろん、フィン＝ウゴル協会議長オット・ドンネル教授からも、調査の実地を学んだ。ドンネルは、北部シナのとにかくあまり知られていない民族のことを調べてほしい、古文書や骨董品の収集や、碑文や壁画の模写、発掘も頼む、というわけでいろいろと依頼したが、その目的で追加の資金も用意してくれた。そのほかに、マンネルヘイムはアンテッリ・サアンティオからも、フィンランド国立博物館のための資料収集ということで補助金を受けた。

一九〇六年二月、マンネルヘイムは、列車でサンクト・ペテルブルクを出立した。カスピ海を船で渡ると、また鉄道の旅が続き、タシケントを経て今日のキルギスタン共和国のアンディザンに着くと、そこからポール・ペッリオの調査隊と合流して馬上の旅が始まった。だが、カシュガリという中国最西端の国境の都市でマンネルヘイムとペッリオは別の道を辿った。あきらかに、マンネルヘイムが発掘をしているだけの時間がないと見たからであろう。マンネルヘイムはこのけばけばしい色合いの街に一カ月間滞在した後、向きを変えてタクラマカン砂漠の南端にあるヤルカンドと、それからとりわけ日本の間諜が跳梁していると聞いていたホタンに向かった。もっとも、ホタンではそんな者には出会わなかったが。さて、旅は無人の土地の北側をまわって東方へと続けられた。マンネルヘイムの探検隊は、天山山脈を六たびも越えたりしてようやくウルムチとトルファンに辿りついた。探検隊が北京に着いたのは、一九〇八年七月のことであった。時にマンネルヘイムは一万四〇〇〇キロの道のりを踏破していたが、その内一万キロは馬上の旅であった。中国の州でいえば、実に八州を横切ったことになる。

この旅行をとおしてマンネルヘイムがフィンランド国立博物館のために手に入れた蒐集品は、およそ一二〇〇点にのぼる。また、撮影した写真は一三七〇枚だが、きわめて貴重なものである。また二〇〇〇点の古文書やその切れ端を入手したが、それらの中には注目すべきものが含まれている。その中には、研究者がもう永久になくなってしまったと信じ込んでいた、もとは五〇〇ページもある文書も含まれていた。フィンランド人でマンネルヘイム研究の第一人者ハリー・ハレーンは、「マンネルヘイムは、たった一度で、あまたある素人の探検隊にまさる成果を手に入れた」と証言している。ところで、マンネルヘイムの遠征隊に属していたのは、普通、マンネルヘイム当人のほかには、数名の地元の雇われ人がいるだけであった。

北京では、マンネルヘイムは、ロシア軍参謀本部への復命書を仕上げるべくロシア大使館に宿をとった。その折、ロシア大使はマンネルヘイムに新聞記事を見せてくれたが、そこには、「橋の写真をとったり、道路の地図を描いたり、標高を測ったり、軍事的要地に足をとめたりしているこの外国人は何者か」と問うてあった。マンネルヘイムの諜報活動は、どうやら官憲の気づくところとなっていたのである。それでも、マンネルヘイムは、事実上まったく妨害を受けずに仕事を終えることができた。彼は三〇〇〇キロを超える旅行の道程を地図に描き、その中には一八の清軍駐屯地が含まれていた。マンネルヘイムは、河川、森林、村落と住居、家畜、馬や耕地を描いているし、中国の発展について、概要から鉄道、軍事部隊、学校、産業施設、住民、それに日本の影響にいたるまで、評価を下している。そして軍事戦略的な観点から、北京にとって掌握が容易でない西部諸地方よりも、マンチュリの方が著しく重要だといっている。

マンネルヘイムは、日本を経由して帰国した。船で清津から長崎に着き、八日間の滞在後舞鶴からウラジオストックに向かい、そこから列車でサンクト・ペテルブルクへと旅を続けた。マンネルヘイムの日本についての印象といえば、彼の回顧録の中に見つかる二行の文から窺われるのみである。「中国人に勝る近代化に成功したアジアの国民がいるとは、興味深い限りである」。

アジアを描き、観察したマンネルヘイム

冬戦争の最中の一九四〇年に、マンネルヘイムの二巻にわたるアジア騎行日記が出版された。今や総軍司令官であったマンネルヘイム自身はもうその編集に関わるわけにいかなかったが、本は彼の正確な回顧に基づいているものであった。作家のヴェイヨ・メリは、この旅行日記をこう評している。「マンネルヘイムは、この中ですべてを語っている。彼は状況全体をありのままに描き出す能力をもっている。すぐれた物書きだけがここまでできるのであって、そういう人間は、事実をありのままに受け取り、偏見や当て推量を一切排除できるのだ」。首都の門が夜になって閉められてしまった時のことを、マンネルヘイムは回顧録でこう書いている。「なるほど、清帝国は五重の鉄扉を以って閉じこもったつもりのところが、われわれは、ちゃっかり門の内側に座り込んでいるというわけだ」。メリによると、マンネルヘイムは、場面の感じをうまく描き出す特別な才能があった。

「再び中国を訪れて、懐かしい粘土作りの家と暖められた寝台で暮らすことができてとても楽しかった」と回顧するマンネルヘイムは、国の現況を超えて将来を見通す能力があった。「眠りから醒めて強くなった中国というものは、可能性どころではなく、事実として存在することになろう」。そういうマンネルヘイムは、回顧録の中で、しばしば彼が遇っていた中国の知識人が、日本の近代化が中国のモデルになると語っていたのを引き合いに出している。

第43章
マンネルヘイムのアジア旅行

イギリスのマンネルヘイム研究家J・E・O・スクリーンによると、「マンネルヘイムの物理的困難を乗り越える能力、未知のものやまずいと思える境遇に向かって突き進み、海図を作っていく勇気、また率先励行の気質を知ると、マンネルヘイムは探検家として描いてよい」。

もっとも、マンネルヘイム自身は、自身の科学的業績を「たまさかの観察」であり、物や古文書の蒐集を「大したことでもない品々」であると謙遜していた。ところが矛盾した話だが、軍事関係の報告が彼が諜報活動を行ったときの状況には役立ったものの、後には意義を失っていった一方で、マンネルヘイムの学問的な発見の意味は、増すばかりだったのである。アジアでの四年間の充実した滞在のお陰で、マンネルヘイムは、フィンランド人のアジア研究の古い開拓者の一人となった。

ヴェイヨ・メリによれば、「アジアという大陸は、マンネルヘイムによく似合う。アジアでは人にとって一番大切なことは、メンツだし、古い習慣を迷わず守ることだし、自然なやり方で形式を守るうちに、新しい形式が生まれ、取って代わっていく……住む人に強い個性を期待することはできないし、予めこう出てくると見当をつけるわけにもいかない」。

東アジアへの二度にわたる旅行の後、マンネルヘイムには、中国や日本に旅する機会は訪れなかった。そのかわり、彼は一九三六年から三七年にかけて南アジアへ二回にわたる狩猟の旅を行い、インド、ネパール、シッキム、ビルマを訪れた。そして、マンネルヘイムのアジアへの関心は、ヘルシンキの自宅にありありと保存されているのであって、飾りたてられた仏像やら、仏画やら、天山山中で手に入れた曼荼羅が部屋を飾っている。今日、マンネルヘイムの住居は、博物館として一般に公開されている。

（カウコ・ライティネン・百瀬宏訳）

コラム6

ラムステット代理公使異聞——補遺として

百瀬宏

学者外交官ラムステットがエスペラント語協会との交流で果たした役割や、その周辺で行った日本・フィンランド間の知的交流への貢献については、第36章ですでに詳述されているが、ここではそこから外れた異聞ともいうべき活動について、いささか垣間見てみたい。皮肉な話であるが、ラムステットの職業外交官としての活動は、彼の回顧録『日本における公使として』にはない重要な事実が、フィンランドの史料館にある外交文書から明らかになってくる。

ヘルシンキ大学で言語学を講じていたラムステット教授が、一九一七年一二月六日にロシアから独立したフィンランド共和国の初代駐日代理公使として日本に派遣されたのは、ほかでもない。そこには、第一次世界大戦後のパリ講和会議で「五大国」の一つに列せられた日本を舞台に、文化国家としての面目を国際社会に示そうとした新興国フィンランドの大いなる意気込みがあったからである。期待に違《たが》わずラムステットは、通常の外交業務の他に、今でいえば「フィンランド・センター」が果たしているような学問的交流の活動も、民俗学者の柳田國男が「フィンランドの学問」という表題のエッセイの中で記しているように行うなど、まさに八面六臂の活躍をくり広げた。

いま迂闊に「通常の外交業務」と書いたが、ラムステットが従事した外交業務は、当時の国際政治状況もあって、並大抵のものではなかった。ホルスティ外相がラムステットに課した任務は、それまで日英同盟で動いてきた日本が、従来どおり英、米との提携を軸として進むか、それとも敗戦国ドイツおよび革命国家ソビエト・ロシアと結ぶか見極めよ、という困難なものであった。もし後者の方向を日本がとるとすればフィンランドの安全は危殆《きたい》に瀕する、というわけである。それればかりではない。素人外交官であるラムステットは、とかく彼を白眼視しがちなキャリアの同僚に勝るため訓令を越えることでも自発的に試みなければならなかった。

スウェーデンからの移住者が住民の大部分を占め、しかもスウェーデンとロシアに挟まれるという軍事的な要地であったオーランド諸島の係争問題で、ラムステットがスウェーデン公使と張り合って頑張ったのもその好例であろう。このことについては、邦語訳のある回顧録に彼が精しく書いているところであるが、奇想天外なのは、ロシア革命に続く内戦と列強の干渉戦争で混乱に陥っているユーラシア大陸を横断して走るシベリア鉄道を、フィン・日の提携で復興・運営しようという案をラムステットが思いついて日本に携えてきたことである。放っておけばフランスなどが名乗りを上げるので、その先手を取ろうというわけであるが、日本の鉄道省が取り上げなかったとはいえ、現在フィンランド航空がやっているようなことを外交の素人が考えついた才気は並大抵のものではない。

その他、ラムステットは、ロシア革命に巻き込まれたフィンランド人を救出しようとして、ボリシェヴィキ勢力にたいする抵抗を支援するなど、大分危なっかしいことにも手をつけている。中央アジアなどの諸民族をソ連邦から離反させる運動とも連絡をとっていた話もこの類である。

ところで、ラムステットが日本人の間に交流の輪を広げていく時に役立ったのは、日露戦争の話題であった。ラムステットは、当初このことは脳裏になかったようである。ところが、フィンランドという、人によっては名も聞いたことがない国に興味をもたせるためには、当時の日本人が庶民もよく知っていた日露戦争から話題を切り出すことが、聴衆を相手にした講演で大いに役立ったらしい。日露戦争当時、ロシア帝国から自治を奪われようとしていたフィンランド人は、「敵の敵は味方」という道理から日本に関心をもっていたのである。

しかし、日露戦争を意識的に使って日本の聴衆の間に入り込んでいったラムステットも、日本語とフィンランド語が共通性をもつとか、日本人もフィンランド人も同祖であるという日本人側の認識には困ったらしい。ラムステットは、ウラル語とアルタイ語（群）の親近性を自分の学理上、断固否定していたからである。おりから日本には、バラトシというハンガリー人の学者がやってきていて、ウラル・アルタイ語族説を喧伝していた。「下手くそなドイツ語を操る」バラトシがいい加減なことをやっているので困りものだ、という報告を、彼は本国政府に寄せている。ちなみに、このバラトシからその折薫陶を受けた今岡十一郎は、ハンガリー語の専門家となり、第二次世界大戦後には本邦初のフィン・日語辞典も出版している。

ラムステットが日本でエスペランティストや学者、知識人と交流を重ねていた時、朝鮮人の愛弟子も生まれた。当時、国籍も言葉も奪われていた朝鮮人の一人であるその青年は、東京に遊学する学生であったが、ラムステットに朝鮮語を教え、彼の協力でラムステットは、帰国後に朝鮮語の教科書を書いている。一九四二年にヘルシンキ大学に日本語・日本文化研究の講座が開設されたが、当初その担当者としてラムステットの意中にあったのは、その朝鮮人研究者であったという話を、ヘルシンキ大学アジア・アフリカ学科の故コウ・ソンムウ准教授から教示されたことがある。このあたりの事情、また日本の対朝鮮政策についてラムステットが肯定的であったといわれる事情ともども、たんなる日・フィン関係史を超えた東アジア史の観点からの調査が望まれる。

コラム7

文化を政治から守った市河代理公使
——日本外交史夜話

百瀬宏

一九二一年の初夏のこと、日本滞在二年目になる駐日フィンランド代理公使ラムステットは、一通の手紙を受けとった。「昨年の夏、中禅寺湖畔のホテルで外交官試験の受験準備をしていた青年のことを覚えていますか？　貴方と一緒に湖でボートを漕いだり、湖畔で写真を撮ったりしましたよね。それがこの私です！」という書き出しで始まる手紙は、その差出人である市河彦太郎が、一〇月に外交官試験に合格して外務省欧州局第二課に勤務していることや、その時の縁からフィンランドにずっと関心をもちつづけ、外務省の出版物にエッセーを書きたいので、フィンランドを紹介した文献やフィンランド語の入門書を教えて欲しいと希望していることを、縷々《るる》と綴っていた。世界的な言語学者であり外交界の大先輩でもある人への、いかにも青年らしい憧憬に満ちたこの書信に接したラムステットは、早速、返事と、冊子を送り、市河の職場の皆が歓声を挙げたという。その後も市河は、ラムステットが東京でつまらない風聞を流された時、『朝日新聞』に投書して、公使が七カ国語を操る温厚篤実な大学者であることを説いてかばうなど、親交が続いた。

その市河がフィンランドに代理公使として着任したのは、ちょうどラムステットがほぼ一〇年間にわたる駐日代理公使の勤務を終えてフィンランドに帰国した直後であった。市河夫妻とラムステットとの親交が復活したことはもちろんであったが、市河は、念願かなったフィンランドから、熱の入った現地報告を本国に寄せている。いつまでも日露戦争の記憶に頼っていては、フィンランドから見放されてしまう、という焦りに似た進言も外務省にしている。その一方、フィンランドの要人と親交を結び、貴重な情報を東京に寄せていた。

なかでも市河が帰国後書いた回想記に取り上げているのは、ホルスティ外相との信頼関係である。

かつてラムステットを日本に派遣したホルスティが、一九三〇年代半ばにふたたび外相に返り咲いた時、市河は、ホルスティの信用を得ていたお陰で、本省に大事な報告を送ることができた。ホルスティは大のナチ嫌いで、連盟に拠る集団安全保障政策の信奉者であった。理屈でいえば、そうしたホルスティが日本の侵略政策に好意をもっていたわけはないが、一九三七年にホルスティがモスクワを訪問した件で市河はぜひとも本省に報告を送らなければならず、急遽ホルスティに会見を申し込んだ。するとホルスティは既に帰宅していたにもかかわらず、わざわざ外務省の仕事部屋に引き返し、市河を迎えて、懇切に状況説明をしてくれたという。

これだけでなく市河は、フィンランドの政界にも情報をうるための人脈を、熱心に作り出していたと思われる。妻のかよ子が回想している人物の中には、社会民主党のスンドストレームも入っていて、小さな子息たちとも遊んでくれたといっているが、彼こそは、ホルスティが外相として入っていた通称「ピンク色政府」もしくは人民戦線政府の実現を下支えした社会民主党左派の論客で、それもコミンテルンの線に近い人物であって、もちろん、市河は、そのことを承知して付き合っていたのであろう。

市河は、日本の対外膨張や極右傾向に反対であったにちがいないが、当時の日本参謀本部の動きと対比すると興味深い状況もあった。満州事変当時、日本陸軍が唯一武官を置いていたバルト三国中のラトヴィアにいた川俣少佐が、日

日独文化協定の調印。立っている人左から５人目が市河彦太郎公使。
出典：市河彦太郎著『文化と外交』岡倉書房、1939年。

ソ戦争になったらフィンランド軍部は絶対に日本の側に立つ、という威勢のいい予算獲得目的の報告を送ったことがきっかけとなり、フィンランドに武官を置くことになった。ところが、その第一号で派遣された加藤少佐は、それが事実と相違することを見抜き、慎重な観測者に徹していた。このあたりにも市河の影がさしている。

だが、当時の日本では、軍部どころか外務省そのものが、市河のもっとも警戒する方向に突き進んでいた。おりから一九三七年、ハンガリー政府から日本と文化協定を結びたいと提案してきた。日本外務省は、「今の非常時に小国と文化協定などもってのほか」という態度だったが、ハンガリー兼轄公使だった谷正之が「文化協定」という名目で対ソ軍事情報の交換をやってはどうか、という案をだし、本省はこれに飛びついてこの件は一挙に動き出し、文化事業部の課長に就任したばかりの市河にこの仕事が回ってきた。だが、市河は、文化協定の衣の下に軍事同盟の鎧を隠すことに断固反対した。「ただでも今日の日本は、野蛮な国だといって国際的に孤立している。姑息なことを考えず、『純粋な』文化協定を結んで諸外国の対日認識を改めさせたらどうだ」といって市河は頑張った。

だが、多勢に無勢、市河は押し切られた。そして、ハンガリーとの「文化協定」成立の運びとなる前夜に、さらなる茶番劇が起こった。ナチス・ドイツが、「大ドイツを差し置いてハンガリーのような小国と先に文化協定を結ぶとは何事だ」とねじ込んできたのである。「日本は文化協定を結んだそうだが、あれは軍事同盟のカムフラージュだそうだ」という情報はたちまち世界を駆け巡った。フィンランド政府は、はじめ、自国も日本と文化協定を結びたいと望んだが、この話が広まるとたちまち方針を撤回した。市河の無念や察するに余るものがある。

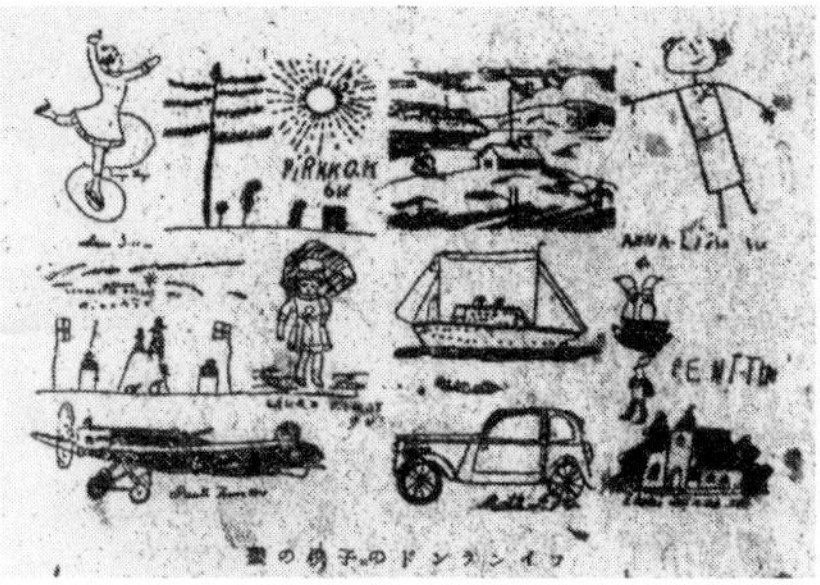

妻かよ子との共著『フィンランド雑記』（黄河書院、1940年）の扉を飾る「フィンランドの子供の絵」。

ただ、フィンランドと日本は、その後、ヘルシンキ大学に三井高陽が講座を寄付するかたちで、日本語、日本文化の講座を設け、一九四二年に、ドイツに留学していた哲学徒の桑木務が客賓教授として赴任し、そこからマルッタ・ケラヴオリ夫人のような日本研究者が育っている。ちなみに、日本とフィンランドの文化協定は第二次世界大戦後、はじめて締結された。そして、こうした交流の副産物として、フィンランド航空の日本乗り入れなども始まった。

コラム8

気になる話題──「隣の隣」

百瀬宏

日本とフィンランドの関係を顧みる時、フィンランド人は、よく「ナープリン・ナープリ」という言い方をする。文字どおり訳せば「隣の隣」ということだが、これは、日本とフィンランドは遠く離れているけれど、実はご近所づきあいなんですよ、という親近感の表明であると同時に、何やら意味ありげな響きをもつとは総説で述べたが、実はこの冗談は、深刻な歴史の問題をも孕んでいる。なによりもそれは、日露戦争の記憶であり、とりわけいわゆる「明石工作」の政治的神話を日本人には想起させるものである。フィンランドの歴史研究者と協力して史実の解明に努めた日本人研究者は、その結論として、成果は欧米の研究者が色めき立ったほどのものではなかったと述べている（稲葉千晴『明石工作』丸善ライブラリー、一九九五年）が、翻って日本においては、「明石工作」は、従来日本が被圧迫民族を支援した事例として回顧されることが多く、ここにもまた、史実に照らして問題がある。

史実を追求していくならば、事実はさほど簡単ではないことが明らかになる。たしかにロシアに戦いを挑んだ日本にたいするアジアの諸民族の期待は大きく、多くの留学生が日本に集まったことは事実である。だが、いったん日露戦争が終わると日本政府は彼らを国内から締め出した。ロシアに勝利し、欧米列強の仲間に迎え入れられるためには反植民地運動に加担することは不都合だったからである。そればかりでなく、なによりも、日露戦争はわが国が朝鮮を占領し、独立を否認していく契機であった。

それではフィンランドはどうであろうか。明石と組んで参謀本部から反ツアーリズムの連合運動にたいする資金援助を引き出したフィンランド人シリアクスは、後年その回顧録の中で次のような事実を紹介している。シリアクスらが参加していたフィンランド積極的反抗党（アクティヴィスティ）は、フィンランドの抵抗運動の大勢を占める護憲党から除名され、絶望の心境を彼が明石に訴えると、明石は何の関心も示さなかったという。これを解説してシリアクスは、明石が関心をもっていたのは日本が対ロシア戦争に勝利することであって、フィンランドの民族運動には何の関心もなかったのだ、と述べている。「だから」とシリアクスはいう。「だから、われわれの運動は、日本側の干渉を受けることなく、両者の協力はうまく続いたのだ」と。

明石が日露戦争後に、日本の朝鮮占領軍の総司令官になった事実にことさらに言及するまでもない。シリアクスと明石を結びつけたものが、厳しいリアリズムだった事実を指摘すれば足りる。シリアクスは一種の冒険家であって、実は西半球に渡って現地のフィンランド移民を救援して回ったあと、日清戦争当時の日本に滞在し、三国干渉も目撃して帰国した。まもなくロシア政府のフィンランド抑圧が始まり、また日露戦争が勃発した時、対露抵抗運動に身を投じていたシリアクスは、いったん転んでも起き上がる「柔道外交」の得意な日本が、ロシアに必ず一矢報いるであろうと推測し日本武官（明石）に接触したのだという。明石工作は、日本側で記憶され、そこにまた諸事実を生み出すことになる。それはそれとして、やはり「隣の隣」の関係が別の文脈で歴史上の誤解を生じていたことを指摘しておこう。遡って江戸時代のこと、大黒屋光太夫がロシア側に救助されて帰されてきた時付き添ってきたのがラックスマンであったが、彼は実はロシア人ではなくてフィンランド人であった。

44

フィンランドと私

★ 交流の歩みを語る ★

北国への憧れは幼いころから私の中に強くあったのだと思う。それは室蘭育ちの母への憧れと重なって、青年期までの私を支配していたかもしれない。母は生涯化粧したことも正装したこともなく、だから家には鏡もなかったが、美しい人だった。歳をとっても、人に煩わされぬ静かな独り暮らしを好んでいたが、三年近く前に脳溢血を患い、自分ではなにも行動できなくなった。九三歳で、老人ホーム暮らし。いまも綺麗な肌をしているが、とくに手当てをしている様子はない。読書と絵画が好きだった。

私の生後はじめての旅は一歳の誕生日を迎える前に、ピアニストの母とチェリストの父の北海道演奏旅行に連れて行かれたのだが、それは祖父母に初孫を見せる旅でもあっただろう。昭和一二年の東京から室蘭といえば、汽軍と青函連絡船に揺られ、一日がかりの長旅。函館の埠頭で母に抱かれた写真が残っている。室蘭ではまだ、ピアノを弾くということ自体が珍しく不思議な時代だった。

八歳で終戦を迎える。野球や相撲、蜻蛉《とんぼ》と蟬取りが好きで、けっして家に籠もる内向的な少年ではなかったが、本を読むのがなによりも好き。読み始めるとその世界に完全に入り込んでしまい、地震雷火事親父、何がまわりで起きていようとわからなかったそうだ。

中学生のころ、ノルウェーの作家マリア・ハムスンの『牛追いの冬』を岩波少年文庫で見つけ、その世界にかなりのめり込む。ノルウェーの山間部に住む四人兄弟（子供）の物語であるが、その長男オラが自分に似ているようで心を惹かれた。私も四人兄弟の長男である。

高校のときに古本屋でラーゲルリョフの『沼の家の娘』を見つけ、その世界に一気に溺れこむ。慎ましく純粋な愛の物語であったが、若者の心には鮮烈な刺激だった。

それ以後、単に北国、あるいはどこか知れぬ北の果てへの憧れではなく、北欧へと照準がはっきり定まった。意識して、邦訳されているかぎりの北欧文学を買い漁り読み漁った。クヌート・ハムスン、セルマ・ラーゲルリョフ、イプセン、ビョルンソン、ラーゲルクヴィスト、ヤコブセン、ブリクセン、シッランパア、『カレワラ』など、実によく集めたものだと思う。なにかしら非常に純粋な世界が北の厳しい自然と、束の間の夏の光の中でくり広げられているようで、胸をときめかせて読み浸った。それらの文学作品を通して、北欧の独特な光と神秘性に触れる思いであったし、北欧絵画や彫刻の世界にも親しんでいった。

慶應高校在学中に、学校が海外のペンフレンドを斡旋してくれるというので、スウェーデン、ノルウェー、デンマーク、フィンランドに手紙を出したが、返事が来たのはフィンランドからだけだった。その女の子と大学を卒業するまで七年間文通を交わしたというと聞こえはいいが、文通は最初の二年間だけで、後の五年は年に一度、クリスマスカードの交換をしていただけである。

それでも、その子からフィンランド近代現代音楽史（英文）の本や作曲家パルムグレンのピアノ協奏曲の譜面を送ってもらったのはありがたかった。当時私が師事していたコハンスキー先生に見せると、自分はこの曲をベルリン・フィルと共演したことがあり、オーケストラのパート譜ももっているという。さっそく、東京藝術大学の芸術祭で演奏することになり、指揮は先輩の山本直純にお願いした。芸大二年の時のことである。

彼を自宅に訪ねると、学生ながらすでに将来の奥さんと同棲しており、はんぺんみたいにのっぺりと白く痩せた男だが、目つきだけは鋭かった。天才とはこういうものだと感激した。後年太って豪快さを増した彼が、「大きいことはいいことだ！」なんてコマーシャルをしているのを見て、また吃驚した。

舘野泉　©満田聡

シベリウスのピアノ曲にはじめて触れたのは高校生の時である。大阪のササヤ書店から送られてくる、粗雑なガリ版刷りの新着輸入楽譜の案内に、シベリウスの「ピヒラヤの花咲くとき」「白樺」「樅の樹」といった表題の曲集があり、樹の名前を楽曲に付けるなんて随分変わっているなと思って取り寄せてみた。イギリスのチェスター社の版で、低音記号が暖かみをもった書体で印刷されていたのをよく覚えている。楽譜が届いたのは春先で、沈丁花の香りが艶めかしく漂っていた。私はこの曲集に描かれた香りや空気は、いま、自分の身のまわりにあるものとは随分違うんだなと思った。透明で澄んだ空間を、慎ましく静かな音たちはどこまでも響いていくように感じられた。

当時師事していた豊増昇先生が「ほう、シベリウスにピアノ曲があるの。ちょっと貸して」と言われたが、翌週のレッスンの時に「小さな可愛らしい曲集だね。アンコールなんかには使えるだろうね」と、興味もなさそうに返してくださった。

大学を卒業して二年後、一九六二年にはじめてヨーロッパを半年、自由に廻る機会を与えられた。まだ外貨の制限が厳しく、海外に出る日本人もそう多くはない時代である。

最初にヨーロッパの土を踏んだのはコペンハーゲン。翌朝街を歩いていると、向こうから来た老紳士が立ち止まって物珍しげに私を見ている。しばらくして堪らなくなったのだろう、つかつかと歩み寄るなり「失礼だが、もしやあなたはグリーンランドから来られたのではないか」と訊いた。当時、異邦人を見かけることはよほど珍しかったらしい。ヘルシンキを歩いていても、行き交う市電の窓から乗客がいっせいにふり向いて目をパチクリしていた。

そこにいくとパリは違う。生まれてはじめてパリに着き、翌日街を歩いていたら、切羽詰まった顔をして前を押さえたフランスの青年から、もう堪えきれないというように「トイレはどこか教えてくれ！」と言われたものだ。この旅行ではパリとヘルシンキに二カ月住み、モスクワ、ミュンヘン、そして北欧四カ国は全部廻った。パリとヘルシンキでは演奏もした。

帰国して日本で演奏活動を続けたが、二年後にヘルシンキに移り住んだ。別に、永住しようとか

第44章
フィンランドと私

フィンランドについて知りたいと思ったわけではない。二年前の旅で一番好きになったのがフィンランドだったからである。賛成してくれる人は一人もいなかった。才能を認められ、よいキャリアもスタートしたのに「なんであんな北の果てのなんにもない所に行くのか理解に苦しむ。いい先生に師事するのだったら、パリやウィーン、キャリアを作ろうと思ったらニューヨークとかロンドンじゃないか。変っているね、お前さんは、頭がどうかしているよ」と言われた。でも、私にはキャリアを作るという発想も、留学しようという気もなかった。ただ、日本はしばらく離れたいと思っていたし、でも、長い音楽的な伝統のあるドイツとかオーストリア、フランスやイタリアは窮屈に感じられた。誰にもなにも言われないで、自分の道を自分で、静かに見つめてゆきたいと思った。

北欧にはその頃、日本人はひどく少なかった。日本のしがらみからも、音楽文化の伝統が長い中欧からも適当な距離があり、両方見られるし、独りでいられるのが魅力だった。そして、北欧の中では、スウェーデン、ノルウェー、デンマークは西欧文化の影響が強いけれど、フィンランドだけは東方の文化を強く持ち、東でも西でもあるが、東でも西でもない独自なものを持っていると思った。

第二次世界大戦の末期にソビエトと激しい戦火を交え、多くの犠牲者を出しもしたし、国土も割譲、多大な賠償金を負わされたけれど、それによく耐えて、自分たちの国をしっかりと守っている。その姿にも心を打たれた。

いまから四〇余年前のフィンランドには、国土は疲弊し貧しいけれど、静かで満ち足りた精神が感じられた。世界の北の果てで慎ましく輝いている、その孤独な姿勢が堪らなく好きだった。

フィンランドに移ってはじめて迎えた冬。雪が静かに降ってきた。結晶の形そのままに空から降ってくる。掌に受けて見ると、結晶がそのまま手に触れて溶けた。半世紀近く前のその経験が、いまだに忘れられない。

その冬を高校時代に得たペンフレンドの家族が支えてくれた。彼女の家は小さく貧しく、二間しかない家にお母さんとその姉、そして身寄りでもなんでもない「パッパー（お爺ちゃん）」と呼ばれる老人が一緒に住んでいた。天涯孤独な老人をある日街で見かけて、お母さんが自分たちの家で一緒に住むように誘ったのだという。そんな家だが誰が不平を言うわけでもなく、皆が仲良く屈託なく暮らしていた。お母さんはSOKOSというデパートの生地売り場の主任、ご主人はソビエトとの戦いで戦死したそうだ。お姉さんは食料品店で働いており、近所にはお母さんのもう一人の姉が住んでいた。そのご主人は自動車の修理工、息子はタクシーの運転手である。修理工のアハティは無口だが、生き字引といわれるほどの物知りで、音楽も大好きだった。労働者の多く住む地域で、皆似たような暮らしをしていた。

クリスマスは、どの家族にも年一番の行事。一番よい服を着、かなう限りの食事をとり、プレゼントを交換し合う。でも、その慎ましさに驚いた。必要であった鍋釜食器類がほとんどで、あとは書籍類だったと思う。皆、それでも嬉しそうに満足していた。そのころの日本でも同じように慎ましかったのではないか。

一九六四年の秋にヘルシンキでリサイタルをした。友だちの家族が皆で切符を売ってくれ、無名の日本人なのにいっぱいの聴衆が聴きに来てくれた。日刊紙七紙に絶賛の批評が出た。

それから四〇余年が過ぎた。世界中を演奏して歩き、一〇〇枚以上のLP、CDを出し、二〇〇二年に脳溢血を患い、現在は半身不随ながら左手のピアニストとして活動している。物語は続く。フィンランドの物語もまだまだ続くだろう。でも、正直に言うと、テクノロジーの、福祉の、経済の、教育の、芸術の最先端をゆく今のフィンランドには疑問を感じているし、あまり魅力はない。明後日からアイスランドに一週間の旅をする。人口三〇万に満たない小国。氷河と火山の荒涼とした土地。樹木も育たない。この国の作曲家に、左手のための新しいピアノ曲の委嘱にゆくのだ。それから静かに独り暮らしを好む母のところに帰る。

（舘野泉）

＊舘野　泉（たての　いずみ）＝一九三六年生まれ。ピアニスト。日本とフィンランドを拠点に世界各国で三〇〇〇回以上の演奏会を行う。二〇〇二年脳溢血で倒れ右半身不随となる。二〇〇四年、〝左手のピアニスト〟として復帰。

あとがき

日本人の手によって書かれたフィンランド関係の概説的な文献で的確な情報を伝えている例は、まだまだ僅少である。本来フィンランドの専門家でない書き手たちが、北欧諸国を扱うなかでフィンランドを大胆に語っている例が多いことも、こうした印象を増幅させている。とくにそうした仕事の場合、各ページごと、どころか各段落ごとに、重大なまちがいがある場合さえ見受けられる。それも悲しいことに、書き手の本人たちがフィンランドに対して好意を寄せ、親しみを込めて書いているつもりの文献に、実は手のつけようのない事実誤認が続発している場合が珍しくないのである。

たしかに、子音と母音が交互に並ぶことが多いフィンランド語は、つい日本語に引っかけた洒落を書きたくなる衝動を、当語に習熟しない書き手に与えがちであろう。だが、書いているうちに、どこまで冗談だか自分でも判らなくなってしまうと危険である。日・フィン同祖論まであと一歩だからだ。日露戦争での提携を意識して東郷ビールを説く時には、実は東郷ビールが諸国の提督を商標に使ったシリーズものの一環であることくらいはつけ加えておかないと、大変な事実誤認を生んでしまう。ましてや話題がシス＝玉砕願望論、にまで及んだとすれば、問題は深刻になるだろう。フィンランド人が生きるための敢闘精神である「シス」について、第二次世界大戦中、これを「死す」として紹介した日本の知識人がいたこと、および継続戦争（二度目の対ソ連戦争）から離脱するむねを日本側に通知したタンネル元外相が、「日本の公使は、『手を上げるくらいなら、われわれは一億玉砕だ』と論評したが、民族の消滅を賭けるとは大変なことだ」と驚愕していた(日本武官〔副官〕の証言)ことを、記しておく。

だが、考えてみると、フィンランドに関する正確な知識をもつことは、レベルの違った話ではあれ、日本以外の諸外国の研究者にとっても容易なことではなかった、といえるかもしれない。第二次世界大戦終結からほど遠くない時期に出版されたアメリカの百科事典類には、フィンランドがファシズムの国に近くなったかのような記述がなされている。そのうち冷戦による東西対立が強まると、アメリカの研究者は、フィンランドが親独極右の反省から平和共存の道を歩んでいるとして絶賛しだしたが、フィンランドで講演すると反発をくらって立ち往生するという場面に遭遇した。

列強の権力外交がもたらした世界政治の捩れこそが、フィンランドという小国にたいする認識のゆがみをもたらした、というほかはない。だが、同じ「小国」といっても、フィンランドには、強国なみに「突っ張った」姿勢で切り抜けるとか、スイスのように国際政治に超然として調停役を買って出るなりして生きのびる道が開けていたわけではない。どこの国も味方に付いてはくれず、昨日まで戦火を交えていた巨大な強国の前に擁護者もなく一人立ったフィンランドにとって可能であったのは、近代権力政治に向き合って現実の困難を打開していくことでしかなかったのである。

悪夢のような国際権力政治との闘いの日々が冷戦の終焉とソ連の崩壊で終わった時、フィンランドは、かつてその国土を覆っていた氷が去って国土が浮かび上がったように、新たな発展の時を迎えた。そこで、またわれわれは迂闊にいいかねない。「フィンランドは過去と絶縁し、ヨーロッパに戻ったのだ」と。だが、それは半面の真理だ。シスの根性をもつフィンランド人は、住み家を変えたわけではない。父祖のスオミの地にこれまでも住み続けてきたし、これからも住みながら、現実と向き合った過去の経験を、バルト海地域で、ヨーロッパで、これからの厳しい地球人類の世界で、役立てていくにちがいない。

（百瀬宏）

私が初めてフィンランドと関わったのは二〇歳のときであった。母親が自宅で北欧織物を教えていた環境もあり、なんとなく北欧に関心があった私は、ひょんなことからフィンランドに一年間ホームステイをしながらボランティア活動をすることになった。ガイドブックで見たような憧れの北欧という夢はホームステイ先に着いた途端、はやくも打ち砕かれた。電車も通っておらず、町の中心にはスーパーマーケットと郵便局しかない田舎町で一年間を過ごさなくてはならないと気づいた時の愕然とした気持ちはいまだにおぼえている。私の拙い英語もほとんど通じないこの町でなんとか過ごすことができたのは、ホームステイ先の家族のおかげである。社交的なアイティ（ホストマザー）は、しょっちゅう私を連れ出し、知り合いの家々を紹介して回った。言葉がよくわからなかった私は、出されたコーヒーを何度もおかわりしながら、次から次へと出てくるお菓子を食べることしかできなかったが、いろいろな家を訪問するうちにあることに気づいた。フィンランド人はよく本を読むことで知られているが、訪ねた家の書棚には必ず『カレワラ』があったのである。フィンランドを代表する民族叙事詩として知られている『カレワラ』は、フィンランドを語る上で欠かせない存在であるが、その『カレワラ』が実際に訪問したフィンランドの家庭すべてにあったことに私は驚いた（ただし、皆『カレワラ』を書棚に飾っているだけで読んではいないようである）。『カレワラ』について尋ねると、皆誇った顔をして『カレワラ』を私に自慢した。

一年間のフィンランド滞在を終え、日本に戻って卒論を書く時期を迎えると、スペイン研究のゼミに出ていたにもかかわらず、私は『カレワラ』とフィンランド人のアイデンティティの関係について書こうと思い（今思えば当事の指導教官には迷惑をおかけした）、文献を集めたが、その過程でアメリカ人研究者が書いた本を読んで驚いた。そこには、『カレワラ』が第二次世界大戦期に戦争のプロパガンダとして利用され、ソ連領侵略の思想的背景となったと書いてあったからである。また、カレワラ研究者たちも自身の説を曲げたり、あるいは積極的にソ連領侵略を正当化する説を唱えたりしたとも書いてあった。そのように戦争に利用された『カレワラ』が、なぜ今でもフィンランド人に愛されているのかが不思議でならなかった。そのような単純な疑問から、カレワラ研究と政治の関係を研究することになったのだが（そのアメリカ人研究者が主張したような単純な話ではないこともわかってきた）、執筆者の方々にもそれぞれフィンランドに関わることになったストーリーがあるのではないだろうか。編者としてそれぞれの文章を拝読したときに浮かんだ感想である。読者の方々にもそれぞれの執筆者の思いがつまった文章をぜひ「味わって」読んでいただきたい。

なお、研究者として駆け出しの身でありながら編集作業に携わることができ、これまで知らなかったフィンランドに出会うことができた。執筆者の方々に感謝を申し上げたい。

（石野裕子）

本書の編集作業にあたっては、執筆者の方々から多大のご協力をいただいた。とりわけ、一部の執筆者の紹介および事前交渉の労をとって下さった髙瀬愛氏には、深く感謝申し上げる次第である。

なお、いささか技術的な問題になるが、外国語のカナ文字化については、もともと無理があることと、造詣をもつ執筆者それぞれに流儀がある事情に鑑み、もとの原稿を尊重し、ただ、フィンランドの歴史を扱った「I　小国の歩み」においては、百瀬宏・熊野聰・村井誠人編『北欧史』（山川出版社、一九九八年）の原則で大体統一したことをおことわりしておく。

そして、最後になるが、明石書店の法月重美子氏および松本徹二氏には、編集業務の遅れがちなわれわれに、忍耐を以って接されるとともに、絶えず激励をされ、めでたく本書出版の運びにいたるべく尽力くださったことに、心から慰労とお礼の言葉を申したい。

二〇〇八年五月

（百瀬宏・石野裕子）

ヘイッキ・ヴァルカマ（Heikki Valkama）
1975年生まれ。フィンランドの旅行雑誌 *Mondo* 編集長、ジャーナリスト。
[24]

峰　芳隆（みね　よしたか）
1941年生れ。関西エスペラント連盟事務局長・エスペラント運動史、国際共通語思想史。
[36]

本橋　弥生（もとはし　やよい）
1974年生まれ。独立行政法人国立美術館国立新美術館研究員。美術史専攻。
[31]

＊**百瀬　宏**（ももせ　ひろし）
編著者紹介参照。
[4、5、6、26、コラム6、コラム7、コラム8]

山川　亜古（やまかわ　あこ）
1966年生まれ。東海大学文化社会学部北欧学科非常勤講師など。サーミ民族文化、フィンランド言語文化専攻。
[14]

ユッカ・ヴィータネン（Jukka Viitanen）
1966年生まれ。フィンランド・TEKES 科学技術・イノベーション担当参事官。
[22]

リーサ・カルヴィネン（Liisa Karvinen）
1965年生まれ。ニュースジャーナリスト。日本研究専攻（ヘルシンキ大学）。
[39]

渡邊　あや（わたなべ　あや）
1973年生まれ。国立教育政策研究所高等教育研究部総括研究官。比較国際教育学、高等教育論専攻。
[21]

杉藤　真木子（すぎとう　まきこ）
1965年生まれ。名古屋市立中央高等学校教諭。フィンランド現代史専攻。
［コラム１］

鈴木　徹（すずき　とおる）
1959年生まれ。外務省勤務。
[18]

高木　アンナ・カイサ（Takaki Anna-Kaisa）
1956年生まれ。フィンランドルーテル福音協会宣教師、幼稚園教諭。教育学専攻。
[37]

髙瀬　愛（たかせ　あい）
関西外国語大学非常勤講師、フィンランド語翻訳・通訳。フィンランド語・フィンランド文化専攻。
［コラム２、38］

髙橋　睦子（たかはし　むつこ）
吉備国際大学大学院社会福祉学研究科教授。福祉政策論、現代社会学専攻。
[20]

舘野　泉（たての　いずみ）
1936年生まれ。ピアニスト。
[44]

冨原　眞弓（とみはら　まゆみ）
1954年生まれ。聖心女子大学文学部哲学科教授。フランス哲学専攻。
[27]

長﨑　泰裕（ながさき　やすひろ）
1956年生まれ。（一財）NHKインターナショナル専務理事。欧州国際政治。
［コラム３、29］

中田　綾子（なかた　あやこ）
1981年生まれ。（株）エキスプレス・スポーツ勤務。筑波大学大学院修士課程卒業（特殊体育専攻）。
[33]

能登　重好（のと　しげよし）
1959年生まれ。フィンプロ・ジャパン（Finpro Japan）シニア・コンサルタント（元フィンランド政府観光局日本局長）。ツーリズム。
[35]

橋本　ライヤ（Raija Hashimoto）
フィンランド生まれ。元東海大学北欧学科非常勤講師。言語学、政治学専攻。
[34、41]

〈執筆者紹介（＊編者）および担当章（［ ］内）〉

＊石野　裕子（いしの　ゆうこ）
編著者紹介参照。
［1、2、3、7、9、15、25、コラム5、42］

伊藤　大介（いとう　だいすけ）
1956年生まれ。東海大学国際文化学部教授。北欧建築史専攻。
［32］

遠藤　美奈（えんどう　みな）
1965年生まれ。西南学院大学法学部准教授。憲法学専攻。
［10、11、12、13］

大島　美穂（おおしま　みほ）
1957年生まれ。津田塾大学総合政策学部教授。国際政治学専攻。
［8、16］

大束　省三（おおつか　しょうぞう）
1926年生まれ。北欧音楽協会代表。北欧音楽論。
［30］

カウコ・ライティネン（Kauko Laitinen）
1951年生まれ。ヘルシンキ大学孔子研究所長。東アジア研究専攻。
［43］

川崎　一彦（かわさき　かずひこ）
1947年生まれ。東海大学国際文化学部教授。北欧経済・産業専攻。
［19］

河村　千鶴子（かわむら　ちづこ）
1965年生まれ。広島市役所勤務。
［40］

北川　美由季（きたがわ　みゆき）
1967年生まれ。北欧文化協会会員。
［28、コラム4］

斎木　伸生（さいき　のぶお）
1960年生まれ。国際政治評論家。国際条約史論専攻。
［17］

佐久間　淳一（さくま　じゅんいち）
1963年生まれ。名古屋大学教授。言語学、フィンランド語専攻。
［23］

〈編著者略歴〉

百瀬　宏（ももせ　ひろし）

1932年生まれ。津田塾大学・広島市立大学名誉教授。国際関係学、フィンランド史専攻。フィンランド共和国白薔薇勲章騎士一級章受勲。著書に『東・北欧外交史序説――ソ連＝フィンランド関係の研究』（福村出版、1970年）、『ソビエト連邦と現代の世界』（岩波書店、1979年）、『北欧現代史』（山川出版社、1980年）、『小国――歴史における理念と現実』（岩波書店、1970年）、『国際関係学』（東京大学出版会、1993年）、『国際関係学言論』（岩波書店、2003年）、"Small Nation's Two Way Realism vs. Great Power Politics – Postwar Finland in the Eyes of a Japanese Researcher–", *The End of the Cold War and the Regional Integration in Europe and Asia*, Robert Frank et. al. eds., Tokyo: Aoyama Gakuin University, 2010, "Democracy and Pacifism in Post-war Japan", *Hiroshima and Peace*, Carol Rinnert et. al. eds., Hiroshima: Keisuisha, 2010 など。

石野　裕子（いしの　ゆうこ）

1974年生まれ。国士舘大学文学部准教授。博士（国際関係学）。国際関係学、フィンランド史専攻。主な著書に『「大フィンランド」思想の誕生と変遷――叙事詩カレワラと知識人』（岩波書店、2012年）、『物語 フィンランドの歴史――北欧先進国「バルト海の乙女」の800年』（中公新書、2017年）、吉武信彦、津田由美子編『北欧・南欧・ベネルクス』（共著、ミネルヴァ書房、2011年）。

エリア・スタディーズ69
フィンランドを知るための44章

2008年7月10日　初版第1刷発行
2022年6月15日　初版第5刷発行

編著者　百瀬　宏
　　　　石野　裕子
発行者　大江　道雅
発行所　株式会社　明石書店
〒101-0021　東京都千代田区外神田6-9-5
電　話　03 (5818) 1171
FAX　03 (5818) 1174
振　替　00100-7-24505
https://www.akashi.co.jp/

装丁　明石書店デザイン室
印刷　株式会社文化カラー印刷
製本　協栄製本株式会社

(定価はカバーに表示してあります)　ISBN 978-4-7503-2815-7

エリア・スタディーズ

1 **現代アメリカ社会を知るための60章**
明石紀雄、川島浩平 編著

2 **イタリアを知るための62章【第2版】**
村上義和 編著

3 **イギリスを旅する35章**
辻野功 編著

4 **モンゴルを知るための65章【第2版】**
金岡秀郎 著

5 **パリ・フランスを知るための44章**
梅本洋一、大里俊晴、木下長宏 編著

6 **現代韓国を知るための60章【第2版】**
石坂浩一、福島みのり 編著

7 **オーストラリアを知るための58章【第3版】**
越智道雄 著

8 **現代中国を知るための52章【第6版】**
藤野彰 編著

9 **ネパールを知るための60章**
日本ネパール協会 編

10 **アメリカの歴史を知るための63章【第3版】**
富田虎男、鵜月裕典、佐藤円 編著

11 **現代フィリピンを知るための61章【第2版】**
大野拓司、寺田勇文 編著

12 **ポルトガルを知るための55章【第2版】**
村上義和、池俊介 編著

13 **北欧を知るための43章**
武田龍夫 著

14 **ブラジルを知るための56章【第2版】**
アンジェロ・イシ 著

15 **ドイツを知るための60章**
早川東三、工藤幹巳 編著

16 **ポーランドを知るための60章**
渡辺克義 編著

17 **シンガポールを知るための65章【第5版】**
田村慶子 編著

18 **現代ドイツを知るための67章【第3版】**
浜本隆志、髙橋憲 編著

19 **ウィーン・オーストリアを知るための57章【第2版】**
広瀬佳一、今井顕 編著

20 **ハンガリーを知るための60章【第2版】** ドナウの宝石
羽場久美子 編著

21 **現代ロシアを知るための60章【第2版】**
下斗米伸夫、島田博 編著

22 **21世紀アメリカ社会を知るための67章**
明石紀雄 監修　赤尾千波、大類久恵、小塩和人、
落合明子、川島浩平、高野泰 編

23 **スペインを知るための60章**
野々山真輝帆 著

24 **キューバを知るための52章**
後藤政子、樋口聡 編著

25 **カナダを知るための60章**
綾部恒雄、飯野正子 編著

26 **中央アジアを知るための60章【第2版】**
宇山智彦 編著

27 **チェコとスロヴァキアを知るための56章【第2版】**
薩摩秀登 編著

28 **現代ドイツの社会・文化を知るための48章**
田村光彰、村上和光、岩淵正明 編著

29 **インドを知るための50章**
重松伸司、三田昌彦 編著

30 **タイを知るための72章【第2版】**
綾部真雄 編著

31 **パキスタンを知るための60章**
広瀬崇子、山根聡、小田尚也 編著

32 **バングラデシュを知るための66章【第3版】**
大橋正明、村山真弓、日下部尚徳、安達淳哉 編著

33 **イギリスを知るための65章【第2版】**
近藤久雄、細川祐子、阿部美春 編著

34 **現代台湾を知るための60章【第2版】**
亜洲奈みづほ 著

35 **ペルーを知るための66章【第2版】**
細谷広美 編著

36 **マラウィを知るための45章【第2版】**
栗田和明 著

37 **コスタリカを知るための60章【第2版】**
国本伊代 編著

38 **チベットを知るための50章**
石濱裕美子 編著

エリア・スタディーズ

39 **現代ベトナムを知るための60章【第2版】**
今井昭夫、岩井美佐紀 編著

40 **インドネシアを知るための50章**
村井吉敬、佐伯奈津子 編著

41 **エルサルバドル、ホンジュラス、ニカラグアを知るための45章**
田中高 編著

42 **パナマを知るための70章【第2版】**
国本伊代 編著

43 **イランを知るための65章**
岡田恵美子、北原圭一、鈴木珠里 編著

44 **アイルランドを知るための70章【第3版】**
海老島均、山下理恵子 編著

45 **メキシコを知るための60章**
吉田栄人 編著

46 **中国の暮らしと文化を知るための40章**
東洋文化研究会 編

47 **現代ブータンを知るための60章【第2版】**
平山修一 著

48 **バルカンを知るための66章【第2版】**
柴宜弘 編著

49 **現代イタリアを知るための44章**
村上義和 編著

50 **アルゼンチンを知るための54章**
アルベルト松本 著

51 **ミクロネシアを知るための60章【第2版】**
印東道子 編著

52 **アメリカのヒスパニック＝ラティーノ社会を知るための55章**
大泉光一、牛島万 編著

53 **北朝鮮を知るための55章【第2版】**
石坂浩一 編著

54 **ボリビアを知るための73章【第2版】**
真鍋周三 編著

55 **コーカサスを知るための60章**
北川誠一、前田弘毅、廣瀬陽子、吉村貴之 編著

56 **カンボジアを知るための62章【第2版】**
上田広美、岡田知子 編著

57 **エクアドルを知るための60章【第2版】**
新木秀和 編著

58 **タンザニアを知るための60章【第2版】**
栗田和明、根本利通 編著

59 **リビアを知るための60章【第2版】**
塩尻和子 編著

60 **東ティモールを知るための50章**
山田満 編著

61 **グアテマラを知るための67章【第2版】**
桜井三枝子 編著

62 **オランダを知るための60章**
長坂寿久 著

63 **モロッコを知るための65章**
私市正年、佐藤健太郎 編著

64 **サウジアラビアを知るための63章【第2版】**
中村覚 編著

65 **韓国の歴史を知るための66章**
金両基 編著

66 **ルーマニアを知るための60章**
六鹿茂夫 編著

67 **現代インドを知るための60章**
広瀬崇子、近藤正規、井上恭子、南埜猛 編著

68 **エチオピアを知るための50章**
岡倉登志 編著

69 **フィンランドを知るための44章**
百瀬宏、石野裕子 編著

70 **ニュージーランドを知るための63章**
青柳まちこ 編著

71 **ベルギーを知るための52章**
小川秀樹 編著

72 **ケベックを知るための54章**
小畑精和、竹中豊 編著

73 **アルジェリアを知るための62章**
私市正年 編著

74 **アルメニアを知るための65章**
中島偉晴、メラニア・バグダサリヤン 編著

75 **スウェーデンを知るための60章**
村井誠人 編著

76 **デンマークを知るための68章**
村井誠人 編著

77 **最新ドイツ事情を知るための50章**
浜本隆志、柳原初樹 著

エリア・スタディーズ

78 セネガルとカーボベルデを知るための60章
小川了 編著

79 南アフリカを知るための60章
峯陽一 編著

80 エルサルバドルを知るための55章
細野昭雄、田中高 編著

81 チュニジアを知るための60章
鷹木恵子 編著

82 南太平洋を知るための58章 メラネシア ポリネシア
吉岡政德、石森大知 編著

83 現代カナダを知るための60章【第2版】
飯野正子、竹中豊 総監修 日本カナダ学会 編

84 現代フランス社会を知るための62章
三浦信孝、西山教行 編著

85 ラオスを知るための60章
菊池陽子、鈴木玲子、阿部健一 編著

86 パラグアイを知るための50章
田島久歳、武田和久 編著

87 中国の歴史を知るための60章
並木頼壽、杉山文彦 編著

88 スペインのガリシアを知るための50章
坂東省次、桑原真夫、浅香武和 編著

89 アラブ首長国連邦（UAE）を知るための60章
細井長 編著

90 コロンビアを知るための60章
二村久則 編著

91 現代メキシコを知るための70章【第2版】
国本伊代 編著

92 ガーナを知るための47章
高根務、山田肖子 編著

93 ウガンダを知るための53章
吉田昌夫、白石壮一郎 編著

94 ケルトを旅する52章 イギリス・アイルランド
永田喜文 著

95 トルコを知るための53章
大村幸弘、永田雄三、内藤正典 編著

96 イタリアを旅する24章
内田俊秀 編著

97 大統領選からアメリカを知るための57章
越智道雄 著

98 現代バスクを知るための50章
萩尾生、吉田浩美 編著

99 ボツワナを知るための52章
池谷和信 編著

100 ロンドンを旅する60章
川成洋、石原孝哉 編著

101 ケニアを知るための55章
松田素二、津田みわ 編著

102 ニューヨークからアメリカを知るための76章
越智道雄 著

103 カリフォルニアからアメリカを知るための54章
越智道雄 著

104 イスラエルを知るための62章【第2版】
立山良司 編著

105 グアム・サイパン・マリアナ諸島を知るための54章
中山京子 編著

106 中国のムスリムを知るための60章
中国ムスリム研究会 編

107 現代エジプトを知るための60章
鈴木恵美 編著

108 カーストから現代インドを知るための30章
金基淑 編著

109 カナダを旅する37章
飯野正子、竹中豊 編著

110 アンダルシアを知るための53章
立石博高、塩見千加子 編著

111 エストニアを知るための59章
小森宏美 編著

112 韓国の暮らしと文化を知るための70章
舘野晳 編著

113 現代インドネシアを知るための60章
村井吉敬、佐伯奈津子、間瀬朋子 編著

114 ハワイを知るための60章
山本真鳥、山田亨 編著

115 現代イラクを知るための60章
酒井啓子、吉岡明子、山尾大 編著

116 現代スペインを知るための60章
坂東省次 編著

エリア・スタディーズ

117 **スリランカを知るための58章**
杉本良男、高桑史子、鈴木晋介 編著

118 **マダガスカルを知るための62章**
飯田卓、深澤秀夫、森山工 編著

119 **新時代アメリカ社会を知るための60章**
明石紀雄 監修　大類久恵、落合明子、赤尾千波 編著

120 **現代アラブを知るための56章**
松本弘 編著

121 **クロアチアを知るための60章**
柴宜弘、石田信一 編著

122 **ドミニカ共和国を知るための60章**
国本伊代 編著

123 **シリア・レバノンを知るための64章**
黒木英充 編著

124 **EU（欧州連合）を知るための63章**
羽場久美子 編著

125 **ミャンマーを知るための60章**
田村克己、松田正彦 編著

126 **カタルーニャを知るための50章**
立石博高、奥野良知 編著

127 **ホンジュラスを知るための60章**
桜井三枝子、中原篤史 編著

128 **スイスを知るための60章**
スイス文学研究会 編

129 **東南アジアを知るための50章**
今井昭夫 編集代表　東京外国語大学東南アジア課程 編

130 **メソアメリカを知るための58章**
井上幸孝 編著

131 **マドリードとカスティーリャを知るための60章**
川成洋、下山静香 編著

132 **ノルウェーを知るための60章**
大島美穂、岡本健志 編著

133 **現代モンゴルを知るための50章**
小長谷有紀、前川愛 編著

134 **カザフスタンを知るための60章**
宇山智彦、藤本透子 編著

135 **内モンゴルを知るための60章**
ボルジギン・ブレンサイン 編著　赤坂恒明 編集協力

136 **スコットランドを知るための65章**
木村正俊 編著

137 **セルビアを知るための60章**
柴宜弘、山崎信一 編著

138 **マリを知るための58章**
竹沢尚一郎 編著

139 **ASEANを知るための50章**
黒柳米司、金子芳樹、吉野文雄 編著

140 **アイスランド・グリーンランド・北極を知るための65章**
小澤実、中丸禎子、高橋美野梨 編著

141 **ナミビアを知るための53章**
水野一晴、永原陽子 編著

142 **香港を知るための60章**
吉川雅之、倉田徹 編著

143 **タスマニアを旅する60章**
宮本忠 著

144 **パレスチナを知るための60章**
臼杵陽、鈴木啓之 編著

145 **ラトヴィアを知るための47章**
志摩園子 編著

146 **ニカラグアを知るための55章**
田中高 編著

147 **台湾を知るための72章【第2版】**
赤松美和子、若松大祐 編著

148 **テュルクを知るための61章**
小松久男 編著

149 **アメリカ先住民を知るための62章**
阿部珠理 編著

150 **イギリスの歴史を知るための50章**
川成洋 編著

151 **ドイツの歴史を知るための50章**
森井裕一 編著

152 **ロシアの歴史を知るための50章**
下斗米伸夫 編著

153 **スペインの歴史を知るための50章**
立石博高、内村俊太 編著

154 **フィリピンを知るための64章**
大野拓司、鈴木伸隆、日下渉 編著

155 **バルト海を旅する40章**　7つの島の物語
小柏葉子 著

●世界歴史叢書●

新版 韓国文化史
池明観 著
◎7000円

新版 エジプト近現代史
ムハンマド・アリー朝成立からムバーラク政権崩壊まで
山口直彦 著
◎4800円

アルジェリアの歴史
フランス植民地支配・独立戦争・脱植民地化
バンジャマン・ストラ 著　小山田紀子、渡辺司 訳
◎8000円

インド現代史【上巻・下巻】
1947-2007
ラーマチャンドラ・グハ 著　佐藤宏 訳
◎各巻8000円

肉声でつづる民衆のアメリカ史【上巻・下巻】
ハワード・ジン、アンソニー・アーノブ 編
寺島隆吉、寺島美紀子 訳
◎各巻9300円

現代朝鮮の興亡
ロシアから見た朝鮮半島現代史
A・V・トルクノフ、V・I・デニソフ、V・F・リ 著
下斗米伸夫 監訳
◎5000円

現代アフガニスタン史
国家建設の矛盾と可能性
嶋田晴行 著
◎3800円

マーシャル諸島の政治史
米軍基地・ビキニ環礁核実験・自由連合協定
黒崎岳大 著
◎5800円

中東経済ハブ盛衰史
19世紀のエジプトから現在のドバイ、トルコまで
山口直彦 著
◎4200円

ドイツに生きたユダヤ人の歴史
フリードリヒ大王の時代からナチズム勃興まで
アモス・エロン 著　滝川義人 訳
◎6800円

カナダ移民史
多民族社会の形成
ヴァレリー・ノールズ 著　細川道久 訳
◎4800円

バルト三国の歴史
エストニア・ラトヴィア・リトアニア
石器時代から現代まで
アンドレス・カセカンプ 著　小森宏美、重松尚 訳
◎3800円

朝鮮戦争論
忘れられたジェノサイド
ブルース・カミングス 著　栗原泉、山岡由美 訳
◎3800円

国連開発計画（UNDP）の歴史
国連は世界の不平等にどう立ち向かってきたか
クレイグ・N・マーフィー 著　峯陽一、小山田英治 監訳
内山智絵、石髙真吾、福田州平、坂田有弥、
岡野英之、山田佳代 訳
◎8800円

大河が伝えたベンガルの歴史
「物語」から読む南アジア交易圏
鈴木喜久子 著
◎3800円

パキスタン政治史
民主国家への苦難の道
中野勝一 著
◎4800円

バングラデシュ建国の父
シェーク・ムジブル・ロホマン回想録
シェーク・ムジブル・ロホマン 著　渡辺一弘 訳
◎7200円

〈価格は本体価格です〉